U0793422

交通职业教育教学指导委员会推荐教材
高职高专院校道路桥梁工程技术专业教学用书

高等职业教育规划教材

施工监理基础

Shigong Jianli Jichu

（第二版）

主　编　周　瑜
主　审　陈方晔

人民交通出版社

内 容 提 要

本书是高等职业教育规划教材，由交通职业教育教学指导委员会路桥工程专业指导委员会组织编写。书中阐述了工程监理的基本概念，简要介绍了我国公路施工监理的发展情况，重点介绍了公路工程施工过程中的质量监理、安全和环保监理、进度监理、费用监理、合同管理和信息管理。全书共7章。

本书是高职高专院校道路桥梁工程技术专业教学用书，也可供相关教学使用，或作为有关专业继续教育及职业培训的教材。

图书在版编目（CIP）数据

施工监理基础 / 周瑜主编 .—2 版 .—北京：人民交通出版社，2008.9

ISBN 978-7-114-07288-8

Ⅰ. 施… Ⅱ. 周… Ⅲ. 道路工程－施工监督 Ⅳ. U415.1

中国版本图书馆 CIP 数据核字（2008）第 106807 号

书　　名：施工监理基础（第二版）
著 作 者：周　瑜
责任编辑：周往莲
出版发行：人民交通出版社股份有限公司
地　　址：（100011）北京市朝阳区安定门外外馆斜街 3 号
网　　址：http://www.ccpress.com.cn
销售电话：（010）59757973
总 经 销：人民交通出版社股份有限公司发行部
经　　销：各地新华书店
印　　刷：北京市密东印刷有限公司
开　　本：787×1092　1/16
印　　张：15.75
字　　数：385 千
版　　次：2005 年 8 月　第 1 版
　　　　　2009 年 4 月　第 2 版
印　　次：2016 年 7 月　第 2 版　第 7 次印刷　总第 11 次印刷
书　　号：ISBN 978-7-114-07288-8
印　　数：36001-39000 册
定　　价：30.00 元

出版说明

CHUBAN SHUOMING

为深入贯彻落实高等教育面向21世纪教学内容和课程体系改革计划及全国普通高等学校教学工作会议的有关精神，深化教育教学改革，提高道路桥梁工程技术专业的教学质量，按照教育部“以教育思想、观念改革为核心，以教学基本建设为重点，注重提高质量，努力办出特色”的基本思路，交通职业教育教学指导委员会路桥工程学科委员会在总结教育部路桥专业教学改革试点的6所交通高职高专院校办学实践经验的基础上，经过反复调研和讨论，制定了三年制“高职高专院校道路桥梁工程技术专业教学指导方针”，随后又组织全国20多所交通高职高专院校道路桥梁工程技术专业的教师编写了18门课程的规划教材。

本套教材依据教育部对高职高专人才培养目标、培养规格、培养模式及与之相适应的知识、技能、能力和素质结构的要求进行编写。为使教材中所阐述的内容反映最新的技术标准和规范，路桥工程学科委员会还组织有关人员参加了新技术和新规范学习班。

按照2004年10月路桥工程学科委员会所确定的编写原则，本套教材力求体现如下特点：

1. 结构合理性。按照道路桥梁工程技术专业以培养技能人才为主线的要求，对传统的专业技术基础课程进行了整合，教材的体系设计合理，循序渐进，符合学生心理特征和认知及技能养成规律。所编写的教材更适合高职教育的特点，强调现代教学技术应用的需要和教学课件的应用，以节省教学成本和提高教学效果。每章列有教学要求、本章小结和复习思考题，使于学生学习本章核心内容。

2. 知识实用性。体现以职业能力为本位，以应用为核心，以实用、实际、实效为原则，紧密联系生活、生产实际，及时反映现阶段公路交通科技进步对道路桥梁工程技术专业人才的需要，采用最新的技术标准、规范和规程。加强教学针对性，与相应的职业资格标准相互衔接。在内容的取舍方面，在以适应当前工作岗位群实际需要为主基调的同时，为将来的发展趋势留有接口。

3. 职业教育性。渗透职业道德和职业教育，体现就业导向，有助于学生树立正确的操业观，教材中所选编的习题、例题均来自工程实际，而且对解决实际问题具有较强的针对性。在教材编写中注重培养学生爱岗敬业、团队精神和创业精神，树立安全意识和环保意识。

4. 使用灵活性。本套教材体现了教学内容弹性化，教学要求层次化，教材结构模块化，有利于按需施教，因材施教。

《施工监理基础》是高职高专院校道路桥梁工程技术专业规划教材之一，内容包括：公路工程施工监理概述、公路工程施工质量监理、建设工程施工阶段的进度监理、施工安全监理与环境保护监理、建设工程施工阶段的费用监理、公路工程施工合同管理和信息管理。

参加本书编写工作的有：四川交通职业技术学院周瑜（编写第一、二、四章），河南交通职业技术学院张鹏（编写第三章），山西交通职业技术学院曹左（编写第五章）；云南交通职业技术学院赵友松（编写第六、七章）。全书由周瑜担任主编，湖北交通职业技术学院陈方晔担任主审。

本套教材是路桥工程学科委员会委员及长期从事道路桥梁工程技术专业教学与工程实践的教师们工作经验的总结。但是，随着各项改革的逐步深化，书中难免有错误之处，敬请广大读者批评指正。

本套教材在编写过程中，得到了交通职业教育教学指导委员会的关心与指导，全国各交通职业技术学院的领导也给予了大力支持，在此，向他们表示诚挚的谢意。

交通职业教育教学指导委员会

路桥工程学科委员会

2005 年 5 月

再版前言

ZAIBANQIANYAN

高等职业教育规划教材《施工监理基础》第一版自2005年8月出版发行后，受到广大师生及技术人员的好评，在全国被多所高等院校选为教学用书，在三年多的时间里，已连印4次，总发行量达18000册。

在第一版教材使用期间，交通部颁布了新的《公路工程施工监理规范》（JTG G10—2006），为了改正原教材中与规范不相吻合的内容，也为了弥补原教材的不足，吸收教材使用者提出的宝贵建议，使教材内容与生产实际更紧密的融合，为此，我们编写了《施工监理基础》（第二版）。

本次修订保持了第一版教材的基本结构，在知识的系统性和逻辑性方面做到深入浅出，通俗易懂，使教材内容更具针对性。根据新的规范，增加了施工安全监理与环境保护监理的内容。

本教材由四川交通职业技术学院周瑜主编，湖北交通职业技术学院陈方晔主审。

书末的参考文献对本书的编写完成给予了巨大支持，在此对其作者们一并致以诚挚的谢意！

虽经仔细审核、修订，由于编者水平有限，书中难免疏漏和不妥之处，敬请读者批评指正。

编 者

2009.2

目　录

—MULU

第一章

公路工程施工监理概述

教学要求

1. 明确我国工程监理制度的发展和推行监理制度的必要性；
2. 描述公路工程施工监理的概念；
3. 明确监理工程师应具有的知识结构和职业道德准则；
4. 描述公路工程施工监理的原则、依据和特点；
5. 分析和识别工程监理相关行为主体之间的关系；
6. 明确监理单位的资质条件及监理机构设置的规定；
7. 明确公路工程施工监理标段的划分、工程监理的主要内容和任务；
8. 阐述工程质量保证体系及其职能关系；
9. 阐述工程监理与相关学科的关系。

●第一节　工程监理的发展与推行监理制度的必要性●

一、公路工程监理的产生与发展

1. 我国工程监理制产生的背景

我们从管理的角度追述人类参加建筑活动的历史。在商朝的甲骨文卜辞中，已有“工”这一词，即指当时管理工匠的官吏。周朝设有掌管营造工作的“司空”，此后，各个朝代设有“将作监”、“少府”或“工部”等官职，掌管皇家宫室、坛庙、城堡以及水利工程的设计、施工，成为国家机器中不可缺少的政务部门之一。1103 年北宋政府颁布了《营造法式》，对设计模数、工料限额作出了规定，这是一部有重要技术经济意义的建筑规范。元朝曾使用减柱法以节约木材，扩大建筑空间。明朝著有《营造正式》；清朝颁布了《工部工程做法则例》，统一宫式建筑的构件模数和用料标准。我国的建筑历史表明，对于建筑活动耗资巨大以及如何提高其经济效益，早已引起各代政府的重视。

在欧洲，很早以前建筑师自然就是总营造师，建筑师不仅负责设计，还负责购买材料、雇佣工匠，并组织工程的施工。16 世纪至 18 世纪中期，欧洲兴起华丽的花形建筑热潮，在建筑师队伍中开始形成了分工，一部分建筑师联合起来进行设计，另一部分建筑师则负责组织监督施工，逐步形成了设计和施工的分离。

设计和施工的分离导致了业主对工程监督的需求，最初的工程监督的思想是对施工加以监督,这个时期施工监督的重点在于质量监督。

20 世纪 50 年代末 60 年代初,美国、联邦德国、法国等欧美国家,开始建设很多大型、特大型工程,这些工程技术复杂、规模大,对项目建设的组织与管理提出了更高的要求。竞争激烈的社会环境迫使人们重视项目管理,建筑工程管理学和专门从事项目管理的咨询公司、事务所就在这样的社会条件下逐步形成了。现在,工程项目管理已发展成为一项专门的职业。

2. 公路工程监理的产生与发展

新中国成立后的半个多世纪中,公路工程建设经历了从民工建勤式修筑低等级、等外级公路到机械化、专业化修筑汽车专用公路、一级公路、高速公路的不同发展阶段,公路事业呈现阶段跳跃式发展,为各阶段国民经济计划目标的实现发挥越来越明显的作用。其中前 30 年时间,我国实行的是高度集中的计划经济体制,公路工程建设总体上表现了自然经济色彩浓厚的管理模式,在工程建设的具体实施过程中,工程费用实报实销,不计盈亏、不讲预算和决算,工程建设各参与体关注的重点是工程进度。往往为了保证项目建设进度,政府部门不惜投入大量人力和物力,不计成本,采用兵团式的人海战术搞大会战。在工程质量方面,主要依靠施工单位的自我检查、自我监督,即通常所指的“自检体系”来完成。这种工程管理体制实施的初期带动了公路事业较快的发展。

20 世纪 80 年代以后,我国各行各业进入了改革开放的新时期,工程建设领域发生了一系列重大的变化。这些重大变化使得原有的工程建设管理方式和体制模式越来越不适应发展的要求。工程建设市场曾一度出现了无证设计、无图施工、不讲科学、盲目蛮干的混乱现象;一些施工单位自我约束力降低,虚报优质工程,隐瞒不合格工程,引发多起工程质量事故和交通安全事故。这些都迫切需要建立严格的外部监督机制,形成企业内部自检和外部监督认证的双控体制。为了适应这种要求,1983 年我国开始实行工程质量监督制度,1984 年 9 月,国务院颁发了《关于改革建筑业和基本建设管理体制若干问题的暂行规定》,明确提出了改变工程质量监督制度,建立起有权威的工程质量监督机构。原交通部于 1987 年 10 月成立了交通部基本建设工程质量监督总站,并颁布了《交通部基本建设工程质量监督管理暂行办法》。全国各省(自治区、直辖市)的交通部门相应地建立起工程质量监督站并向基层发展。这种工程质量监督制度的建立,标志着我国的公路工程建设监督由原来的单向行政监督转向政府专业质量监督,由单一的施工单位自检体系转向政府监督与企业自检相结合的二级质量管理体系。从此,政府对工程质量的监督工作取得了纵深发展,带来了工程建设质量的明显提高。

但随着我国改革开放的不断深化,公路建设事业发展很快,国家投资、地方集资、引进外资和多方融资的公路建设项目如雨后春笋般地出现。二级质量管理体系已不能适应不断增大的建设规模和更高的质量要求,尤其是外资项目和国外金融机构贷款项目必须与国际接轨,推行国际惯例的工程管理模式。因此,作为建筑业管理体制改革的重要内容之一的工程监理制度随之应运而生,它是一种对工程建设项目更全面、更完善的管理方式。我国土木工程中最早应用这一制度的项目是利用世界银行贷款的鲁布革水电站引水工程。原交通部首批试点项目是 1985 年利用世界银行贷款的陕西省西安—三原一级公路和 1986 年开工的北京—天津—塘沽高速公路。通过这两个外资项目的试点取得了大量的成功经验,对我国公路工程监理制度的快速推广应用有着巨大的影响和积极的推动作用。在随后开工的沈(阳)大(连)高速公路、合(肥)宁(南京)高速公路、济(南)青(岛)高速公路、成(都)渝(重庆)高速公路、深(圳)汕(头)

高速公路等一批国家投资的重点公路建设项目中相继开展了工程监理制度。

原交通部在充分总结上述一批国家重点项目中不同监理模式下取得的经验和教训的基础上，于1989年4月颁布了《公路工程施工监理暂行办法》，初步建立了一套符合我国公路工程实际情况，结合国际惯例的施工监理制度。这个制度，是以国际通用FIDIC土木工程合同为基础，形成了建设单位、施工单位、监理单位三方相互制约，以监理单位为核心的管理模式。这种模式与国内传统做法相比较，一是建设各方权利、义务和责任更为合理、明确，有利于建设各方克服随意性，增强合同意识，提高管理水平；二是突破了建设单位"自编、自导、自演"的小生产管理方式的局限，有利于积累经验，促进建设项目管理向专业化、社会化方式转变；三是突出监理单位的管理作用，树立其项目管理和监督中的公正权威，对工程质量、进度、计划、支付、变更、索赔等方面，采用技术、经济和合同手段全面实行监督管理，特别是监理单位具有对工程支付的签认和否决权，有利于减少甲乙双方的扯皮纠纷，促使建设活动顺畅进行。公路工程施工监理制度不仅保证了生产要求的合理配置，促进了生产力的发展，为社会提供了优质工程，而且导致了建设各方观念、职能和行为机制的变化。建设主管部门由单纯靠行政命令、事无巨细一手抓的做法，向充分利用经济手段、支持监理工程师的工作方面转变，以往的行政干预变成了有效的协调服务；建设单位由"自筹、自建、自管"的方式，向委托监理工程师组织建设转变，其职能集中在选择施工单位、创造外部协作条件、筹集资金、及时支付工程款等方面；承建单位由以往习惯于依赖上级行政命令、合同意识淡薄，向严格履行合同转变，在监理制度面前，由不适应到适应，自身的素质和管理水平也有很大提高。

为了更好地指导、监督公路工程监理制度健全实施，进一步规范和完善监理制度，逐步实现我国公路工程监理制度与国际监理市场接轨，原交通部于1989年6月组建了交通部工程建设监理总站，监理总站为我国公路建设全面推行施工监理制度做了大量深入细致的工作。1992年5月颁布了《公路工程施工监理办法》，同时废止了1989年4月制定的《公路工程监理暂行办法》，1995年4月颁布了中华人民共和国行业标准《公路工程施工监理规范》（JTJ 077—95），2006年11月交通部颁布了《公路工程施工监理规范》（JTG G10—2006）自2007年1月1日起施行。

通过这一系列规范与办法的实施，使监理工作纳入了统一有序的轨道，监理程序和监理人员的职责更加明确，监理工程师发挥的作用越来越突出，监理工作作为社会一种新兴的行业正蓬勃发展。实践使人们充分认识到，推行工程监理制度是提高公路工程质量，实现公路建设由单一数量型向质量型、效益型转变的需要；是我国公路建设市场对内深化改革、提高企业素质，对外扩大开放、吸引外资的需要；是从计划经济到市场经济下对公路建设行业的治理整顿、健康发展的需要；同时也将是我国加入世界贸易组织（WTO）之后，公路施工企业走向国际市场的需要。在规范和完善监理制度的同时，原交通部也十分注重加强监理队伍的制度建设，提高监理队伍的素质。1990年12月原交通部颁布了《公路水运工程监理单位资格审批暂行规定》，严格审批监理单位的资质，监理单位实行分级资质管理，分甲、乙、丙三级。截至1998年底，共批准成立公路工程监理单位114家，其中甲级67家，乙级47家。1992年1月原交通部又颁布了《公路水运工程监理工程师注册办法》，并于1993年组织编写了《公路工程监理培训教材》（后经多次修订，主要内容包括监理导论、合同管理、质量监理、进度监理、费用监理方面的知识），委托原部属院校西安公路交通大学、长沙交通学院、重庆交通学院等在全国各地不定期组织监理业务培训，培训考试合格后，再由原交通部质监总站组织进行专业评审、注册，最后持证上岗。监理人员实行了执业资格制度，截至2000年12月，共审批监理工程师5340人，专业监理工程师6907人，壮大了我国公路工程监理队伍，基本上适应了我国现阶段公路重点工程建设的需要。此外，原交通部还积极培育和开放监理市场，国道主干线和各省（自治区、直辖市）的重点新建或改建工程的施工监理制度覆盖率达到了100%，其他项目也在逐步实行监理制度。1997年9月原交通部颁布了《公路工程施工监理合同范本》，1998年12月颁布了《公路工程施工监理招标投标管理办法》。从此，监理市场开始引入竞争机制，社会监理单位的选择通过招投标来实现，一些资质不够、业绩不足、能力不强、社会信誉不好的监理单位逐渐在市场竞争中被淘汰，使监理市场向良性方向发展。

由于工程监理制度的逐步推广，公路工程建设开始走上抓管理、求质量、讲效益的良性发展道路。一大批质量优良、工期合理、造价低廉的重点工程开始涌现。如1990年9月竣工通车的京津塘高速公路，全长142km，在为期5年的施工时间内，中外联合组成了监理队伍，并执行严格的监理制度，其工程质量经中外各方面专家的认真评审，达到了国内当时公路施工的最高水平，通车10多年来，交通量年均增长17%，目前日平均混合交通量已超过20000辆，但路面状况依然良好。又如另一条被誉为我国改革开放十大重点公路工程之一的安徽省合宁高速公路，是全国最早的水泥混凝土路面高速公路之一，全长110km。作为原交通部工程监理制度试点项目，建设单位安徽省高等级公路工程建设指挥部组建了完整的二级监理机构，参与监理工作的人员达到每公里0.5人，监理制度在实施操作中不断改进和完善，监理工程师在现场责权清晰，任务明确。该线监理工程师通过工程计量与支付权，有效地开展了工程质量、进度和投资三大控制，1991年5月按计划的5年工期完成了全部建设任务，经原交通部专家组一次性验收合格率达100%，优良率90%，竣工评定为优良工程。该工程建成通车后即经受了百年一遇洪水的考验，在1991年夏季抗洪抢险中发挥了巨大作用，深受国家领导人的高度评价。合宁高速公路建成通车已超过10年，日均混合交通量折算小客车已超过20000辆，路面通行状况除个别桥头出现局部沉降开裂外依然保持完好。进入20世纪90年代后期，以沪宁高速公路为代表的精品工程的建成，标志着我国高速公路建设达到了国际先进水平。在提倡建立和谐社会和注重“以人为本”，“全面、协调、可持续发展”的今天，人们对公路项目建设的要求已经由追求速度转变为兼顾速度和质量，同时注意环境保护和公路美学。四川川主寺至九寨沟公路项目在认真贯彻“理念是灵魂，设计是核心，管理是关键，施工是保证”的新的发展观上率先作出示范，2003年被原交通部列为公路与自然环境相和谐的全国示范工程。

二、我国现阶段公路工程监理的特点

自1998年以来，我国公路建设特别是高速公路建设在国家实行扩大内需、加大基础设施投资力度的财政政策指引下，迎来了千载难逢的发展机遇，全国每年公路建设投资为2000亿元左右，高速公路建设如火如荼，截至2006年底，全国高速公路建成通车总里程达到5.3万km。与此同时，公路工程监理市场也得到了加速发展并形成了如下特点：

（1）在国内工程建设市场中较早较全面地按照FIDIC模式实行社会监理制度。

我国自1985年开始引进外资修建高速公路，就直接采用FIDIC管理模式，建立独立的第三方监理机构，经试点后在公路建设上全面推行。1991年和1993年分别编印的《公路工程国际招标文件范本》和《公路工程国内招标文件范本》都是以 FIDIC《土木工程施工合同条件》为基础,结合我国实际编制的。国际招标除采用上述范本之外,还采用财政部编制的《世界银行贷款项目招标文件范本》。1997 年原交通部基本建设质监总站参照 FIDIC 中聘用咨询工程师合同范本编印了《公路工程施工监理合同范本》,1998 年原交通部颁布了《公路工程施工监理招标投标管理办法》,使我国公路施工监理制度能够较全面地按 FIDIC 模式向前发展。

(2)我国施工监理制度已由过去侧重于质量监理转向工程质量、安全、环保、费用和进度等方面的监理。

①进度、质量和费用三项控制是相辅相成的整体措施,三者之间是矛盾的统一体。只强调或只要质量控制,而忽视进度和费用的控制,必然会削弱质量控制本身,达不到预期效果。

②2007 年 1 月 1 日起实施的《公路工程施工监理规范》(JTG G10—2006)依据安全生产管理条例和环保有关文件要求,明确增加了对安全、环保的监督和管理。

(3)监理机构层次多,监理合同内容多。

我国地域广阔,人口稠密,公路项目里程长,跨越地区自然条件变化大,工程复杂,因而施工标段和监理标段较多。监理机构一般为多层次的,有总监理工程师办公室(或总监理工程师代表处)、高级驻地监理工程师办公室和现场合同段驻地监理工程师办公室之分。由于监理制度推行初期受计划经济体制的影响,建设单位往往自行组建上层监理机构,基层监理机构由社会监理单位承担,形成混合式的监理机构。在这种情况下,明确界定各级监理工程师的职责和权力就十分必要。否则,既难以充分发挥各自的作用,也难以分清各自的法律责任。为此《公路工程施工监理规范》(JTG G10—2006)规定了监理机构的设置。

①高速和一级公路可设置二级监理机构,即总监理工程师办公室(简称总监办)和驻地监理工程师办公室(简称驻地办)。开工里程在 20km 以下的,宜设置一级监理机构,即总监办。

②二级及二级以下公路和养护工程可根据工程规模、难易程度、合同工期安排、现场条件等因素设置一级或二级监理机构。

③公路机电工程可设置一级监理机构。

(4)工程监理局限于施工阶段,未能充分发挥监理作用。

目前工程监理制度往往局限于施工阶段,未能按照《公路工程施工监理规范》(JTG G10—2006)要求“在工程招标之前确定监理单位”。监理制度应贯穿工程建设项目的始终,包括投资决策阶段、设计阶段、施工招投标阶段、施工阶段(含缺陷责任期阶段)和项目后评价阶段。但目前,我国监理工作一般仅限于工程建设项目的施工阶段,监理人员接受委托后,工程马上开工,使得监理人员边干边熟悉情况,对工程并未深入地掌握和熟悉,尤其是公路建设工程,规模相对较大,技术复杂程度相对较高,路线较长,影响因素很多,不利于监理工作的顺利开展。同时,还由于监理未能参加施工招标,未参与选择承包人,因此,监理在投入工作时,对承包人的许诺、施工队伍的能力、素质缺乏了解,对承包人能否“保证工程质量”无法承担责任,遇到素质差的承包队伍或分包队伍难以处理。因此,应注意以下几点:

①监理工作的任务需要向深度发展。从目前情况看,让一个监理单位同时具备建设项目投资决策阶段、设计阶段、招投标阶段、施工阶段的监理能力还比较困难,大多数监理公司也达

不到这一水平。结合现阶段的监理工作,监理工程师的工作应重点体现在施工招投标管理和工程承包合同管理两个方面,并向设计监理发展。

②监理单位应具备招投标工作的能力。施工招投标工作的好坏,其质量的优劣,直接关系到建设单位能否选择到优秀的施工单位,能否得到先进的施工技术和施工方案。如果监理单位能从施工招投标阶段就介入建设项目,则它对工程建设项目就很了解,对建设单位选定的施工单位也很了解,对工程建设承包合同很熟悉,它的监理工作就很容易开展和实施。

(5)"严格监理"难到位,"热情服务"有误区。

《公路工程施工监理规范》(JTG G10—2006)提出的"严格监理、执情服务、秉公办事、一丝不苟"的原则,由于目前人们法制观念不强,"严格监理"难以到位,FIDIC 条款中规定的"监理一票否决权"和承包人不能按要求完成工程时"分割工程"及"终止合同"难以执行,这就大大降低了监理力度。

"热情服务"理解上有误区。监理的服务对象无疑是其委托单位——"建设单位"。针对目前承包人对工程承包的理解和适应性有待加强、施工队伍的素质有待提高的情况,从有利于工程顺利进行和完成出发,在管理上、技术上对施工队伍给予适当帮助,既有利于建设单位按期获得良好的工程产品,也有利于国家建设。也就是说,从对社会作贡献的共同目标出发,对承包人适当帮助是应该的,这也是体现社会主义的特点。但这只是道义上的责任,不是法律上的义务。将承包人作为服务对象,或者过分强调对承包人的服务就是进入误区,这无形中就会减轻承包人的责任。这就是为什么 FIDIC 条款中规定监理的认可不能减轻承包人对于工程缺陷的责任的理由。

(6)建设单位委托监理的规范性问题。

由于我国的建设监理制起步较晚,计划经济的体制决定了我国监理制度从一建立就有其本身的特点,没有形成社会化的监理模式,发展至现阶段,建设单位委托监理行为的规范性不够的问题依然存在。建设单位行为规范与否,直接关系到工程建设项目能否顺利进行,建设目标能否如期实现的问题。有的对监理工作干预较多,有的不通过监理工程师直接给施工单位下达指令,造成不必要的纠纷和误解。其实,监理工程师应该是工程建设项目现场的唯一管理者,建设单位委托了监理,就应由监理工程师去实施对工程建设项目的监督与管理,建设单位的意见和决策均应通过监理工程师实施,而建设单位所要做的,是如何做好对监理的管理,而非直接对工程建设项目的管理。

建设单位不规范是一个普遍的现象。这就要求监理人员必须熟悉监理委托合同,审时度势,正确处理好与建设单位的关系,从大局出发,顾客第一,为建设单位服务,对建设单位负责。只有这样,才能取得建设单位的信任,以利监理工作的开展。规范建设单位的行为,使建设单位转变计划经济体制下的观念,是确保工程建设项目顺利进行的先决条件。可以通过帮助建设单位招投标或建设单位代理招投标的方式来解决这一问题。

第二节　公路工程监理的基本概念

公路工程监理行业是专门为委托方(其中主要是工程业主)提供工程项目建设的决策、咨询和工程项目建设管理与监督服务的行业,即工程咨询业,属第三产业。我国目前建设监理制度的建立和建设监理行业的形成，是我国工程建设领域生产力发展以及社会主义市场经济在建设工程行业运行的必然产物。1988 年 7 月原建设部颁发了“关于开展建设监理工作的通知”，它标志着我国工程建设领域的改革进入了一个新的阶段，即参照国际惯例，结合中国国情，建立具有中国特色的建设工程监理制。

一、工程监理的概念

工程监理可以理解为对工程项目建设的有关活动实施监督和管理。“监理”(Supervision)一词是外来语，英文译为监督、管理、引导等。用汉语解释，“监”一般是监视、督察的意思，是一项目标性很明确的具体行为。进一步延伸，它有视察、监察、评价、控制等从旁纠偏、督促实现目标的意思。而“理”通常是指条理、准则。因此“监理”的含义可表述为：以某项条理或准则作为依据，对某一项行为进行监视、督查、控制和评价。工程监理是对工程建设的参与者的行为进行监控、督导和评价，并采取相应的管理措施，保证工程行为符合国家法律、法规和有关政策，制止建设行业的随意性和盲目性，促使工程建设质量、安全、环保、费用和进度按合同计划实现，确保工程建设行为的合法性、科学性、合理性和经济性。

公路工程监理是指具有相应资质的监理企业，接受建设单位的委托，依据法律法规、技术标准、合同条款、设计文件等，运用组织措施、经济措施、技术措施、合同措施，代表建设单位对工程建设承包单位的行为和他们的责权利进行必要的协调与约束，提供专业化服务，保障工程建设井然有序而顺畅地进行，达到工程建设的快好省和取得最大投资效益的目的。即监理人员依据监理合同对工程质量、安全、环保、费用、进度实施的监督和管理活动。

二、公路工程监理的主要术语

1. 监理

监理人员依据监理合同对工程质量、安全、环保、费用、进度实施的监督和管理活动。

2. 监理单位

具有法人资格并取得交通主管部门颁发的公路工程施工监理资质证书的企业。

3. 监理机构

由监理单位派出并代表监理单位履行监理合同的现场监理组织。

4. 监理工程师

监理机构中具有部核准的公路工程监理工程师或专业监理工程师资格的人员统称为监理工程师。

5. 监理人员

监理工程师和监理机构中的相关专业技术人员统称为监理人员。

6. 总监理工程师

具有部公路工程监理工程师资格，经项目建设单位同意，在监理机构中负责项目工程全部监理工作的总负责人。

7. 驻地监理工程师

具有部公路工程监理工程师资格，经总监理工程师授权，负责项目部分工程监理工作的驻地监理负责人。

8. 监理计划

由总监理工程师主持编制、在监理合同期内开展监理工作的指导性文件。

9. 监理细则

根据监理计划，针对技术复杂、专业性较强的分项、分部工程或监理工作的某一方面，由驻地监理工程师主持编写、经总监理工程师批准的操作性文件。

10. 巡视

监理人员对施工现场进行的经常性巡回检查活动。

11. 旁站

监理人员在施工现场对某一具体的工序、工艺或部位的施工全过程进行监理。

12. 试验工程

指试验路段或试验的工程部位，是为确认施工方案、获取控制参数进行试验的工程。

13. 标准试验

在工程开工前，为确定工程材料的最佳组合（如含水率、级配、配合比等），建立施工控制和检验标准所进行的试验。

14. 自检

施工单位按合同技术规范规定的项目和频率对工程材料、构配件、设备或工程实体进行的旨在检查、评价质量合格与否的试验、检测。

15. 公路机电工程监理

公路监控、通信、收费、供配电、照明、隧道机电系统等工程监理。

16. 公路机电工程试运行期

机电工程完工至交工验收之间，调整系统运行参数使之处于最佳工作状态、检验系统设备工作稳定性的时期。

第三节　监理工程师的知识结构和职业道德准则

一、监理工程师的概念

监理工程师是指经全国监理工程师执业资格统一考试合格，取得监理工程师执业资格证书并经监理机构注册从事建设工程监理活动的专业人员。

由于建设监理业务是工程管理服务，是涉及多学科、多专业的技术、经济、管理等知识的系统工程，执业资格条件要求较高。因此，监理工作需要一专多能的复合型人才来承担，监理工程师不仅要有理论知识，熟悉设计、施工、管理，还要有组织、协调能力，更重要的是应掌握并应用合同、经济、法律知识，具有复合型的知识结构。建设工程监理的实践证明，没有专业技能的人不能从事监理工作；有一定专业技能，从事多年工程建设，具有丰富施工管理经验或工程设计经验的专业人员，如果没有学习过工程监理知识，也难以开展监理工作。

国际咨询工程师联合会（FIDIC）对从事工程咨询业务的人员的职业地位和业务特点所作的说明是："咨询工程师从事的是一份令人尊敬的职业，他仅按照委托人的最佳利益尽责，他在技术领域的地位等同于法律领域的律师和医疗领域的医生。他保持其行为相对于承包商和供应商的绝对独立性，它必须不得从他们那里接受任何形式的好处，而使他的决定的公正性受到影响或不利于他行使委托人赋予的职责。"这个说明同样适合我国的监理工程师。

我国《公路工程施工监理规范》(JTG G10—2006)中将监理人员划分为：总监理工程师、驻地监理工程师、专业监理工程师(以上统称为监理工程师)；测量、试验人员和现场旁站人员(以上统称为监理员)；以及必要的文秘(包括翻译)、行政事务人员等。总监、监理工程师、驻地监理工程师，一般应具有高级工程师等相应的高级技术职称，并必须取得部颁发的公路工程监理工程师证。专业监理工程师应具有工程师等中级以上技术职称并应取得部或厅(局)颁发的专业监理工程师证；专业监理工程师分别由路基、路面、桥梁、隧道、交通工程、机电、材料、试验、测量、计量及合同管理专业等方面的工程师以上技术职称的人员担任。测量、试验及现场旁站等监理员应具有初级技术职称并经过监理工程师技术培训，考试合格持有监理员证。

二、监理工程师的知识结构

监理工程师的业务内容和他在工程建设中的重要地位，决定了他必须具有比一般工程师更高的素质。首先，因为监理工程师要向业主提供工程建设的技术咨询服务，应能够发现和解决工程设计单位、施工单位不能发现和不能解决的复杂的技术问题。因此，他必须具有高于一般专业技术人员的专业技术知识和工作经验。其次，监理工程师要向业主提供工程建设管理咨询服务，因此他必须具有一定的管理知识和管理经验。第三，监理工程师要协助业主编标、招标和评标，进行工程建设合同实施的监督与管理，因此，必须具备合同管理的知识和经验，懂得经济管理。第四，监理工程师要作为工程承发包人之间的纠纷调解人，因此，必须懂得法律。总之，监理工程师的知识结构应包括四个方面，即应懂得专业技术、施工管理、法律法规和经济知识。

1. 技术

主要是指建筑、结构、水电、机械等工程技术。一个人不可能懂得所有这些技术，但具备某一方面的工程技术知识是必要的。

2. 管理

主要是指项目管理。在国际上，项目管理是一门学科，简称 PM。监理工程师还要掌握现代化的管理方法和手段，如网络计划技术，投资控制、进度控制、质量控制的方法，计算机辅助管理技术等。

3. 经济

主要是指技术经济知识，能进行技术方案的经济比较。另外，还应掌握可行性研究的方法，概预算的编制与审核等。

4. 法律、法规知识

监理工程师所需的法律知识主要是合同法、仲裁法、监理法规等，另外，国际上有三个 FIDIC 的主要条例，监理工程师必须知道。这三个 FIDIC 条例是：

(1)建设单位和承包人合同条例，称作国际土木工程承包合同条例。

(2)建设单位与设计单位的合同条例。

(3)建设单位与项目管理咨询机构的合同条例。

另外,从事国际工程和我国各类涉外工程监理咨询业务时,还必须具有较高的专业外语知识以及国际金融贸易、技术经济合作等方面的知识。

除上述的基本知识要求外,监理工程师还必须有有关的工作经历,可以是技术方面,也可以是管理、经济等方面的,具有较为丰富的实践经验。这也是监理工程师素质要求之一。

因此,监理工程师与其他专业技术工程师相比,知识和实践经验应更丰富,他们是高智力人才,具有较强的工作能力,应最大限度地发挥他们的作用。

三、监理工程师的职业道德与纪律

道德既是一种行为准则,又是一种恶善标准。既表现为道德心理和意识现象,又表现为道德行为和活动现象,同时又表现为一定的道德原则和规范现象。纪律是应遵守的行为标准。

社会各行各业都有自己的道德规范,这些道德规范是由职业特点决定的。如教师的职业道德是教书育人,律师要公开维护真理的道德,医生要有救死扶伤的高尚道德。这些道德规范除形成道德观念舆论外,一般都由行为团体制订准则,必须遵守,否则将受到行业内制裁和社会谴责。

1. 公路工程监理工程师职业道德与纪律

建设工程监理是建设领域中一项高尚的工作,必须加强监理人员的职业道德建设,才能使监理人员有高度的责任心和工作原则性。

1)职业道德守则

(1)维护国家的荣誉和利益,按照"守法、诚信、公正、科学"的准则执业。

(2)执行有关工程建设的法律、法规、规范、标准和制度,履行监理合同规定的义务和职责。

(3)努力学习专业技术和建设监理知识,不断提高业务能力和监理水平。

(4)不以个人名义承揽监理业务。

(5)不同时在两个或两个以上监理单位注册和从事监理活动,不在政府部门和施工、材料设备的生产供应等单位兼职。

(6)不为所监理项目指定承包单位,建筑构配件、设备、材料和施工方法。

(7)不收受被监理单位的任何礼金。

(8)不泄漏所监理工程各方认为需要保密的事项。

(9)坚持独立自主地开展工作。

2)工作纪律

(1)遵守国家的法律和政府的有关条例、规定和办法等。

(2)认真履行建设工程监理合同所承诺的义务和承担约定的责任。

(3)坚持公正的立场,公平地处理有关各方的争议。

(4)坚持科学的态度和实事求是的原则。

(5)在坚持按监理合同的规定向业主提供技术服务的同时,帮助被监理者完成其担负的建设任务。

(6)不以个人名义在报刊上刊登承揽监理业务的广告。

(7)不得损害他人名誉。

(8)不泄漏所监理的工程需保密的事项。

(9)不在任何承包单位或材料供应商中兼职。

(10)不擅自接受建设单位额外的津贴,也不接受被监理单位的任何津贴,不接受可能导致判断不公的报酬。

监理工程师违背职业道德或违反工作纪律,由政府主管部门没收非法所得,收缴《监理工程师岗位证书》,并可处以罚款。监理单位还要根据企业内部的规章制度给予处罚。

2. FIDIC 道德准则

在国外,监理工程师的职业道德准则,由其协会组织制订并监督实施。国际咨询工程师联合会(FIDIC)于 1991 年在慕尼黑召开的全体成员大会上,讨论批准了 FIDIC 通用道德准则。该准则分别从对社会和职业的责任、能力、正直性、公正性、对他人的公正 5 个问题计 14 个方面规定了监理工程师的道德行为准则。目前,国际咨询工程师联合会的会员国家都在认真地执行这一准则。

为使监理工程师的工作充分有效,不仅要求监理工程师必须不断增长他们的知识和技能,而且要求社会尊重他们的道德公正性,信赖他们作出的评审,同时给予公正的报酬。

FIDIC 的全体会员协会同意并且相信,如果要想使社会对其专业顾问具有必要的信赖,下述准则是其成员行为的基本准则。监理工程师也应该遵守下述准则:

1)对社会和职业的责任

(1)接受对社会的职业责任。

(2)寻求与确定的发展原则相适应的解决办法。

(3)在任何时候,维护职业的尊严、名誉和荣誉。

2)能力

(1)保持其知识和技能与技术、法规、管理的发展相一致的水平,对于委托人要求的服务采用相应的技能,并尽心尽力。

(2)仅在有能力从事服务时方才进行。

3)正直性

在任何时候均为委托人的合法权益行使其职责,并且正直地进行职业服务。

4)公正性

(1)在提供职业咨询、评审或决策时不偏不倚。

(2)通知委托人在行使其委托权时可能引起的任何潜在的利益冲突。

(3)不接受可能导致判断不公的报酬。

5)对他人公正

(1)加强"按照能力进行选择"的观念。

(2)不得故意或无意地做出损害他人名誉或事务的事情。

(3)不得直接或间接取代某一特定工作中已经任命的其他咨询工程师的位置。

(4)通知该咨询工程师并且接到委托人终止其先前任命的建议前,不得取代该咨询工程师的工作。

(5)在被要求对其他咨询工程师的工作进行审查的情况下,要以适当的职业行为和礼节进行。

第四节　公路工程施工监理的原则、依据

一、公路工程施工监理的原则

工程监理是受建设单位委托和授权，监理单位的目标任务、内容是取决于建设单位的要求，不论是工程项目的规划决策，还是设计阶段、施工阶段的监督管理，都应遵循以下基本原则：

(1)工程监理单位应按照公正、独立、自由的原则，开展监理活动，维护建设单位与被监理单位的合法权益，维护社会公众利益和国家利益。

(2)工程监理单位应当根据权责一致的原则，开展监理业务活动。在建设工程监理合同和其他建设工程合同中应当体现出这一原则，在监理单位与项目监理组织之间应当体现这一原则。在项目监理组织内部也应当体现这一原则。

(3)工程监理单位在履行监理合同过程中应当遵循总监理工程师负责制原则，总监理工程师在工程项目监理中应当成为监理责任主体，监理权力主体和利益主体。

(4)工程监理单位在工程项目监理中应当坚持严格监理、竭诚服务的原则。一方面，严格按照有关法律、法规、规范、标准实施监理，严格根据国家批准的工程建设文件进行监理，严格按照监理合同和其他建设工程合同开展监理；另一方面，要运用合理的技能，谨慎而努力地工作，为建设单位提供满意的服务。同时，应当与被监理单位密切配合，友好合作，共同携手实现工程项目总目标。

(5)工程监理单位在实施监理的过程中应坚持综合效益的原则。监理人员在项目监理过程中应不损害国家、社会的整体利益而谋求建设单位的经济利益。监理人员要严格遵守国家的有关法律、法规，既要对建设单位负责，更要对国家和社会负责。只有在符合宏观经济、社会效益、环境效益的条件下，建设单位投资项目的微观经济效益才能得以实现。

二、公路工程施工监理的依据

1. 公路工程施工监理的指导思想

(1)明确建设工程监理的中心工作，即以工程项目质量、安全、环保、投资和进度控制为中心工作。

(2)明确建设工程监理的基本方法，即目标规划、动态控制、组织协调、合同管理和信息管理。

(3)明确建设工程监理的根本任务和最终目的是：力求在预定的投资、进度和质量的目标内把工程项目建成并投入使用，以提高建设水平和投资效益。

2. 公路工程施工监理的基本方法

1)目标规划

对监理而言，项目目标规划就是监理工作规划；在项目实施时，就是监理工作实施计划。它是以实现目标控制为目的的规划和计划，是围绕工程项目投资、进度和质量目标进行研究确定、分析综合、计划安排、制订措施等项工作的集合。目标规划是目标控制的前提，只有做好目

标规划的各项工作,才能有效实施目标控制。

目标规划工作包括正确地确定投资、进度、质量目标或对已经初步确定的目标进行论证;按照目标控制的需要将各目标进行分解,使每个目标都形成一个即能分解又能综合、满足控制要求的目标系统,以便实施控制;把工程项目实施的过程、目标和活动编制成计划,用动态的计划系统来协调和规范工程项目的实施,为实现预期目标构筑一座桥梁,使项目协调有序地达到预期目标;确定各项目标的综合控制措施,确保项目目标的实现。

2)动态控制

动态控制是监理单位和监理工程师在开展建设工程监理活动时采用的基本方法。动态控制工作贯穿于工程项目的整个监理过程中。

所谓动态控制,就是在完成工程项目的过程中,通过对过程、目标和活动的跟踪,全面、及时、准确地掌握工程信息,定期地将实际目标值与计划目标值进行对比,如果发现或预测实际目标偏离计划目标,就采取措施加以纠正,以便达到计划总目标的实现。

这种控制与工程项目的动态性一致。工程在不同的空间展开,控制就要针对不同的空间来实施;工程在不同的阶段进行,控制就要在不同阶段开展;工程项目受到外部环境和内部因素的干扰,控制者就要采取相应的控制措施;计划伴随着工程的变化而调整、控制,就要不断地适应调整的计划。监理工程师只有把握住工程项目运动的脉搏,才能做好目标控制工作。

3)组织协调

在工程项目建设过程中,监理工程师要不断进行组织协调,它是实现项目目标的不可缺少的方法和手段。

组织协调与目标控制是密不可分的。协调的目的就是为了实现项目目标。在监理过程中,当设计概算超过投资估算时,监理工程师要与设计单位进行协调,既要满足建设单位对项目的功能和使用要求,又要力求使费用不超过限定的投资额度。当施工进度影响到项目动用时,监理工程师就要与承包单位进行协调,或改变技术,或修改设计,或调整目标,直到拿出一个能理想解决问题的方案为止;当发现承包单位的管理人员不称职,给工程质量造成影响时,监理工程师要与承包单位进行协调,以便更换人员,确保工程质量。

组织协调,包括项目监理组织内部人与人,机构与机构之间的协调。例如,项目总监理工程师与各专业监理工程师、各专业监理工程师之间的人际关系协调,以及纵向监理部门与横向监理部门之间的关系的协调。组织协调还存在于项目监理组织与外部环境组织之间,其中主要是与建设单位、设计单位、施工单位、材料和设备供应单位的协调(称为“近外层协调”),以及与政府有关部门、社会团体、咨询单位、科学研究、工程毗邻单位之间的协调(称为“远外层协调”)。协调的问题集中在他们的结合部位上,但组织协调就是在这些结合部上做好调合、联合和联结的工作,以使大家在实现工程项目总目标上做到步调一致。

为了做好组织协调工作,项目监理组织内的所有监理人员都能主动地在自己负责的范围内进行协调工作,必要时应当建立组织协调的专门机构。为了有效开展组织协调工作,需要将经常性事务的协调程序化,事先确定协调内容,协调方式和具体的协调工作流程;需要通过监理组织和项目组织系统,利用权责体系,采取指令等方式进行协调;需要设置专门机构或专人进行协调;需要召开各种类型的会议进行协调。只有这样,才能使项目系统内的各种系统有机配合，使工程项目建设能够一体化运行。

4）信息管理

开展建设工程监理工作永远离不开工程信息。在实施监理的过程中，监理人员要对所需要的信息进行收集、整理、处理、存储、传递、应用等一系列工作，这些工作总称为信息管理。

监理工程师在开展监理工作时要不断地预测或发现问题，要不断地进行规划、决策、执行和检查，而做好这些工作都离不开相应的信息。规划需要规划信息，决策需要决策信息，执行需要执行信息，检查需要检查信息。监理工作在进行目标控制时，把信息作为控制的基础，只有在信息部门的支持下才能有效开展工作。

项目监理组织的各部门完成各项监理任务需要哪些信息，完全取决于这些部门实际工作的需要。因此，对信息的要求是与各部门监理任务和工作直接相联系的。不同的项目，由于情况不同，所需要的信息也就有所不同。例如，对于固定总价合同，或许关于进度款和变更通知是主要的信息；对于成本加酬金合同，则必须有关于人力、设备、材料、管理费用和变更通知等多方面的信息；而对于固定单价合同，完成工程量方面的信息就更重要。

控制总是通过信息传递与多方面相关因素发生联系。监理的控制部门必须随时掌握项目实施过程中的反馈信息，以便在必要时采取纠正措施。例如，当材料供应推迟，设备或管理费用增加，承包单位不能满足规定的工期要求时，都有可能修改工程计划。而修改的工程计划又以变更通知的形式传递给有关方，然后对相关要素采取措施，才能起到控制的作用。

为了实行全面、准确、及时的工程信息，需要组成专门机构，确定专门的人员从事这项工作。同时，还要通过计算机辅助做好这项工作。

监理工程师进行信息管理的必要工作是确定信息流程，建立信息目录和编码，制订信息管理制度，以及会议制度等。

5）合同管理

建设工程监理单位在监理过程中的合同管理主要是根据监理合同的要求对建设工程合同的签订、履行、变更和解除进行监督、检查，对合同双方争议进行调解和处理，以保证合同的依法签订和全面履行。

合同管理对于监理单位完成监理任务是必不可少的。合同管理产生的经济效益甚至会大于技术优化所产生的经济效益。一项工程合同，应当对参与建设项目的各方建设行为起到控制作用，同时具体指导工程如何操作完成。所以，从这个意义上讲，合同管理起着控制整个项目实施的作用。

监理工程师在合同管理中应当主要着重于以下几个方面的工作：协助业主签订有利于目标控制的建设工程合同；对签订的合同进行系统分析；建立合同目录、编码和档案；对合同的履行进行监督、检查；做好防止索赔和处理索赔的工作。

监理工程师做好合同管理的关键在于：参加合同制订和谈判工作；认真弄清每一个合同的各项内容；尽量少用或不用口头协议，防止引起合同争执；努力履行自己的职责，恰当地使用自己的权力，当好“公正的第三方”；委任具有权宜应变能力又能坚持原则的监理人员担任合同管理工作，以应付合同管理中的各种复杂问题；拟订各种工程文件、记录、指示、报告、信件时，应当全面、细致、准确、具体。在拟订合同文件时应当写清细节，力求达到可操作的程度，以防止日后双方在细节上纠缠不清；特别注意工程变更对合同的影响，应当对每一份变更进行可行性分析,防止由此而引起的索赔;拟订合同条款时应当在文字语言方面做到清楚明白,避免含糊不清,词不达意的现象发生;合同谈判中注意风险合理转移。

3. 公路工程施工监理的依据

(1)国家和地方法律、法规。

(2)国家和行业、地方有关标准、规范、规程。

(3)监理合同。

(4)施工合同。

(5)工程前期有关文件。

(6)工程设计文件和图纸。

(7)工程实施过程中有关的文件。

另外,在监理过程中建设单位下达的工程变更文件、设计单位对设计问题的正式答复,建设单位、承包单位和监理单位等方联合签署的工地例会纪要、监理工作联系单,均可作为监理工作的依据。

第五节 工程监理有关行为主体之间的关系

一、建设单位

建设单位又称业主(FIDIC 条款中又称雇主 Employer, Client),是工程建设项目的主人。在工程招标阶段,一般又称为"招标单位"(或"招标人")。它是指某个工程项目的投资者或资金筹集者,并在工程建设的前期及实施阶段对工程建设费用、进度、质量、标准等重大问题有决策权的国有单位、集体单位或个人。

建设单位一般就是建设项目的产权所有人,与工程建设项目有着密切的利害关系,在工程建设中的责任最繁重,重大决策和管理都是由建设单位来完成,因此,它在工程实施管理中具有以下主要责任与权利:

1. 建设单位在工程前期的责任与权利

(1)建设单位对一个项目要做出投资的决策,项目前期对投资效益、建设规模与标准、资金的筹措方式、技术上的可行性等系列问题要做好认真的可行性研究。

(2)落实建设资金的来源。一般采取建设单位及参股单位自筹部分资金或建设单位的上级行政主管部门补助的资金作为项目的资金,其比例一般不低于项目所需资金的 35%,不足部分通常采取银行贷款、发行债券等方式,筹资过程是项目建设顺利进行的重要保证。

(3)委托二阶段工程设计,进行工程招投标与签订合同等。只有在工程初步设计经有关主管部门批准后,开展详细的施工图设计,施工图设计同样要进行专家审查和修改优化过程,建设单位需根据施工图设计实行公开招投标,严格禁止边勘察、边设计、边施工的"三边工程"。

(4)委托工程项目管理或工程监理机构。国际惯例做法是由监理工程师作为建设单位的顾问,协助建设单位办理一切与工程建设有关的事宜。我国工程项目管理大多数是由建设单位自行组建一套班子对项目进行宏观管理,通过招投标方式选择合适的公路工程监理公司,实行社会监理模式。与建设单位签订合同的各方都是为建设单位服务的，各方面工作应围绕使建设单位对建设项目满意。

2. 建设单位在工程实施阶段的权利与义务

(1)建设单位根据工程特点的需要，有权在招标前指定分包商，施工单位在没有建设单位的同意时，不得将合同内的工程或其部分转让、转包给他人。

(2)建设单位根据合同文件授予监理工程师的职责权限后，应不再干涉监理工程师按合同行使的职权，更不能代替监理工程师职权，保证监理工程师的独立公正性。

(3)对施工单位未按合同文件的要求认真履行其职责时，建设单位有权实施经济处罚，直至接管及终止其剩余的合同工程内容。

(4)建设单位应按合同规定提供施工单位用地权，协助施工单位搞好有关材料的供应以及地方协调关系。

(5)对施工单位完成合格工程的支付申请，建设单位应在合同规定时间内支付到位。另外由于建设单位方面的违约导致施工单位的损失，建设单位应予以补偿费用及延长相应工期。

二、施 工 单 位

施工单位又称承包单位、承包人(FIDIC 条款中称承包商 Contractor)，在招标阶段称“投标单位”、“投标人”，中标后称为中标单位，合同签订后称为施工单位。施工单位通常是指一个法人或几个法人的联合体，既可以是单位，也可以是个人，通常投标或议标方式取得某项工程的施工权，材料、设备的制造及供应权，并且承担工程建设项目的费用、进度、质量等方面的责任。

1. 施工的前期权利与责任

(1)对一个项目来讲，施工单位是工程项目建造的直接负责者，是各项工作的组织者。施工单位承担一项现代化大型工程是一项非常繁重而复杂的工作，牵涉到技术、经济、法律甚至政治等各个方面。同时由于现代化大型工程的造价很高，施工单位承担着项目施工期的很大风险，稍有疏忽，就可能造成很大经济损失。当然，如果经营有方，也会获得可观的利润。因此，施工单位必须对各方面的问题作充分的研究，提出科学合理的施工组织方案。

(2)建设单位发出的招标文件中，一般都列入工程量估算表，但同时又规定建设单位对提供的工程量数字的准确性不承担责任，特别是隐蔽工程。所以，施工单位应对建设单位提供的工程量清单慎重审核复算，并去将要修建工程的现场实地踏勘和了解情况。在估价投标时，对风险性较高的工程内容要以较高标准估算，另外要做好准备抵抗风险的措施。

(3)施工单位在中标后，应根据合同要求立即编制一份工程进度表交建设单位和监理工程师。经双方协商同意后，工程进度表一般都列入合同后面作为合同的附件。接下来，施工单位应积极做好施工动员准备工作，以便按时开工。

2. 施工单位在工程实施期间的一般权利和义务

(1)施工单位有权在工程符合质量要求并得到监理工程师确认后，在规定的时间内得到应支付的款额。

(2)施工单位可以对监理工程师的任何指令、意见和通知提出疑问，但当监理工程师对所提疑问作出确认、否认或改变后，则施工单位应按照监理工程师的决定执行。

(3)建设单位未按合同规定的时间付款给施工单位,又无正当不付款的理由,施工单位有权得到迟付款所产生的利息。

(4)因建设单位风险造成的损失或损害,施工单位有权要求监理工程师按承包合同条款的规定,确定合同价格的增加额。

(5)施工单位应以应有的技术水平和努力去完成工程施工,以及完成修复工程的任何缺陷;提供为上述工作所需的全部监督、管理、劳务、材料、工程设备及施工单位自己的准备等。

(6)施工单位应采取一切合理措施保护现场内外施工安全环境,避免污染、噪声或由于施工单位的操作方法不当而引起的人身伤害或公共及他人财产的损害。

(7)除合同另有规定,施工单位不得将整个工程分包出去;未经监理工程师同意,也不得将工程任何部分分包出去;即使监理工程师同意分包,也不能解除施工单位的任何责任和义务。

三、监理工程师

监理工程师(Supervision Engineer)是指依法成立的、独立的、智力密集型的从事工程监理业务的社会经济实体,是受建设单位委托对工程项目的施工进行监督管理的合同法人。通常项目中的监理方是指监理单位。在 FIDIC 条款中监理工程师又称工程师(Engineer)。通常一个项目中,监理单位将根据监理任务的大小,设置总监理工程师及其代表(Engineer's Represetative)、驻地工程师(Resident Engineer)、工程师助理(Assistants)等岗位,合同条件中监理工程师除有特殊说明外,一般即指总监理工程师,其他人员都必须是在总监理工程师的领导下,从事各专项监理工作。完整的监理工作要求从项目前期开始帮助建设单位搞好项目规划、勘察和决策,协助建设单位搞好招投标,选择优秀施工单位;在施工阶段尽职尽责完成各分部、分项工程的监理工作。

1. 监理工程师在工程建设前期的工作

按照国际惯例,建设单位通常在土木工程项目的前期准备工作中,通过比较,选定一个设计咨询监理公司或监理工程师,委托进行项目的可行性研究工作、勘察设计工作、编制设计文件和招标文件。进入招标投标阶段,帮助建设单位进行评标工作;进行施工时,继续为建设单位负责工程的施工监督和管理工作。这样,监理工程师或设计咨询公司了解工程项目的全过程,有利于对施工合同的管理工作与工程项目三大目标实行控制。但在有些工程项目中,建设单位出于另外的考虑或需要,在施工阶段,也会另外聘用施工监理工程师,签订施工监理合同,委托监理工程师对工程施工进行监督管理。监理工程师在工程建设前期的工作任务主要有以下几点:

(1)帮助建设单位进行工程项目的规划,搞好工程项目的勘探调查工作及项目的可行性研究,运用有关技术、经济和管理科学对项目的投资决策等进行论证,以使工程项目的决策工作建立在科学和可靠的基础上。然后编制好可行性研究报告,上报建设单位审定。

(2)参与工程项目的设计方案比选及分析,具体比较论证每个设计方案的工期、投资额及建议施工方案的优缺点,通过比选,选出最优方案进行设计。

(3)帮助建设单位编制招标文件,制订招标的方法和要求等。通常招标文件主要包括招标公告、合同条件、技术规范、设计图纸、工程量清单、有关合同协议书等格式文件。

(4)根据建设单位的要求,制订资格预审通知书或招标通知等,根据资格预审后建设单位同意的资格预审名单,向通过预审的投标人发售招标文件。

(5)协助建设单位组织投标人参加施工现场考察,并回答投标的问题。参加投标书的接收及公开开标工作等。

(6)根据建设单位的要求,审核投标书,进行施工等技术方案比较、投标价格分析和比较,评议投标书,并向建设单位建议中标对象的选取。

2. 监理工程师在施工阶段的职责与权限

(1)由监理工程师批准施工单位提交的工程进度计划等,并签发开工令。

(2)决定工程竣工时间的延长,并报建设单位审批办理。

(3)监理工程师签发竣工验收交接证书,将工程从施工单位照管移交给建设单位管理。

(4)监理工程师签发变更令,确定工程变更引起的价格增加或工期延长。

(5)监理工程师签发缺陷责任终止证书。

(6)判定并证实施工单位是否违约,向建设单位建议处理办法。

(7)提出对特殊风险的处理意见。

(8)监理工程师作为调解人,裁定建设单位和施工单位之间的矛盾争端。

(9)证实建设单位违约,并处理有关索赔费用及延期问题。

(10)签发月支付证书及最终支付证书。

监理工程师还要及时纠正监理工程师代表所作的错误决定,解决施工单位与监理工程师代表之间的纠纷,每月向建设单位及时报告工程进展及工作情况,用月工程进度报告书和有关报表向建设单位汇报详情,以供建设单位决策和协调。

四、设计单位

设计单位是指受公路主管部门或建设单位的委托,负责完成项目立项可行性研究、工程地质勘察、初步设计及施工图设计等技术服务的合同法人,它既可以是独立单位,也可以是个人。设计单位的职责主要集中在项目建设的前期,项目实施中做好设计技术服务,设计单位具体职责如下:

(1)进行项目立项的可行性研究。运用技术、经济、物资、设备等不同方面的对比方案对项目有关的各项问题进行细致的调查分析,选出最佳方案,提出可行性报告。

(2)编制设计任务书。主要内容应包括建设的目的、依据、建设规模、路线方案、技术标准和经济预测,报有关部门决策。

(3)勘测设计。根据批准的项目设计任务书,进行详细的工程勘测设计,一般分为三个阶段。一阶段是初步设计,主要是对项目进行概略性的计算和初步的规定,编制总概算。二阶段是技术设计,根据更详细的调查研究资料,对批准的初步设计中有关技术、经济的各项初步规划和技术决定进一步具体化,提出较为详细的设计方案。三阶段是施工图设计,通过现场详细的定测和计算完成施工中所需的一切图纸,并编制施工图预算等文件。

(4)变更设计服务。主要指在工程施工阶段,由于地质等因素变化,原施工图设计方案需要变更时,设计单位应给予及时的变更图纸设计,搞好与设计有关的技术服务,保证工程施工顺利进行。

五、工程实施中各方的关系

(1)建设单位和监理单位:委托与被委托关系,通过监理委托合同确定,监理代表建设单位利益工作。建设单位不得随意干涉监理工作,否则为侵权违约。监理必须保持公正,不得和施工单位有经济联系,更不得串通施工单位侵犯建设单位利益,否则建设单位将用合同或法律手段,使监理离开项目管理,并维护自身的权益。

(2)建设单位和施工单位:通过合同确定的经济法律关系,即合同关系。建设单位将工程发包给施工单位,双方必须严格按合同条件履行所有的承诺。若违约则向对方赔偿损失。

(3)监理单位和施工单位:监理与被监理的关系,这个关系在建设单位与施工单位签订的合同中已明确,二者共同目标都应是按照合同工期要求搞好工程建设,使建设单位满意。在工程监理实施过程中,监理代表建设单位的利益工作,但也要维护施工单位的合法利益,公正而正确地处理好工程变更、索赔和款项支付,若监理的行为不公正,施工单位有权向有关部门申诉。

(4)建设单位与设计单位:委托服务关系,设计单位受建设单位委托,完成某项目的设计服务;在施工阶段,设计单位要提供售后服务。设计单位提供的是智力服务,不同于承包。

(5)监理单位与设计单位:也是监理与被监理的关系。如在设计阶段,监理工程师代表业主,对设计单位的设计进行监理;如在施工阶段,监理工程师代表业主,对设计单位的售后服务进行监理。

工程实施中各方关系如图1-1所示。

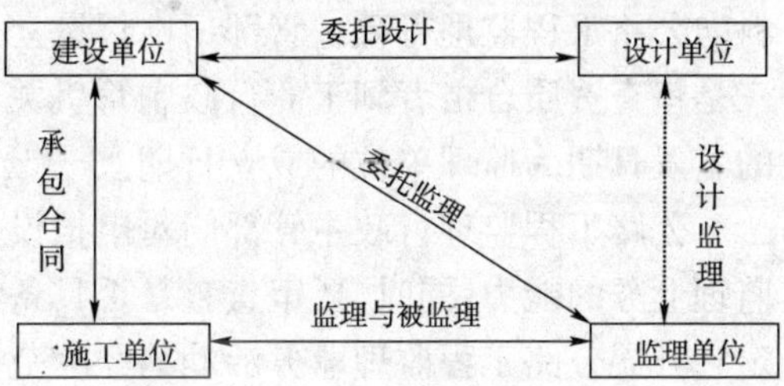

图1-1　工程实施中各方关系示意图

●第六节　公路工程监理单位●

一、公路工程监理单位

公路工程监理单位,一般是指持有工商行政管理部门核发的营业执照,具有法人资格,并取得交通主管部门核发的监理资质等级证书,从事公路工程监理工作的监理公司、监理事务所等。

1.成立监理单位的条件

(1)有固定的办公场所。

(2)有一定数量的专门从事监理工作的工程经济、技术人员,而且专业基本配套和有高级专业职称人员。

(3)有一定数额的注册资金。

(4)拟订有监理单位的章程。

(5)有主管单位同意设立、监理单位批准的文件。

(6)拟从事监理工作的人员中,有一定数量的人已取得交通主管部门颁发的《监理工程师资格证书》,并有一定数量的人取得了公路工程监理培训结业合格证书。

2. 筹备设立公路工程监理单位应准备的材料

(1)筹备设立监理单位的申请报告。

(2)设立监理单位的可行性研究报告。

(3)有主管单位时,主管单位同意设立监理单位的批准文件。

(4)拟订的监理单位组织机构方案和主要负责人的人选名单。

(5)监理单位章程(草案)。

(6)已有的、拟从事监理工作的人员一览表及有关证件。

(7)已有的、拟用于监理工作的设施一览表。

(8)开户银行出具的资信证明。

(9)公路工程监理行政主管部门对其资质审查后,出具的批准申请的书面意见,包括核准的业务范围。

(10)办公场所所有权或使用权的房产证明。

3. 设立监理单位的申报、审批程序

设立公路工程监理的申报、审批程序,一般分为三步:一是按照申报的要求,准备好各种材料向公路工程监理行政主管部门申报设立;二是公路工程监理行政主管部门审查其资质条件;三是审查资质合格者到工商行政主管机关申报登记注册,领取营业执照。监理单位营业执照的签发日期为监理单位的成立日期。

公路工程监理行政主管部门对申报设立监理单位的资质审查,主要是看它是否具备开展监理业务的能力;同时,要审查它是否具备法人资格的条件;在达到上述两项条件的基础上,核定它开展公路工程监理业务活动的经营范围,并提出资质审查合格的书面材料。没有公路工程监理行政主管部门签署的资质审查合格的书面意见,监理单位不得到工商行政管理部门申请登记注册,工商行政管理部门不得受理没有公路工程监理行政主管部门签署的资质审查合格书面材料的监理单位的登记注册申请。

工商行政主管部门对申请注册监理单位的审查,主要是按企业法人应具有的条件进行审理。经审查合格者,给予登记注册,并填发营业执照。登记注册是对法人成立的确认。没有获准登记注册的,不得以申请登记注册的法人名称进行经营活动。

二、公路工程监理单位的资质与管理

公路工程监理单位的资质,主要体现在监理能力及其监理效果上。所谓监理能力,是指能够监理多大规模和多大复杂程度的公路工程建设项目。所谓监理效果,是指对工程建设项目实施监理后,在工程质量控制、工程进度控制、工程投资等方面取得的成果。监理单位监理的"大"、"难"的工程项目数量越多,成效越大,表明其资质越高。资质高的监理单位,其社会知名度也大,取得的监理成效也会越显赫。

监理单位的监理能力和监理效果主要取决于:监理人员素质、专业配套能力、技术装备、监理经历和管理水平等。正因为如此,我国的公路工程施工监理法规规定,按照这些要素的状况来划分与审定监理单位的资质等级。

1. 监理人员素质

监理单位是智能型企业,监理单位的产品是高智能的技术服务。所以,工作性质决定了监理单位是高智能的人才库。较之一般物质生产企业来说,监理单位对人才的专业技术素质的要求相对较高。一个人如果没有较高的专业技术水平,就难以胜任监理工作。作为一个群体,谁的监理人员素质高,监理能力强,谁取得较好监理成效的几率就大。因此,精明的监理单位的领导人都把培养、挑选高素质的监理人才作为搞好本单位工作的头等大事。

关于监理人员的素质,应当说包括多项内容。一是监理人员要具备较高的工程技术组织或经济专业知识——理论知识和实际运用技能;二是监理人员要具有较强的组织协调能力;三是监理人员要具备高尚的职业道德;四是要拥护共产党的领导、热爱社会主义祖国;五是身体健康,能胜任监理工作的需要。对监理单位负责人的要求则更高一些:技术方面应具有高级专业技术职称;应具有较强的组织协调和领导才能;应当取得交通主管部门确认的《监理工程师资格证书》。

关于对监理人员专业知识的要求,主要体现在其学历和技术职称等方面。一般来说,从事监理工作的人员都应具有大专以上(含大专)的学历。对一个监理单位来说,具有大学本科以上(含本科)学历的人员应是大多数。在专业职称方面,具有高级职称的人员应有20%左右,中级职称的人员应有50%左右,具有初级职称的人员应有20%左右,其余10%以下的人员可不要求具备专业职称,如汽车驾驶员、生活服务人员、后勤管理人员等。对于甲级资质监理单位来说,最好还应有与主要经营范围相对应的具有较高权威的专家。

另外,每一个监理人员不仅要具备某一专业技能(理论知识和实际运用能力),而且还要掌握与自己本专业相关的其他专业方面以及经营管理方面的基本知识,成立一专多能的复合型人才。

2. 专业配套能力

任何一项公路工程建设项目,往往都需要多个专业人员的协同工作。在现代建设项目中,如石油化工工程建设、水利水电工程建设、公路工程建设、乃至高层住宅建设等,其生产工艺十分复杂,涉及的学科知识也相当广泛。因此,需要几十个专业方面的人员的共同努力。承担现代化工程监理工作,当然也需要多专业的人员共同来完成。如主要从事公路工程施工监理的监理单位,要配备道路、桥梁、测量、试验、计量、合同管理等专业人员。一个监理单位,按照它所从事的监理业务范围的要求,配备的专业监理人员是否齐全,在很大程度上决定了它的监理能力的强弱。专业监理人员配备齐全,每个监理人员的素质又好,那么,这个监理单位的整体素质就高。所以,在审核监理单位资质的时候,专业监理人员的配备是否与其申请的监理业务范围相一致是一项重要的考核内容。如果一个监理单位在某一方面缺少专业监理人员,或者某一方面的专业监理人员素质很低,那么,这个监理单位就不能从事相应专业的监理。

3. 监理单位的管理水平

管理是一门学科。对于企业来说,管理包括组织管理、人事管理、财务管理、设备管理、生产经营管理、科技管理以及档案文书管理等多方面的内容。监理单位的管理也都涉及上述各项内容。

一个单位或一个企业管理得好坏,领导素质(包括领导者本身的技术水平、领导者的品德和作风、领导艺术和领导方法等)的高低至关重要。不难设想,一个没有一定专业技术能力的领导,或是一个品行不端、独断专行,或者没有领导方法,不懂领导艺术的领导是不可能把一个企业管理好的。管理工作,说到底是一种制度,即制订并严格执行科学的规章制度,靠法规制度进行管理,而不是单靠一两个领导进行管理。所以,考察一个监理单位管理工作的优劣,一是要考虑其领导者的能力,二是要侧重考察其规章制度的监理和贯彻情况如何。

一般情况下,监理单位应建立以下几种管理制度:

(1)组织管理制度,包括关于机构设置和各机构职能划分、职责确定的规定以及组织发展规划。

(2)人事管理制度,包括职员录用制度、职员培训制度、职员晋升制度、工资分配制度、奖励制度等激励机制。

(3)财务管理制度,包括资产管理制度、财务计划管理、投资管理、资金管理制度、财务审计管理制度。

(4)生产经营管理制度,包括企业的经营规划(经营目标、方针、战略、对策等)、工程项目监理机构运行办法、各项监理工作的标准及检查评定办法、生产统计办法等。

(5)设备管理,包括设备的购置办法,设备的使用、保养规定等。

(6)科技管理制度,包括科技开发规划、科技成果评审办法、科技成果汇编和推广应用办法。

(7)档案文书管理制度。包括档案的整理和保管制度,文件和资料的使用管理办法等。

一个管理水平高的监理单位,不单是领导能力强、管理制度健全,各项制度能得到很好地贯彻落实,达到人尽其才、物尽其用、成效显著,而且还蕴育着蓬勃发展的巨大动力。

• 第七节　公路工程施工监理阶段的划分 •

工程监理是一个施工全过程的监理,它贯穿于整个合同执行过程的始终。根据施工的过程,我们将施工监理划分为施工准备阶段、施工阶段、交工验收与缺陷责任期三个阶段。由于每个阶段有不同的特点,所以监理的内容和重点也不尽相同。

一、施工准备阶段监理

监理合同签订之日至合同工程开工令确定的开工之日为施工准备阶段。施工准备阶段监理的主要内容是熟悉合同文件(包括监理合同及施工单位与建设单位签订的合同协议书、招投标文件)、复核施工图纸、参加施工招标、放样定线、督促承包人提交施工组织设计、准备第一次工地会议、准备发布开工通知等。

1. 参加设计交底

监理工程师应参加设计交底,掌握本工程的设计意图、设计标准和要点;熟悉对材料与工艺的要求,施工中应特别注意的事项,以及对施工安全、环保工作的要求等;澄清有关问题,收集资料并记录。

2. 审批施工组织设计

总监理工程师应在合同规定的期限内及时审批施工单位提交的施工组织设计,重点内容如下:

(1)施工组织设计的审批手续是否齐全有效。

(2)施工质量、安全、环保、进度、费用目标是否与合同一致。

(3)质量、安全和环保等保证体系是否健全有效。

(4)安全技术措施、施工现场临时用电方案及工程项目应急救援抢险方案是否符合要求。

(5)施工总体部署与施工方案和安全、环保等应急预案是否合理可行。

技术复杂或采用新技术、新工艺或在特殊季节施工的分项、分部工程和危险性较大的分部工程,应要求施工单位编制专项施工方案,并由驻地监理工程师审核,总监理工程师批准后实施。

3. 检查保证体系

监理工程师应检查施工单位质量、安全和环保等保证体系是否落实,重点检查项目经理、技术负责人、工地试验室负责人的资格及质量、安全、环保人员的履约情况。

4. 审核工地试验室

监理工程师应审核施工单位工地试验室的人员、设备和试验检测能力是否满足合同要求,管理制度是否健全。

5. 审批复测结果

监理工程师应对施工单位提交的原始基点、基准线和基准高程的复测结果进行审核和平行复测。当双方复测结果一致并满足规范要求时,监理工程师应在合同规定的期限内复测。

6. 验收地面线

监理工程师应监督施工单位在原始地面线未被扰动前测定地面线,并对测定结果进行抽测。抽测频率应能判定施工单位测定结果是否真实可靠,且不低于施工单位测点的30%。监理工程师应对施工单位提交的土石方工程量计算资料进行审核。

7. 审批工程划分

总监理工程师应于总体工程开工前对施工单位提交的分项、分部、单位工程划分予以批复并报建设单位备案。

8. 确认场地占用计划

监理工程师应对施工单位提交的场地占用计划及临时增减的用地计划予以确认,并及时提交建设单位。

9. 核算工程量清单

监理工程师应对工程量清单复核结果进行核算。

10. 签发开工预付款支付证书

总监理工程师应在施工单位提交了开工预付款担保后,按合同规定的金额签发开工预付款支付证书,报建设单位审批。

11. 召开监理交底会

总监理工程师应在合同工程开工前主持召开由施工单位项目经理、技术负责人及相关人员参加的监理交底会,介绍监理计划的相关内容。

12. 召开第一次工地会议

总监理工程师应主持召开第一次工地会议。会议的组织和要求应符合有关规范规定。

13. 签发合同工程开工令

监理工程师收到施工单位提交的合同工程开工申请后,应对合同工程的开工条件进行核查。具备开工条件的,由总监理工程师签发合同工程开工令,并报建设单位备案。

二、施工阶段监理

合同工程开工之日至合同工程交工验收申请受理之日为施工阶段,承包人按规范、规定的施工方法和监理工程师批准的施工方案和计划实施工程,使工程达到合同文件要求。这一阶段,监理工程师工作内容包括:工程质量监理、施工安全监理、施工环境保护监理、费用监理、进度监理以及合同其他事项监理。

三、交工验收与缺陷责任期阶段监理

合同工程交工验收申请受理之日至缺陷责任终止证书签发之日为交工验收与缺陷责任期阶段,首先需进行交工验收,验收合格后才能投入使用。但承包人仍需在合同规定的期限内继续完成交工验收时未完工的项目或修补在使用条件下因施工质量问题而出现的任何缺陷,监理工程师应继续检查该部分工程的质量。这个规定期限即为质量缺陷责任期,一般合同规定为两年,在缺陷责任期内监理工作师的工作内容主要如下:

1. 审查交工验收申请

监理工程师应按合同及有关规定要求,审查施工单位提交的合同工程交工验收申请。重点检查:合同约定的各项内容的完成情况;施工自检结果;各项资料的完整性;工程数量核对情况;工程现场清理情况等。

2. 评定工程质量与编制监理工作报告

监理工程师应及时汇总、整理监理资料,对工程质量等级进行评定,按有关规定编制监理工作报告,并提交建设单位。

3. 参加交工验收

监理工程师应参加建设单位组织的合同工程交工验收,接受对监理独立抽检资料、监理工作报告及质量评定资料的检查,协助建设单位检查施工单位的合同执行情况,核对工程数量,评定各合同段的工程质量。

4. 签认交工结账证书

合同工程交工验收证书签发后,监理工程师应认真核对施工单位提交的合同工程交工结账单,并在规定期限内签认合同工程交工结账证书,报建设单位审批。

5. 缺陷责任期的监理

在合同工程的缺陷责任期内,监理工程师应检查施工单位剩余工程的实施情况;巡视检查已完工程;记录发生的工程缺陷,指示施工单位进行修复,并对工程缺陷发生的原因、责任及修复费用进行调查、确认;督促施工单位按合同规定完成竣工资料。

6. 签认缺陷责任终止证书

在合同工程缺陷责任期结束后,收到施工单位向建设单位提交的终止缺陷责任的申请后,监理工程师应进行检查。符合条件时,经建设单位同意,监理工程师应在合同规定的时间内签发合同工程缺陷责任终止证书,并按规定向建设单位提交缺陷责任期监理工作总结。

7. 签认最后支付证书

监理工程师收到施工单位提交的最后结账单及所附资料后应进行审核。审核后的最后结账单经施工单位认可后,由总监理工程师签认并报建设单位审批。

8. 参加工程交(竣)工验收

监理单位参加交(竣)工验收工作,负责提交监理工作报告,提供工程监理资料,配合竣工验收检查工作。

对照上述监理工作内容,监理工程师应配备缺陷责任期的监理工作人员,包括现场巡视和旁站、试验检测、合同事宜、资料整理等方面人员。

第八节 工程质量保证体系及其职能

一、工程质量管理体系概念

质量管理体系是指"在质量方面指挥和控制组织的管理体系"。

质量管理体系包括以下四个部分:

(1)组织机构是一个组织为行使其职能按某种方式建立的组织机构、职责、权限及相互关系,它是质量管理体系的组织和人事保障。

(2)程序是为进行某项活动所规定的途径,程序可分为管理性的和技术性的,程序可以形成文件也可以不形成文件,但质量管理体系程序通常都要形成文件。

(3)过程是将输入转化为输出的一组彼此相关的资源和活动,质量管理体系的所有活动都是通过过程来完成的,产品质量形成的全过程的每一段都可视为一个过程,称为直接过程。此外,还有一些与质量形成相关的间接过程是保证过程的质量、实现质量要求的基础。

(4)资源可以包括人才资源和专业技能、设计和研制设备、制造设备、检验和试验设备、仪器、仪表和计算机软件等。

质量管理体系的各个部分是相互关联的,质量管理体系的内容要以满足质量目标的需要为准则,质量管理体系是实施质量方针和目标的管理系统,是组织经营管理系统的核心部分,因此,质量管理体系的建立和运行要以质量方针和质量目标的展开和实施为依据。质量管理体系在一个组织中只有一个,它对内实施质量管理,对外实施外部质量保证。

二、ISO 9000 族标准介绍

1. 什么是 ISO 9000 族标准

ISO 9000 族标准是指"由 ISO/TC 176(国际标准化组织质量管理和质量保证技术委员会)制定的所有国际标准"。该标准族可帮助组织实施并有效运行质量管理体系,是质量管理体系通用的要求或指南。它不受具体的行业或经济部门的限制,可广泛使用于各种类型和规模的组织,在国内和国际贸易中促进相互理解和信任。

2000 年 12 月 15 日,ISO/TC 176 正式发布了新版本的 ISO 9000 族标准,统称为 2000 版 ISO 9000 族标准。该标准的修订充分考虑了 1987 版和 1994 版标准以及现有其他管理体系标准的使用经验,因此,它将使质量管理体系更加适合组织的需要,可以更适应组织开展其商业

活动的需要。

2. 2000 版 ISO 9000 族标准的特点

从结构和内容上看,2000 版质量管理体系标准具有以下特点:

(1)标准可适用于所有产品类型、不同规模和各种类型的组织,并可根据实际需要删减某些质量管理体系要求。

(2)采用了以过程为基础的质量管理体系模式,强调了过程的联系和相互的作用,逻辑性更强,相关性更好。

(3)强调了质量管理体系是组织其他管理体系的一个组成部分,便于与其他管理体系相容。

(4)更注重质量管理体系的有效性和连续改进,减少了对形成文件的程序的强制性要求。

(5)将质量管理要求和质量管理体系业绩改进指南这两个标准,作为协调一致的标准使用。

三、公路工程质量保证体系

1. 我国工程监理的框架

我国工程监理的框架是由一个制度、两个层次和多种方式构成的。

一个制度是工程监理制度。是由国家行业主管部门建立和推行监理工作的目标和组织管理体系。

两个层次是指政府建设监理(也称政府监理、政府监督)和社会建设监理。两个层次是相辅相成的,构成监理工作完整的执行主体。其中政府监理是指政府职能机构对监理市场、工程建设过程及参建的建设单位、施工单位、设计单位等进行宏观方面的监督管理。主要内容是监督建设行为的合法性、程序性和科学性,宏观控制项目建设必须符合国家的利益。社会监理是指社会监理单位受建设单位的委托或授权,对工程项目进行具体过程的监督、管理。以监理工程师为主体构成的专业化监理单位,是从微观上通过现代化的科学管理技术、丰富的经验、手段保障来保证合同目标的实现。

多种方式是指监理工作形式的划分,以委托性质分,一种是委托监理,即由建设单位委托专业化的社会监理单位承担,这种委托早期主要是建设单位直接委托,目前主要是通过招投标方式选定后再委托。委托双方签订合同,按合同规定的内容以经济为纽带进行工作,双方无隶属关系,这种社会化监理模式,能做到独立性、公正性、权威性。另一种是自行监理,即由建设单位组建符合国家规定资质的相对独立的监理机构承担监理任务,它也是以合同方式议定各自的监理职责。按工作内容分,一种是全过程监理,即包括项目的前期可行性阶段咨询、勘测设计、施工招投标、施工全过程及工程缺陷期的监理。另一种是分阶段的监理,如设计阶段监理、施工监理。我国目前由于工程监理起步相对较晚,大多数还是处在工程施工阶段监理。

2. 我国公路工程施工质量保证体系

根据我国的国情,参照国际惯例,构建了我国公路工程建设的三级质量保证体系,即政府监督、工程监理和企业自检。

1)政府监督

政府监督是指作为国家机器的政府机构实施对社会公共事务的管理。政府的属性决定了它的社会职能,政府对工程建设实行监督管理,是政府社会职能的体现和要求。

因此,政府监督是指政府对工程建设和监理各单位进行宏观监督管理。我国现有公路工程的政府监督是由代表政府的专门质量监督部门,依据国家有关法规和部颁现行技术规范、规程和质量检验评定标准对工程质量进行强制性的监督管理,对涉及到项目的建设、设计、施工监理等单位在参与工程实施过程中的建设行为进行监督。然而在我国改革开放前的30年间,由于高度集中的计划经济管理体制下,政府以资产所有者的身份,对工程建设直接进行宏观上的组织、管理和指挥,而微观上具体从事建设的单位缺少活力,受制于管理的条块之中,政府缺少宏观效应,管理的标准不一,矛盾突出,起不到统一协调和监督的作用。在不断改革旧的建设体制下,1983年,我国开始实行政府对工程质量监督制度,逐步建立起有权威的政府工程质量监督机构。从公路工程来说,原交通部于1987年10月设立了基本建设工程质量监督总站,主管全国公路工程质量监督工作,按照统一规划、分级管理的原则,各省(自治区、直辖市)的交通部门也相继设立交通(或公路)基本建设工程质量监督站,并进一步向各地、市延伸发展。

政府监督不同于其他形式的质量监督机构行为,主要具有以下特性:

(1)强制性。政府的管理行为象征着国家机构的运转,而国家机构的管理职能是通过授权于法,"法"对于被管理者来说,只能是强制性的,必须接受的,它与工程的建设、设计、施工、监理等单位不是平等主体关系,是管理与被管理的关系。政府监督的强制性体现在管辖范围内的所有建设工程,无论其投资主体如何,都必须无条件地接受政府监督机关的监督和管理。

(2)执法性。政府成立专门质量监督机构作为执法机构,它带有明显的执法性。主要是依据国家法律、法规、方针、政策和部颁布的技术规范、标准进行监督,其行为显著区别于通常的行政领导和行政指挥等一般性的行政管理行为。

(3)全面性。政府监督是针对整个项目的工程建设活动,就管理空间而言,覆盖了全社会;就一个项目的建设过程来说,则贯穿于工程建设的全过程。

(4)宏观性。政府监督侧重于宏观的社会效益,其着眼点主要是保证建设行为的规范性,维护国家和社会公众利益,以及工程建设各参与者的合法权益,对一个具体项目来说,政府监督不同于监理工程师的直接的、连续的、不间断的监理。

2)工程监理

工程监理是指具有法人资格的监理单位受建设单位委托,对项目建设全过程实施的一种专业化管理。其内容主要根据委托者的需要,包括项目建设前期的可行性研究及项目评估,实施阶段的招标、勘察、设计、施工等。社会监理是由社会监理单位的监理工程师通过组织、协调、监督、控制和服务等一系列措施来实现的。但我国公路工程的监理目前主要在施工阶段实施,因而也称为"施工监理"。

施工是工程建设过程中极其重要的一个阶段,它需要认真、周密考虑,将设计阶段的规划付诸实施,这个实施过程往往工期较长,大多数在4年左右,因而受外部社会环境和自然环境制约影响较大,施工进度、施工工艺、施工费用都可能与原设计存在较大的差异。所以,这个过程的施工监理显得尤为重要。实践证明,一个项目实行施工的全过程监理,不仅减少很多不合理的工程费用而且能科学地控制工程质量和工期,还避免了过多的合同纠纷,对建设单位和施工单位均有利。

3)企业自检

企业自检是指施工单位按照与建设单位签订的合同文件要求,为保证工程质量所必须建立的内部施工质量控制体系。这个内部质控体系也称“企业自检”,主要工作内容包括以下几项内容:

(1)配备人员。施工企业应根据工程规模的大小和工程结构的特点配备相应职称的自检人员,施工中的每道工序都应由自检人员按照监理工程师的规定要求进行自检和试验。

(2)配备试验设备。在自检中,应采用与工程结构相适应的试验设备进行检测,所有试验设备要定期进行计量认证,以保证检测报告的精度和准确性。

(3)采用标准、规范化的工作方法。施工企业自检时,必须根据国家和部颁布的有关标准进行,如《公路工程质量检验评定标准》(土建工程)(JTG F80/1—2004)、《公路工程施工监理规范》(JTG G10—2006)、《公路工程试验检测工作暂行规定》及有关试验规程等。

施工企业自检系统是与施工企业的整体管理水平密切相关的,搞好企业自检的关键问题是加强企业的全面质量管理。

全面质量管理最有效的工作方法是“计划—执行—检查—处理”一套工作循环,简称 PDCA 循环。它是由英语单词 PIAN、DO、CHECK、ACTION 的第一个字母组成,其主要内容如下:

①PLAN 阶段。根据施工要求与质量目标,通过调查研究、信息反馈,确定实现目标的方法与具体措施。

②DO 阶段。在执行既定的措施前,必须对有关人员进行很好的宣传和必要的培训,实施中要给予充分的权利和信赖,让执行者得以完全发挥。

③CHECK 阶段。对照计划内容,检查执行情况和效果,单靠检查来进行控制的管理必然失败,但没有检查也不能进行管理。通过检查发现未能达到计划目标的原因和提出在下一道 PDCA 循环中进一步改进的措施。

④ACTION 阶段。处理阶段是要把成功的经验进行总结,纳入标准、规程或制度,以供以后执行;对失败的教训认真吸取,以防再次发生;对遗留问题转入下一 PDCA 循环中加以解决。

这套工作循环是由美国质量管理专家戴明博士提出的,所以又称为“戴明循环”。施工企业严格执行这个循环过程有助于把质量工作做得卓有成效,实现预期的质量目标。

第九节　公路工程监理相关的学科

与工程项目决策咨询服务有关的学科,主要是投资学和技术经济学;与工程项目实施监理服务有关的学科,主要是组织论和工程监理学。

1. 投资学

投资学是工程项目决策咨询工作的理论依据,其研究领域、研究对象、研究任务和研究内容如图 1-2 所示。

改革开放以来,随着社会主义市场经济的日益发育,投资理论的研究得到了很大重视。如最近中国工程建设概算预算定额委员会在国家计委的支持下,编写了《建设工程造价管理丛书》,其中的《社会主义投资管理学》一书,就着重研究探讨了我国的宏观、中观、微观及涉外投资问题,并在当前投资主体多元化、投资渠道多元化的情况下,对投资的规模和结构以及提高投资经济效果等方面进行了系统的阐述。

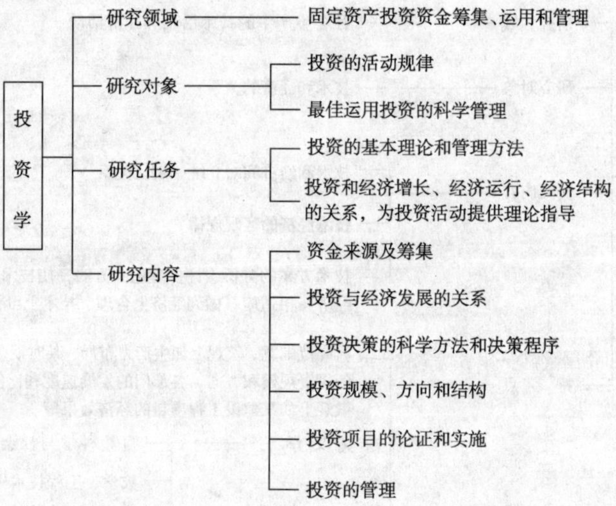

图 1-2　投资学

公路建设资金不足是世界上许多国家公路基础设施建设所面临的共同问题，也是长期制约我国公路发展的关键因素。就我国而言，到 2000 年即“九五”末，公路通车里程由期初的 115.7 万 km 增加到 125 万 km，即平均每年新增公路 1.8 万 km，需上千亿建设资金。21 世纪要实现国道主干线的建设规划，资金投入将更大。要满足如此巨大的资金需求，必须继续执行“统筹规划、条块结合、分层负责、联合建设”的方针，充分发挥中央和地方两方面的积极性，集中财力增加投入；除进一步扩大利用世行、亚行和外国政府贷款等已有的促进公路发展的政策措施外，还必须在资金筹措上有新的突破；国家已提出了一些加快交通等基础设施建设筹资政策，如必须适当加大交通等行业的投资力度；要扩大基础设施建设利用外资规模；股票、债券的发行，要优先考虑基础设施建设的需要等，为筹资指明了方向。从公路建设的现实情况看，以下几种融资渠道潜力很大：

（1）积极争取公开发行股票、债券，将社会闲散资金筹集起来用于公路建设。现在我国城乡居民银行储蓄款达数万亿元，如能就其中的 50% 筹集起来用于公路建设，每年就可筹集到上千亿元的建设资金，潜力很大。

（2）充分利用国外资金市场。目前，世界上有近万亿美元的游资在寻找市场，外商对投资我国公路建设的热情又比较高，只要政策对头，措施得力，通过中外合资、合作，BOT 方式和转让公路经营权等多种形式，多引进外资是可能的。另外要继续探讨国外征收燃油税、轮胎税等政策措施在我国实施的可能性，以进一步拓宽公路建设资金来源。

2. 技术经济学

技术经济学是研究生产技术的经济规律，使生产技术更有效地服务和推动生产力发展的科学。它是一门技术科学和经济科学相结合的边缘科学，是自然科学和社会科学的交叉学科。

一般来说，技术是人类进行生产斗争的手段；而经济的含义则是多种多样的，在这里主要是指节约。技术和经济虽然是两个不同的范畴，但它们在生产中却是密切联系的，它们之间是独立统一的辩证关系。

技术经济学的研究领域、研究对象、研究内容和特点如图1-3所示。

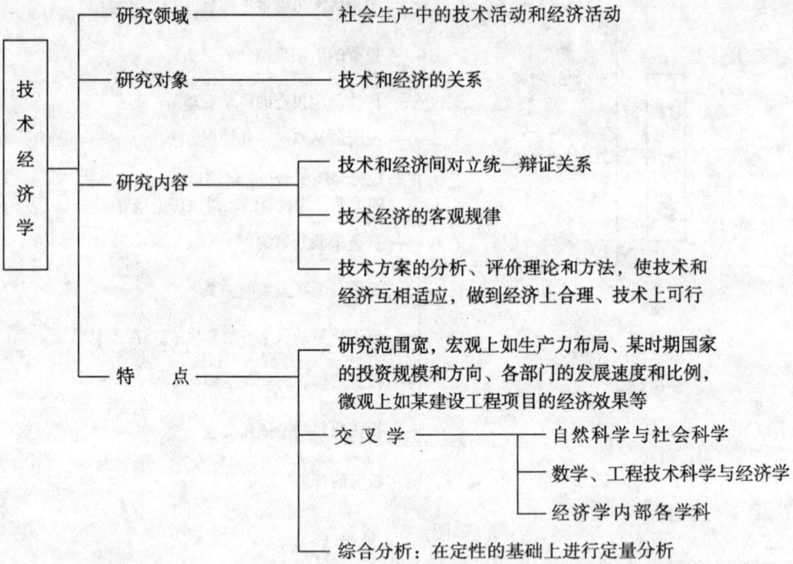

图1-3　技术经济学

投资学和技术经济学与一般的力学、数学等自然科学相比,具有受到社会政治、经济、文化、生活方式以及人们心理状态强烈影响的特点,在工程项目的决策和实施中,有许多的具体情况、很多的人为因素使技术经济分析难以贯彻始终。但尽管如此,技术经济对监理工作来说依然是重要的理论指导,不能忽视。

3. 组织论

组织论是研究一个子系统的组织结构和工作流程结构,其组织结构和工作流程组织如图1-4所示。

“系统”这个词用得很多,它的抽象定义是:人们对客观事物观察的一种方式。系统在一定程度上取决于人们如何观察,可以把大学的一个系看成一个系统,也可以把学校看成一个系统,或把原交通部看成一个系统。它可大可小,最大的系统是宇宙,最小的系统是粒子。如果把企业看成系统,那么研究系统就是研究企业的组织结构;如把项目看作系统,那么研究系统就是研究项目的组织结构。系统由多个相互关联的元素构成一个整体,无关的元素不会构成一个系统。

(1)组织结构模式,主要反映哪个部门可以指挥、命令哪个部门,哪个人可以指挥、命令哪个人,反映的是一套命令系统、指挥系统。

(2)一个系统里的任务分工。施工高峰期施工人员多达数千人的某大型工程,谁负责费用控制讲不清,谁负责进度控制也讲不清楚,费用、进度失控由谁负责还是讲不清,错误人人有份,实际上就人人无份了,工程项目的目标控制要落实分工。

(3)管理职能分工,管理包括提出问题、规划、决策、执行、检查等五个职能,在项目实施过程中,对职能必须分工。

工作流程组织是指先做什么,后做什么,包括物质流程组织和信息流程组织。物质流程组织如施工中的工序、工厂的生产流程等；信息流程组织是指监理工作中产生的大量信息的传递途径，如费用控制流程、进度控制流程等。

组织论不是新兴学科，而是经典学科，组织论的发展大体经过四大阶段：1840～1890 年，工业发展的第一阶段，主要研究生产组织；1890～1920 年，泰勒最早提出设立科室，其职能为管人、财、物，研究工厂的管理模式，研究一个企业组织；1920～1940 年，对组织理论进行研究；1940 年以后才正式形成学科。

4. 工程监理学

工程监理学研究工程建设在实施阶段组织与管理规律的科学，与工程监理学有关的学科和相互关系如图 1-5 所示。

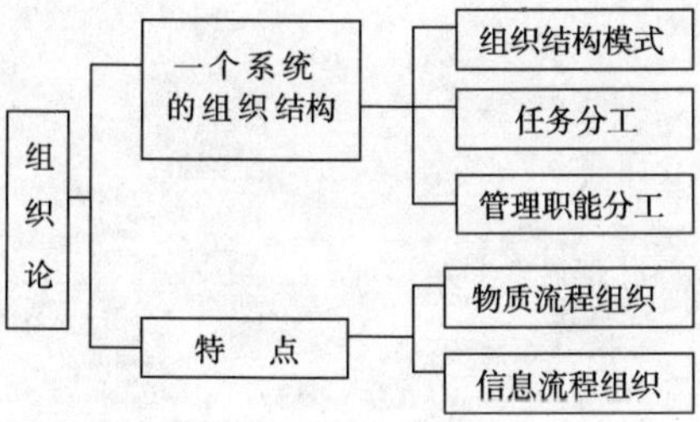

图 1-4　组织论

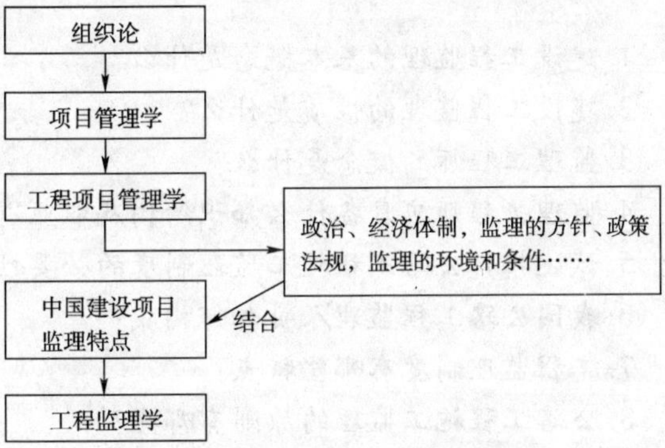

图 1-5　与工程监理学有关的学科

工程项目管理学是国际上有关工程项目管理的一门学科，它依赖于所在国的政治、经济体制，监理的方针、政策、法规，监理的环境和条件等情况，把工程项目管理学的基本理论同我国的情况相结合，即形成了工程监理学。

工程项目管理学的母学科是项目管理学，简称 PM（Project Management），其上一层学科是组织论。显而易见，项目管理学与组织是密切相关而不可分的，组织是项目目标能否实现的关键，监理不能回避组织结构问题。

工程监理学的研究领域、研究对象、研究任务和特点如图 1-6 所示。

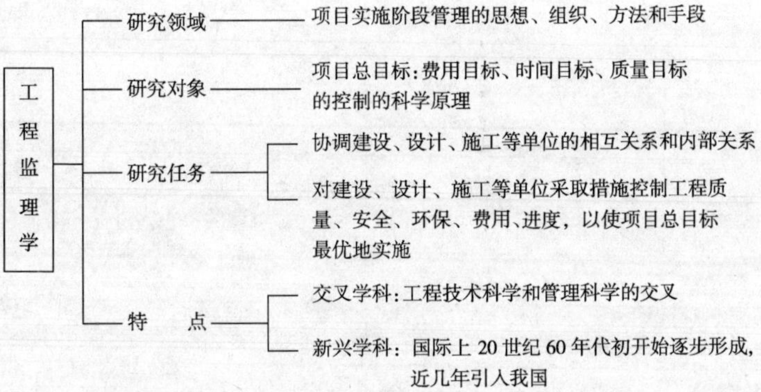

图 1-6　工程监理学

总目标对建设单位、施工单位、设计单位来讲,其含义是不一样的。如费用目标,对建设单位是控制总投资;对施工单位是控制成本;而对设计单位来说一是控制设计成本,二是帮助业主(建设单位)控制投资,如控制设计标准等。时间进度对建设单位来说,不仅是施工进度,而且是项目的总进度,项目实施的总进度,是从设计准备直到使用的进度;而对施工单位,则仅控制施工进度;设计单位仅仅是控制设计进度。质量目标对建设单位是整个工程项目的质量;对施工单位则是施工质量;对设计单位则是设计质量。

复习思考题

1. 建设工程监理的基本概念是什么?
2. 建设工程监理的性质是什么?
3. 监理工程师的概念是什么?
4. 监理工程师应具备什么知识结构及职业道德?
5. 试述推行公路工程施工监理制度的必要性。
6. 我国公路工程监理人员如何构成?
7. 工程监理制度有哪些特点?
8. 公路工程施工监理的原则有哪些?
9. 从事公路工程施工监理的依据是什么?
10. 监理单位的资质要求有哪些规定?
11. 简述工程监理有关的行为主体之间的关系。
12. 简述我国公路工程施工质量保证体系。

第二章 公路工程施工质量监理

教学要求

1. 分析公路工程质量形成的特点及主要影响因素；

2. 进行单位工程、分部工程、分项工程的划分以及工程质量等级的评定；

3. 描述工程质量监理的任务及工程质量阶段的划分；

4. 进行公路工程施工各阶段各主体工程、附属工程、交通工程、绿化环保工程的质量控制及质量评定；

5. 进行现场质量检测操作和监理旁站工作。

•第一节 公路工程施工质量监理概述•

建设工程质量控制是建设项目的核心，是决定建设工程成败的关键，没有质量，就没有投资效益、没有工程进度、没有信誉。我国一直强调必须贯彻“百年大计，质量第一”的方针，这对建立和发展社会主义市场经济，扩大对外开放发挥了重要的作用。

施工阶段工程施工质量问题涉及面广，实践性强，综合性大，影响因素多，技术要求高。同时，工程施工是使建设单位及工程设计意图最终实现并形成工程实体的阶段，也是最终形成工程产品质量和发挥工程项目投资效益的重要阶段。因此，监理工程师应清醒地认识到施工阶段的质量控制是建设工程监理的核心内容，也是工程项目质量控制的重点。

一、工程质量的概念

1. 工程项目质量

1）质量

质量的概念是随着社会的进步，人们的认识水平的不断深化而处于不断发展之中，它是指反映实体满足明确和隐含需要的特征的总和。

质量一词的广义概括有四个特点：

（1）质量不仅包括结果，也包括质量形成过程和实现过程。

（2）质量不仅包括产品质量和服务质量，也包括其形成和实现过程中的工作质量。

（3）质量不仅要满足顾客的需求，还要满足社会的需要。

（4）质量不但存在于工业、建筑业，还存在于物质生产和社会服务的各个领域。

2)工程项目质量

工程项目质量包括工程实体质量和工作质量两部分。从广义上说,既具有质量定义中的共性,也有自己的个性。它是通过工程建设全过程形成的工程产品(如房屋、桥梁等),以满足用户或社会的生产、生活需要的功能及使用价值;它应符合国家的质量标准、设计要求和合同条款。从系统观念来看,工程项目的质量具有多层次、多方面的因素。

(1)工程项目质量的形成过程有以下几个阶段,见表2-1。

工程项目质量形成过程的几个阶段　　表2-1

形成阶段	内　容
可行性研究阶段质量	是研究质量目标和质量控制过程的依据。直接影响项目的决策质量和设计质量
工程决策阶段质量	是确定质量目标和质量水平的基本依据。要充分反映建设单位对质量的要求和意愿
工程设计阶段质量	是体现质量目标的主体文件,是制订质量控制计划的具体依据,是影响工程项目质量的决定性环节
工程施工阶段质量	是实现质量目标的重要过程,从具体工艺逐一地控制和保证工程质量。这一阶段直接影响工程的最终质量
工程竣工验收阶段	对项目施工阶段的质量进行试车运转、检查评定,考核质量目标是否符合设计阶段的质量要求。体现工程质量水平的最终结果

(2)工程项目的实体质量。从功能和使用价值来看,工程项目质量应体现在适用性、安全性、可靠性、经济性、外观质量与环境协调等方面。而工程项目的功能和使用价值的质量是相对于建设单位的需要而言的,因此,工程项目质量是在“合同环境”下形成的,工程项目的功能、使用价值及设计、施工质量都应在有关合同条款中明确规定。

(3)工程项目施工质量。任何工程项目都是由分项工程、分部工程和单位工程所组成,而工程项目的建设,则是通过一道道工序来完成,是在工序中创造的,是指在施工过程中人、机器、材料、方法和环境等因素综合作用的加工过程的质量。它表示生产过程能稳定生产合格产品的一种能力。工程项目的施工过程,也就是质量特性的形成过程。所以,工程项目质量包括工序质量、分项工程质量、分部工程质量和单位工程质量。

(4)工程项目的工作质量。工程项目质量也包括工作质量。工作质量是指参与工程建设者为了保证工程项目质量所从事工作的水平和完善程度。工作质量包括:社会工作质量,如社会调查、市场预测、质量回访和保修服务等;生产过程工作质量,如政治工作质量、管理工作质量、技术工作质量和后勤工作质量等。工程项目质量的好坏是决策、计划、勘察、设计、施工等单位各方面、各环节工作质量的综合反映,而不是单纯靠质量检验检查出来的。要保证工程项目的质量,就要求有关部门和人员精心工作,对决定和影响工程质量的所有因素严加控制,即通过提高工作质量来保证和提高工程项目质量。

2. 工程项目质量的特点

工程项目质量的特点是由工程项目的特点决定的。工程项目的特点,一是具有单体性;二是具有一次性与寿命的长期性;三是具有高投入性;四是具有生产管理的方式的特殊性;五是具有风险性。

正是由于上述工程项目的特点而形成了工程质量本身的特点，即：

1）影响因素多

如决策、设计、材料、机械、环境、施工方案、操作方法、技术措施、管理制度、施工人员素质等均直接或间接地影响工程项目的质量。

2）质量波动大

工程建设因其具有复杂性、单一性，不像一般工业产品的生产那样，有固定的生产流水线，有规范化的生产工艺和完善的监测技术，有成套的生产设备和稳定的生产环境，有相同系列规格和相同功能的产品，所以其波动性大。

3）质量变异大

由于影响工程质量的因素较多，任一因素出现质量问题，均会引起工程建设系统的质量变异，造成工程质量事故。

4）质量隐蔽性

工程项目在施工过程中，由于工序交接多，中间产品多，隐蔽工程多，若不及时检查并发现其存在的质量问题，事后看表面可能很好，容易产生第二判断错误，即：将不合格的产品认为是合格的产品。

5）综检局限大

工程项目建成后，不可能像某些工业产品那样，可以拆卸和解体来检查内在的质量，所以工程项目综检验收时难以发现工程内在的、隐蔽的质量缺陷。所以，对工程质量更应重视事前控制、事中严格监督，防患于未然，将质量事故消灭于萌芽之中。

二、监理工程师对质量的控制

1. 监理工程师控制质量的目的

监理工程师对工程质量控制的目的，概括起来有下列几方面：

（1）维护建设单位的建设意图，保证投资的经济效益。

（2）防止质量事故的发生，特别是事后质量问题的发生。建设工程中发生质量问题，虽然可以采取修补、加固，或者部分或全部返工，并由承包单位承担经济损失，但对建设单位来说，工程项目会迟迟不能投入使用，而造成经济上的重大损失。因此，如果工程完成后发现质量有问题，势必造成更严重的经济损失，甚至在工程项目内部形成一个隐患，直接危及工程项目的安全、作用和功能的发挥。

（3）防止承包单位作出有损工程质量的不良行为。在市场经济条件下承包单位作为商品生产者和经营者，与建设单位追求自身的经济效益，而作出有损工程质量的行为，所以，为了确保工程质量，监理工程师必须对工程质量的形成过程进行监督和控制。

2. 监理工程师在质量控制中应遵循的原则

监理工程师在工程项目质量控制过程中，应遵循以下几点原则：

1）质量第一，用户至上

建筑产品作为一种特殊的商品，使用年限长，是"百年大计"的事，直接关系到人民生命财产的安全，所以，监理工程师应自始至终地把"质量第一，用户至上"作为对工程项目质量控制的基本原则。

2)以人为核心

人是质量的创造者,质量控制必须"以人为核心",把人作为控制的动力,调动人的积极性、创造性;处理好与建设单位、承包单位各方面的人际关系;增强人的责任感,树立"质量第一"的思想;提高人的素质,避免人的失误;以人的工作质量来保证工序质量、工程质量。

3)预防为主

"以预防为主",就是要从对质量的事后检查把关,转向对质量的事前控制、事中控制;从对产品质量的检查,转向对工作质量的检查、对工序质量的检查、对中间产品的质量检查,这是确保工程质量的有效措施。

4)坚持质量标准、严格检查,一切用数据说话

质量标准是评价产品质量的尺度,数据是质量控制的基础。产品质量是否符合质量标准,必须通过严格检查,以数据为依据。

5)贯彻科学、公正、守法的职业道德规范

监理人员在监控和处理质量问题中,应尊重客观事实 ,尊重科学,正直、公正,不持偏见;遵纪守法,杜绝不正之风,既要坚持原则、严格要求、秉公办事,又要谦虚谨慎, 以理服人,热情帮助。

3. 监理工程师质量控制的方法

监理工程师在施工阶段进行质量控制主要是通过审核有关文件、报表,以及进行现场检查、试验这两方面的途径和相应的方法实现的。

1)审核有关技术文件、报告或报表

对质量文件、报告、报表的审核,是对工程质量进行全面控制的重要手段,其具体内容有:

(1)审核进入施工现场各分包单位的技术资质证明文件。

(2)审核承包单位的正式开工报告,并经现场核实后,下达开工指令。

(3)审核承包单位提交的施工方案和施工组织设计,确保工程质量有可靠的技术措施。

(4)审核承包单位提交的有关材料、半成品的质量检验报告。

(5)审核承包单位提交的反映工序质量动态的统计资料或管理图表。

(6)审核设计变更、修改图纸和技术核定书。

(7)审核有关工程质量事故处理报告。

(8)审核有关应用新工艺、新技术、新材料、新结构的技术鉴定书。

(9)审核承包单位提交的关于工序交接检查、分项分部工程质量检查报告。

(10)审核并签署现场有关质量技术签证、文件等。

监理工程师应按施工顺序、进度和监理计划及时审核和签署有关质量文件、报表。

2)质量监督与检查

监理工程师应常驻现场,执行质量监督与检查。现场检查的主要内容有:

①开工前检查。目的是检查是否具备开工条件,开工后能否保证工程质量,能否连续地进行正常施工。

②工序交接检查。对于重要的工序或对工程质量有重大影响的工序,在自检、互检的基础上,还要经监理人员交接检查。

③隐蔽工程检查。凡是隐蔽工程需经监理人员检查认证后方能掩盖。

④停工后复工前的检查。当承包单位严重违反质量事宜,监理人员可行使质量否决权,令其停工,或工程因某种原因停工后需复工时,均应经检查认可后下达复工令。

⑤分项、分部工程完工后,应经监理人员检查认可后,签署验收记录。

⑥随班或跟踪检查。对于施工难度较大的工程结构或容易产生的质量通病,监理人员还应进行随班跟踪检查。

监理工程师在质量检查过程中,如对质量文件产生疑点,则要求施工单位加以澄清;如发现工程存在质量问题时,一般首先要立即下达停工指令,通知施工单位停止该项施工,然后要求施工单位提出报告,说明质量缺陷情况及其严重程度,产生缺陷的原因和处理方法,今后保证质量的措施。待质量缺陷处理后经监理工程师检查、认可,方下达复工指令继续施工。

• 第二节　公路工程质量监理的内容 •

按照交通部的有关要求,凡列入基本建设计划的公路工程项目,都应实行政府监督、社会监理、企业自检的质量保证体系。社会监理已为独立的第三方,即业主与承包人是合同关系,业主与社会监理单位也是合同关系,承包人与社会监理机构是被监理与监理的关系。这使施工监理工作逐步法制化、标准化、规范化、程序化。施工阶段质量监理工作内容主要有:

1. 审查工程分包

监理工程师应按合同的规定对工程分包进行审查。

2. 审批施工测量放线

监理工程师应检查施工单位使用的测量仪器是否按规定进行校准,审查其提交的施工测量放线数据、图表及放线成果并予以批复。

监理工程师应对从基准点引出的工程控制桩进行复测,对施工放线的重点桩位100%复测,其他桩位不低于30%抽测。

3. 审批工程原材料与混合料

监理工程师应审查施工单位申报的原材料、混合料试验资料,对原材料应独立取样进行平行试验;对混合料可在施工单位标准试验的基础上进行试验验证,必要时做标准试验,在合同规定的期限内予以批复。

监理工程师应对施工单位申请使用的商品混凝土或商品混合料配合比进行审查,并进行试验验证。

4. 审查施工组织及人员配备

分项工程开工前,监理工程师应审查该分项工程的施工组织,包括项目负责人、技术负责人及质量、安全、环保等施工管理、自检人员及主要施工操作人员的配备是否符合合同要求并满足施工需要。

5. 审查施工机械设备

监理工程师应审查施工单位进场的施工机械设备是否满足合同要求,重点审查机械设备是否满足施工质量、安全、环保、进度等要求。施工单位如使用合同约定外的施工机械设备,监理工程师应要求施工单位另行提出使用申请。

6. 审查施工方案及主要工艺

监理工程师应审查施工单位提交的分项、分部工程的施工方案及主要工艺,对采用新技术、新工艺、新材料、新设备的技术复杂工程,应根据工程试验结果进行审批。

7. 审批分项、分部工程的开工申请

监理工程师应要求施工单位提交分项、分部工程的开工申请,在合同规定的时间内重点按规范规定审查其是否具备开工条件,以确定是否批复其开工申请。

8. 验收构、配件或设备

对施工单位外购或订做用于永久工程的构、配件或设备,监理工程应要求施工单位提交产品合格证和自检报告。可采用常规仪器进行检测的,监理工程师应按不低于施工单位自检频率的20%进行抽检,合格后方可准予使用。

9. 巡视

监理人员应重点巡视以下项目:正在施工的分项、分部工程是否已批准开工;质量检测、安全管理人员是否按规定到岗;特种作业人员是否持证上岗;现场使用的原材料或混合料、外购产品、施工机械设备及采用的施工方法与工艺是否与批准的一致;质量、安全及环保措施是否实施到位;试验检测仪器、设备是否按规定进行了校准;是否按规定进行了施工自检和工序交接。

监理人员每天对每道工序的巡视应不少于1次,并详细做好巡视记录。

10. 旁站

监理人员应对试验工程、重要隐蔽工程和完工后无法检测其质量或返工会造成较大损失的工程进行旁站。

旁站监理人员应重点对项目工艺过程进行监督,并按规范规定的内容进行检查,对发现的问题应责令立即改正;当可能危及工程质量、安全或环境时,应予制止并及时向驻地监理工程师或总监理工程师报告。

旁站监理人员应如实、准确、详细地做好旁站记录。

旁站项目完工后,监理工程师应组织检查验收,验收合格方可进行下道工序施工。

11. 抽检

监理工程师应按规定重点对施工过程中使用的水泥、钢材、沥青、石灰、粉煤灰、砂砾、碎石等主要材料及各种混合料进行抽检,抽检频率应不低于施工单位自检频率的20%,其余材料应不低于10%;对已完工程实体质量的抽检频率应不低于施工单位自检频率的20%。

监理工程师对材料或工程的质量怀疑时应进行进一步的判定。

12. 关键工序签认

完工后无法检验的关键工序,需经监理工程师签认,并留存相应的图像资料,未经签认不得进行下道工序施工。

13. 质量事故处理

当发现由监理机构处理的质量缺陷、质量隐患时,监理工程师应立即向施工单位发出工程暂时停工指令,并要求其立即书面报告质量缺陷、质量隐患的发生时间、部位、原因及已采取的措施和进一步处理方案;监理工程师应对处理方案进行审核后报建设单位批准,对处理方案的实施进行监理并予以验收,处理合格、隐患消除的可发复工指令。

当发生不属于监理机构处理的质量事故时,监理工程师应要求施工单位按规定速报有关部门。监理机构应和施工单位一起保护事故现场,抢救人员和财产,防止事故扩大,积极配合调查。对加固、返工或重建的工程,除特殊规定外,应视同正常施工工程进行监理。

总监办应建立专门台账,记录质量事故发生、处理和返工验收的过程和结果。

14. 中间交工验收

监理工程师收到分项工程中间交工申请后,应检查各道工艺自检记录、交接单及监理工程师签认的关键工序的交验单;检查分项工程的质量自检和质量等级评定资料;检查质量保证资料的完整性。

驻地办应按合同规定对交工的分项工程进行质量等级评定并签发《中间交工证书》。

15. 质量评定

监理工程师应按有关规定及时对已完工程进行质量评定。

●第三节　施工阶段监理的程序和方法●

工程质量监理贯穿于整个合同执行过程的始终,是一个施工全过程的监理,它可划分为以下三个阶段,即施工准备阶段、施工阶段和工程缺陷责任阶段。要使质量监理工作有效地开展,必须要求质量控制工作程序化。

一、工程质量监理的程序

1. 开工报告

在各单位工程、分部工程、分项工程开工之前,承包人应提交相应的开工报告,由监理工程师批准后方可开工,这是对承包人施工准备阶段工作的检验和认可,一般开工报告应包括以下内容:

(1)征地拆迁工作(包括临时用地及料场开采权等)的完成情况。

(2)测量工程师对路线复测、主要控制桩、地面高程测量资料是否已确认。

(3)已进场的主要材料数量与施工要求的适应性。

(4)施工方案及施工进度计划的合理性和可行性。

(5)施工组织机构设置、人员、设备到位情况。

(6)施工临时设施、供水、供电、临时道路是否得到保证。

(7)质量自检系统及质量保证措施是否建立,按规范要求的质量控制指标及检验频率和方法是否明确。

(8)是否得到监理工程师对各主要试验项目(如混凝土配合比、填土最大密度,钢材、沥青试验等)的批准。

(9)设计图纸、资料是否认真审核,有无明显错误,是否已修正。

(10)交通管制、安全和环保保证措施是否落实。

2. 工序自检报告

在施工阶段,承包人应按照已批复的开工报告中施工组织设计的要求组织施工,并在每道工序完工后按规定的抽检频率进行自检，自检合格后申请监理工程师进行检查认可，可填写《检验申请批复单》。

3. 工序检查认可

工序检查是保证工程质量的重要程序，监理工程师应对承包人自检合格的工序按规定的程序进行独立抽检。合格签认后方可进入下道工序施工，否则要求承包人进行缺陷修复或返工，直至合格。不得将不合格的工程带入下道工序。

4. 中间交工报告

在单位、分部或分项工程完工后，承包人应及时进行自检并自评，在达到质量标准后向监理工程师提交中间交工报告申请交工验收。此时承包人的自检资料应齐全完善。

5. 中间交工证书

监理工程师应及时对承包人已完工的工程进行中间验收，并在独立抽检、评定满足合同规范要求后签发《中间交工证书》。这是监理工程师进行质量监理的最后控制手段，所以这个环节十分重要。

6. 中间计量

已认可签发《中间交工证书》的工程，监理工程师可及时进行计算，否则不予计量。质量监理的程序如图 2-1 所示。

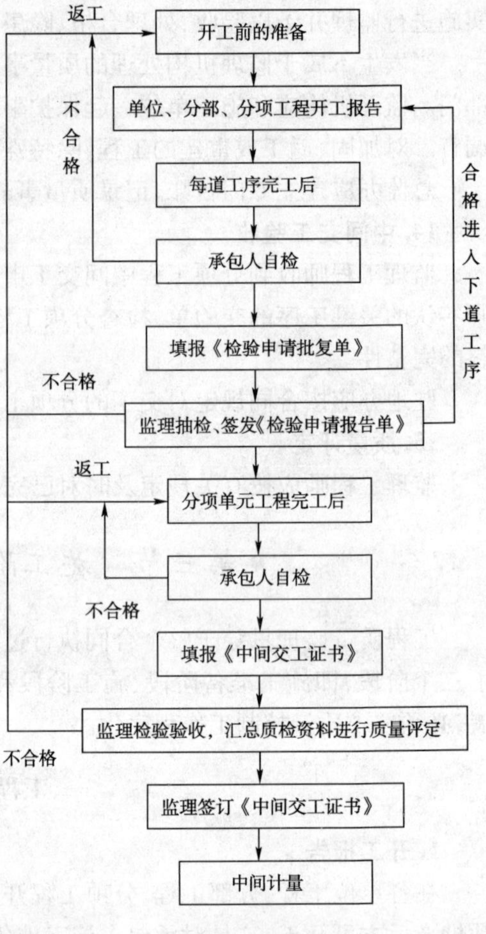

图 2-1　质量监理程序图

二、工程质量监理的方法

在各阶段的监理有其各自不同的特点，监理工程师应按照合同文件中赋予的权力和义务，进行可行有效的监理规划，使质量监理工作能有条不紊地有效开展。

1. 建立健全监理组织机构

监理机构应在合同文件和监理服务合同的要求下建立健全。在此基础上应根据不同的工程特点、不同的施工阶段对监理岗位和人员力量进行科学的组织和明确分工。做到各岗位和人员职责明确分工，不能出现职责真空和职责重叠现象。另一方面要健全各项规章制度，并在工作中严格执行。

2. 明确质量目标和监理工作程序

在开工前监理组织的第一次工地会议上应明确工程质量目标和整个工程内容的监理工作程序，以及各级监理机构、岗位的职责和权限，为此可编制本工程的《工程监理实施办法及其细则》，并下发给承包人，以使人人做到心中有数。

3. 把好开工前的审查关

在工程开工前，要求承包人应完成总体施工计划（包括施工组织设计），总体施工计划应包括以下内容：

1）编制说明

（1）编制依据和基本资料。

（2）本合同段的工程概况。

（3）沿线气象、水文、地质、交通运输及材料条件，对施工的有利和不利因素等。

（4）本施工单位的人员设备情况。

（5）主要工程施工方案（包括各单位工程施工的时间、方法和程序）和施工方法说明。

（6）施工部署（包括各单位工程施工的时间、方法和程序）和施工方法说明。

（7）施工组织机构和质量保证体系。

2）施工进度计划

3）资金流动计划

4）有关图表

重点应对其施工组织设计所述的人员、机械、材料、工艺、环境条件进行审查，看是否符合合同文件及规范要求，同时针对具体要开工的工程按前述开工报告的内容逐项审查。符合要求后方予开工，以做到事先控制。

4. 保证监理现场检查、监督的力度

施工监理要做到全过程、全方位、全天候的现场监理。为此要建立正常的旁站，对施工现场的一切施工活动要进行巡查（应进行实测）。同时可根据工程的进度情况，监理机构应定期或不定期地组织质量检查。通过以上环节的检查、监督可及时发现问题，及时处理。

另一方面，监理人员按规定频率进行独立抽检的工作是控制工程质量的重要手段，必须不折不扣地做到。其中试验工作是工程质量控制的重要手段之一，试验数据是评定工程质量优劣的主要依据。

5. 坚持监理工作程序

在符合合同文件和《公路工程监理规范》要求下，按编制的《工程监理实施办法》既定的程序严格执行，以保证全过程的质量监理工作程序化、标准化、规范化。这是有效地实施质量监理的关键所在。如：无开工报告的工程不能开工；未经监理检验合格的材料不能使用；上道工序不合格的工程不能进行下道工序；不合格的工程不予计量；未经监理批准的有可能降低质量标准的特殊工艺不得施工等，都是监理工作程序所要求的重要内容。

6. 及时发布监理指令

在工程质量监理过程中，监理工程师可通过指令文件对工程质量进行监控。如工程质量存在缺陷、施工准备不充分需预先指出等，都可通过指令性文件要求承包人及时纠正，这种方法留有书面文件，且规范了监理工作，也更容易引起承包人的重视。

7. 抓好内业资料的质量

抓好内业资料的质量是监理工作和工程本身的需要，也是工程质量的证明材料。为保证工程内业资料的及时、完整，监理部门应在工程开工前按《公路工程质量检验评定标准》（土建工程）（JTG F80/1—2004）将本工程的所有单位工程、分部工程、分项工程进行划分，并进行编程，这样便于资料能及时、规范地归档，也为监理过程中对所完成的工程及时评定、及时验收提供了明确的思路。

•第四节　单位、分部、分项工程的划分•

根据建设任务、施工管理和质量检验评定需要，应在施工准备阶段将建设项目按《公路工程质量检验评定标准》(土建工程)(JTG F80/1—2004)附录A划分为单位工程、分部工程和分项工程(表2-2)。

单位、分部及分项工程划分表　　表2-2

单位工程	分部工程	分项工程
路基工程（每10km或每标段）	路基土石方工程＊①(1～3km路段)②	土方路基＊，石方路基＊，软土地基＊，土工合成材料处治层＊等
	排水工程(1～3km路段)	管节预制，管道基础及管节安装＊，检查(雨水)井砌筑＊，土沟，浆砌排水沟＊，盲沟，跌水，急流槽＊，水簸箕，排水泵站等
	小桥及符合小桥标准的通道＊，人行天桥，渡槽(每座)	基础及下部构造＊，上部构造预制、安装或浇筑＊，桥面＊，栏杆，人行道等
	涵洞、通道(1～3km路段)	基础及下部构造＊，主要构件预制、安装或浇筑＊，填土，总体等
	砌筑防护工程(1～3km路段)	挡土墙＊，墙背填土，抗滑桩＊，锚喷防护＊，锥、护坡，导流工程，石笼防护等
	大型挡土墙＊，组合式挡土墙＊(每处)	基础＊，墙身＊，墙背填土，构件预制＊，构件安装＊，筋带，锚杆，拉杆，总体＊等
	路面工程(1～3km路段)	底基层，基层＊，面层＊，垫层，联结层，路缘石，人行道，路肩，路面边缘排水系统等
桥梁工程③（特大、大、中桥）	基础及下部构造＊(每桥或每墩、台)	扩大基础，桩基＊，地下连续墙＊，承台，沉井＊，桩的制作＊，钢筋加工安装，墩台身(砌体)浇筑，墩台安装，墩台帽＊，组合桥台＊，台背填土，支座垫石和挡块等
	上部构造预制和安装＊	主要构件预制＊，其他构件预制，钢筋加工及安装，预应力筋的加工和张拉＊，梁板安装，悬臂拼装＊，顶推施工梁＊，拱圈节段预制，拱的安装，转体施工拱＊，劲性骨架拱肋安装＊，钢管拱肋制作＊，钢管拱肋安装＊，吊杆制作和安装＊，钢梁制作＊，钢梁安装，钢梁防护＊等
	上部构造现场浇筑	钢筋加工及安装，预应力筋的加工和张拉＊，主要构件浇筑＊，其他构件浇筑，悬臂梁浇筑＊，劲性骨架混凝土拱＊，钢管混凝土拱＊等
		桥梁总体，桥面铺装，钢桥面板上沥青混凝土铺装，伸缩缝安装，大型伸缩缝安装，栏杆、护栏安装，人行道铺设，灯柱安装等
	总体、桥面系和附属工程	桥梁总体＊，钢筋加工及安装，桥面防水层施工，桥面铺装＊，钢桥面铺装＊，支座安装，搭板，伸缩缝安装，大型伸缩缝安装＊，栏杆安装，混凝土护栏，人行道铺设，灯柱安装等
	防护工程	护坡，护岸＊④，导流工程＊，石笼防护，砌石工程等
	引道工程	路基＊，路面＊，挡土墙＊，小桥＊，涵洞＊，护栏等

续上表

单位工程	分部工程	分项工程
互通立交工程	桥梁工程＊(每座)	桥梁总体,基础及下部构造＊,上部构造预制、安装或浇筑＊,支座安装,支座垫石,桥面铺装＊,栏杆,人行道等
	主线路基路面工程＊(1～3km 路段)	(见路基、路面等分项工程)
	匝道工程(每条)	路基＊,路面＊,通道＊,护坡,挡土墙＊,护栏等
隧道工程	总体	隧道总体等
	明洞	明洞浇筑,明洞防水层,明洞回填＊等
	洞口工程	洞口开挖,洞口边仰坡防护,洞门和翼墙的浇(筑),截水沟、洞口排水沟等
	洞身工程	洞身开挖＊(分段)等
	洞身衬砌	(钢纤维)喷射混凝土支护,锚杆支护,钢筋网支护,仰拱,混凝土衬砌＊,钢支撑,衬砌钢筋等
	防排水	防水层,止水带,排水沟等
	隧道路面	基层＊,面层＊等
	装饰	装饰工程
	辅助施工措施	超前锚杆,超前钢管等
环保工程	声屏障(每处)	声屏障
	绿化工程(1～3km 路段或每处)	中央分隔带绿化,路侧绿化,互通式立交绿化,服务区绿化,取、弃土场绿化等
交通安全设施等(每 20km 或每标段)	标志＊(5～10km 路段)	标志＊
	标线、突起路标(5～10km 路段)	标线＊,突起路标等
	护栏＊、轮廓标(5～10km 路段)	波形梁护栏＊,缆索护栏＊,混凝土护栏＊,轮廓标等
	防眩设施(5～10km 路段)	防眩板,网板
	隔离栅、防落网(5～10km 路段)	隔离栅,防落网
机电设施	监控设施	车辆检测器,气象检测器,闭路电视监视系统,可变标志,光电缆线路,监控(分)中心设备安装及软件调测,大屏幕投影系统,地图板,计算机监控软件与网络等
	通信设施	通信管道与光电缆线路,光纤数字传输系统,数字程控交换系统,紧急电话系统,无线移动通信系统,通信电源等
	收费设施	入口车道设备,出口车道设备,收费站设备及软件,收费中心设备及软件,IC 卡及发卡编码系统,闭路电视监视系统,内部有线对讲及紧急报警系统,收费站闪光、电缆及塑料管道,收费系统计算机网络等

续上表

单位工程	分部工程	分项工程
机电设施	低压配电设施	中心(站)内低压配电设备,外场设备电力电缆线路等
	照明设施	照明设施
	隧道机电设施	车辆检测器,气象检测器,闭路电视监视系统,紧急电话系统,环境监测设备,报警与诱导设施,可变标志,通风设施,照明设施,消防设施,本地控制器,隧道监控中心计算机控制系统,隧道监控中心计算机网络,低压供配电等
房屋建筑工程	按其专业工程质量检验评定标准评定	

注:①表内标注 * 者为主要工程,评分时给以 2 的权值;不带 * 者为一般工程,权值为 1。
②按路段长度划分的分部工程,高速公路、一级公路宜取低值,二级及二级以下公路可取高值。
③斜拉桥和悬索桥可另行划分。
④护岸参照挡土墙。

1. 单位工程

指在建设项目中,根据签订的合同、具有独立施工条件、可以单独作为成本计算对象的工程。

2. 分部工程

在单位工程中,应按结构部位、路段长度及施工特点或施工任务划分为若干个分部工程。

3. 分项工程

在分部工程中,应按不同的施工方法、材料、工序及路段长度等划分为若干个分项工程。施工单位、监理工程师和质量监督部门应按此种工程划分逐级进行工程质量的监控和管理。

4. 工程质量评分方法

施工单位应对各分项工程按本标准所列基本要求、实测项目和外观鉴定进行自查,按《公路工程质量检验评定标准》(土建工程)(JTG F80/1—2004)第一册附录 J 中"分项工程质量检验评定表"提交真实、完整的自查资料,对工程质量进行自我评分。监理工程师应按规定要求对工程质量进行检查,对施工自查资料进行签认和评分。质量监督部门根据抽查资料和确认的施工自查资料以及监理工程师的质量管理资料对工程质量逐级进行评定,作为交工、竣工验收评定质量等级的依据。

公路工程质量检验评分以分项工程为评定单位,采用 100 分制评分方法进行评分。在分项工程评分的基础上,逐级计算各相应分部工程、单位工程评分值,合同段和建设项目的评分值。

5. 分项工程评分方法

分项工程质量检验内容包括基本要求、实测项目、外观鉴定和质量保证资料四个部分,只有在其使用的材料、半成品、成品及施工工艺符合基本要求的规定且无严重外观缺陷和质量保证资料真实并基本齐全时,才能对分项工程质量进行检验评定。

分项工程的实测项目分值之和为 100 分,外观缺陷或资料不全时,须予扣分。

分项工程评分 = 实测项目中各检查项目得分之和 − 外观缺陷扣分 − 资料不全扣分

1）基本要求检查

各分项工程所列基本要求，包括了有关规范的要点，对施工质量优劣起着关键作用，应按基本要求对工程进行认真检查，经检查不符合基本要求规定时，不得进行工程质量的检验和评定。

2）实测项目

实测项目是对规定检查项目采用现场抽样方法，按照规定频率和下列计分方法以分项工程的施工质量直接进行检测评分。

检查项目除按数理统计方法评定的项目以外，均应按单点（组）测定值是否符合标准要求进行评定，并按合格率计分。

检查项目评定分数 =［检查合格点（组）数 / 该检查项目的全部检查点（组）数］×100%

检查项目评定分数 = 检查项目合格率 ×100%

对于路基路面压实度、弯沉值、路面结构层厚度、水泥混凝土抗压和抗弯拉强度、半刚性材料强度等检查项目，则分别采用《公路工程质量检验评定标准》（土建工程）（JTG F80/1—2004）附录 B 至附录 I 所列方法进行评定计分。

3）外观缺陷扣分

对工程外表状况进行检查评定时，如发现外观缺陷，应区分档次进行扣分。对于较严重的外观缺陷，施工单位需采取合适的措施进行整修处理。

4）资料不全扣分

分项工程的施工资料和图表残缺，缺乏最基本的数据，或有伪造涂改资料者，不予检验和评定。资料不全者应予扣分，扣分幅度可按本标准所列条款逐款检查，视资料不全情况，每款扣 1 ~ 3 分。

6. 分部工程和单位工程评分

分项工程和分部工程区分为一般工程和主要（主体）工程，分别给以 1 和 2 的权值。进行分部工程和单位工程评分时，采用加权平均值计算法确定相应的评分值。即：

分部（单位）工程评分值 = Σ［分项（分部）工程评分值 × 相应权值］/ Σ 分项（分部）工程权值

7. 建设项目工程质量评分

合同段和建设项目工程质量的评定等级分为合格和不合格两档，取消了优良等级，与新颁布的《公路工程竣（交）工验收办法》保持一致。合同段和建设项目工程质量评分值按《公路工程竣（交）工验收办法》计算。

8. 施工单位应提交的质量保证资料

施工单位应有完整的施工原始记录、试验数据、分项工程自查数据等质量保证资料，并进行整理分析，负责提交齐全、真实和系统的施工资料和图表。监理工程师负责提交齐全、系统的监理资料。质量保证资料应包括以下六个方面：

（1）所用材料、半成品和成品质量检验结果。

（2）材料配比、拌和加工控制检验和试验数据。

（3）地基处理和隐蔽工程施工记录。

（4）各项质量控制指标的试验记录和质量检验汇总图表。

（5）施工过程中遇到的非正常情况记录及其对工程质量影响分析。

（6）施工中如发现质量事故，经处理补救后，达到设计要求的认可证明文件等。

9. 工程质量等级评定办法

工程质量评定分为合格和不合格两个等级，应按分项、分部、单位工程和建设项目逐级评定。

1）分项工程质量等级评定

分项工程评分值不小于75分者为合格，小于70分者为不合格；机电工程、属于工厂加工制造的桥梁金属构件不小于90分者为合格，小于90分者为不合格。

经质量监督部门检查评为不合格的分项工程，经加固、补强、返工或进行调测，满足设计要求后，可以重新评定其质量等级，但计算分部工程评分值时按其评分值的90%计算。

2）分部工程质量等级评定

所属各分项工程全部合格，则该分部工程评为合格；所属任一分项工程不合格，则该分部工程为不合格。

3）单位工程质量等级评定

所属各分部工程全部合格，则该单位工程评为合格；所属任一分部工程不合格，则该单位工程为不合格。

4）合同段和建设项目质量等级评定

建设项目（或标段）所含单位工程全部合格，其工程质量等级为合格；所属任一单位工程不合格时，则建设项目（或标段）的工程质量为不合格。

●第五节　路基工程质量监理●

路基是公路工程的重要组成部分，是路面的基础，因此，要求路基必须密实、均匀、稳定，能为路面提供坚实、可靠的基础。在公路工程建设中，路基工程不仅工作量大，而且投资大。路基施工质量的好坏，直接影响到路面的使用质量与使用效果，因此，保证路基工程的施工质量是公路工程施工的关键。

一、路基工程施工准备阶段质量监理

在路基工程施工准备阶段，监理工作的重点是对承包单位开工前的准备工作进行检查。

1. 审查承包人的质量自检体系

（1）监理应对照投标书检查人员配备与素质，对不能满足投标书的要求承包人配备到位或更换。

（2）按投标书配备的试验设备规格、品种、数量与质量能否满足正常施工期及施工高峰期进行质量自检的需要。

（3）检查承包人按投标书要求进场施工机械设备的数量、型号、规格、生产能力、完好率、各种施工机械设备的配套与满足施工技术的适应性、进场及周转与工程进度计划的适应性等。

（4）检查承包人测量仪器、试验室及拌和站质量自检计量系统是否准确可靠，是否通过上级质量主管部门或有关计量部门的审定与认证。建立健全的质量、环保、安全管理体系和质量检测体系，并对各类施工人员进行岗位培训和技术交底。

（5）检查承包人的驻地规划建设是否能满足施工、生活的需要；临时用地满足正常施工需要。

2. 测量监理

承包人应在路基开工前做好施工测量工作，包括导线、中线、水准点复测、横断面检查与补测、水准点增设等。施工测量的精度应符合《公路路基施工技术规范》（JTG F10—2006）的要求。

1）导线复测

（1）当原测的中线主要控制桩由导线控制时，承包人必须根据设计文件认真做好导线复测工作；监理工程师应对从基准点引出的工程检测桩进行复测，对施工放线的重点桩进行100%的复测，其他桩位不低于30%进行抽测。

（2）导线复测应采用测量精度满足要求的仪器。仪器使用前应进行校正与检验。

（3）原有导线点不能满足施工要求时，可增设满足相应精度要求的附合导线点。

（4）复测导线时，同一建设项目内相邻施工段的导线应闭合并满足同等级精度要求。

（5）对有碍施工的导线点，复测后施工前应加以固定。固定桩应牢固可靠，桩位应便于架设仪器，并设在施工范围以外，从开工至竣工验收时间段内应保证其精度。

2）中线复测和固定

（1）承包人应在路基开工前全面恢复中线并固定路线主要控制桩，如交点、转点、圆曲线和缓和曲线的起讫点以及起控制作用的百米桩及加桩。对高速公路、一级公路应采用坐标法恢复主要控制桩。

（2）恢复中线时应注意与结构物中心、相邻施工段的中线闭合，发现问题应及时查明原因，并进行处理。

（3）在路线的复核丈量中，如发现原设计中线长度与实际复核丈量的长度出入较大或业主需局部改线时，应作断链处理，在纵断面图上相应调整纵坡，并在设计图表上的相应部位注明断链的距离和桩号。

3）水准基点的复测、增设和路线高程复测

（1）承包人在复测路线沿线设计单位敷设的水准基点时，应与附近国家级水准点闭合。若复测结果超出允许误差范围时，应及时查明原因后报告业主。

水准基点的闭合差应满足如下相关标准的技术要求：

①大桥附近的水准点闭合差应满足《公路桥涵施工技术规范》（JTJ 041—2000）的规定；

②高速公路和一级公路的水准点闭合差为 ± 20；

③二级以下公路水准点闭合差为 $\pm 30\sqrt{L}$(mm)，L 为水准路线长度，以 km 计。

（2）沿线设置水准测量等级：高速公路、一级公路为四等，二级及二级以下公路为五等水准测量。

（3）遇到下列情况，如人工构造物附近（桥位、隧道进出口、山岭垭口及其他较大的人工构造物）、高填深挖地段、工程量集中及地形复杂地段，应增设临时水准基点，临时水准基点必须符合精度要求方可使用，沿路线每500m宜有一个水准点。

（4）如发现个别水准基点受施工影响时，应将其移至影响范围之外，其高程应与原水准点闭合。

（5）从纵断高程复测中观测距离不得超过仪器有效距离；观测数据必须闭合；复测点应与中桩吻合；纵断高程复测误差应满足精度要求。

4）横断面的检查与补测

(1)路基施工前,应详细检查、校对横断面;加桩处应补测横断面。

(2)检查和补测横断面的方向,直线段与路中线垂直,曲线段为垂直于所测点的切线方向。

(3)通过高程测量计算出填、挖高度,并列表计算出土、石方数量。

3. 路基施工放样

(1)路基施工前,应对原地面进行复测、核对或补充横断面,发现问题时,应进行处理。

(2)路基施工前,应设置标识桩,对路基用地界、路堤坡脚、路堑坡顶、取土坑、护坡道、弃土堆等的具体位置标识清楚。

(3)对深挖高填路段,每挖填3~5m或者一个边坡平台(碎落台)应复测中线和横断面。

(4)高速公路和一级公路施工中,高程控制桩间距不宜大于200m。

(5)施工过程中,应保护好所有控制桩点,并及时恢复被破坏的桩点。

(6)每项测量成果必须进行复核,原始记录应存档。

4. 施工机械的检查与审批

(1)路基开工前承包人对已进场的路基工程施工机械的品种、规格、配备数量及运行质量进行详细检查后向监理工程师报检。

(2)监理工程师对承包人所报检的施工机械,应进行逐一检查后审批,方可用于工程施工。

5. 进场材料的抽检与审批

(1)路基开工前,承包人应修好去取土坑或弃土场的施工便道。

(2)确定取土坑、弃土场的地点、位置和每一取土坑可用土方的数量,以及弃土场需占用的土地面积、运距及土质情况。

(3)路基施工前,应对路基基底土进行相关试验。每公里至少取两个点;土质变化大时,视具体情况增加取样点数。

(4)应及时对来源不同、性质不同的拟作为路堤填料的材料进行复查和取样试验。土的试验项目包括天然含水率、液限、塑限、标准击实试验、CBR试验等,必要时应做颗粒分析、相对密度、有机质含量、易溶盐含量、冻胀和膨胀量等试验。

液限大于50、塑性指数大于26的填料以及含水率超过要求的土,不得直接作为路堤填料。需要应用时,必须采取满足设计要求的防范措施,经检查合格后方可使用。

(5)使用特殊材料作为填料时,应按相关标准做相应试验,必要时还应进行环境影响评估,经批准后方可使用。

(6)试验工程师必须对用于施工的路基填料进行抽检试验,确认质量合格后,方可使用。

6. 批准开工申请

一切施工准备工作就绪,报检手续齐全后,由承包人填写《开工申请报验单》,经监理工程师审核,总监或总监代表审批后,同时下达开工令,方可开工。

二、路基工程施工阶段质量监理

施工阶段是每一施工项目和每一分项工程的质量形成阶段,而每一分项工程施工又由若干道工序构成,因此在这个阶段监理工作的重点应抓好工序质量监理,特别是直接影响施工质量的关键工序。应严格要求承包人按照施工规范规定的施工工艺、检查频率和部颁标准的试验方法进行,自检后向监理工程师报检。只要是影响整体工程质量的关键工序,未经监理工程师抽检、签认,就不得进行下一道工序施工。对于施工过程中的其他非关键工序,也要有现场监理旁站监督。对施工中出现的质量缺陷,监理工程师有权令其修复或返工,由此而发生的一切费用由承包商承担。对于二级及二级以上公路路堤、填石路堤、土石路堤、特殊填料路堤以及在特殊地区或采用新技术、新工艺、新材料进行路基施工时,应采用不同的施工方案做试验路段,从中选出路基施工的最佳方案,以指导全线施工。

1. 路基试验路段施工

承包人申报路基试验段施工方案,经监理工程师审批后方可施工。试验路段位置应选择在地质条件、断面形式均具有代表性的地段,路段长度不宜小于100m;试验所用的材料和机具应当与将来全线施工所用的材料和机具相同。通过试验来确定不同机具压实不同填料的最佳含水率,适宜的松铺厚度和相应的碾压遍数,最佳的机械配套和施工组织。对于高速公路、一级公路应按松铺厚度30cm进行试验,以确保压实层的匀质性;试验路段施工中及完成以后,应加强对有关指标的检测;完工后,应及时写出试验段总结报告,提交监理工程师审查,如发现路基设计有缺陷时,应提出变更设计意见报审。

通过对路基试验段的施工,得出合理的试验参数,从中选出最优化方案,指导路基全线施工,展开规模化施工。

2. 填方路基施工

1)填方路基填料的技术要求和压实标准

(1)填方路基填料的技术要求。路基填方材料,应有一定的强度,不得使用淤泥、沼泽地土、冻土、有机土、含草皮土、生活垃圾、树根和含有腐朽物质的土。对于液限大于50、塑性指数大于26的土,以及含水率超过规定的土,不得直接作为路基填料。需要应用时,必须采取满足设计要求的技术措施,经检查合格后方可使用。

(2)填方路基的压实标准。路堤、路堑和地基(指路堤的基底)施工时均应进行压实,压实度应满足《公路路基施工技术规范》(JTG F10—2006)中的规定要求,见表2-3。

土质路基压实度标准　　表2-3

填挖类别		路床顶面以下深度(m)	路基压实度(%)		
			高速公路、一级公路	二级公路	三级公路、四级公路
零填及挖方		0~0.30	≥96	≥95	≥94
		0.30~0.80	≥96	≥95	—
填方	上路床	0.30~0.80	≥96	≥95	≥94
	下路床	0~0.80	≥96	≥95	≥94
	上路堤	0.80~1.50	≥94	≥94	≥93
	下路堤	>1.50	≥93	≥92	≥90

注:①表列数不清以重型击实试验方法为准。

②特殊干旱地区的路基压实度,表列数值可适当降低2%~3%。

③三级公路修筑沥青混凝土或水泥混凝土路面时,其路基压实度应采用二级公路标准。

④路堤采用特殊填料或处于特殊气候地区时,压实度标准根据试验路在保证路基强度要求的前提下可适当降低。

2)桥涵及其他构造物处填土的压实标准

(1)填料宜采用透水性材料、轻质材料、无机结合料等,非透水性材料不得直接用于倾填。

(2)基坑回填必须在隐蔽工程验收合格后方可进行。基坑回填应分层填筑、分层压实，分层厚度宜为100~200mm。二级及二级以上公路，采用小型夯实机具时，基坑回填的分层压（夯）实厚度不宜大于150mm，并应压（夯）实到设计要求的压实度。

(3)台背及与路堤间的回填施工应符合以下规定：

①二级及二级以上公路应按设计做好过渡段，过渡段路堤压实度不小于96%，并应按设计做好纵向和横向防排水系统。

②二级以下公路的路堤与回填的联结部，应按设计要求预留台阶。

③台背回填部分的路床宜与路床同步填筑。

④桥台背和锥坡的回填施工宜同步进行，一次填筑并保证压实整修后能达到设计宽度要求。

(4)涵洞回填施工应符合以下规定：

①洞身两侧，应对称分层回填压实，填料粒径宜小于150mm。

②两侧及顶面填土时，应采取措施防止压实过程对涵洞产生不利影响。

3)地基处理的压实标准

二级及二级以上公路路堤基底压实度应不小于90%，三级、四级公路应不小于85%，路基填土高度小于路面和路床总厚度时，基底应按设计要求处理。其压实度不低于表2-3的规定。

4)填方路基施工工艺及质量监理流程（图2-2）

5)填方路基施工质量管理的特点

(1)填前压实。在填筑路堤前，应先做好截水沟、排水沟等排水防渗设施，特别是多雨地区和雨季施工更应加强这方面的工作。

在填筑路堤前，应将原地面上的杂草、耕作物及地表层腐殖土清除干净，用平地机整平，用压路机进行填前压实，可采用以下两种压实方式：

①清表后的原地面，表层含水率合适的填方路段，可直接用重型振动压路机碾压，并达到要求的压实度；

②清表后的原地面，表层土含水率较大时，可就地翻松、打碎、晾晒，在最佳含水率条件下压实，并达到规定的压实度。

(2)碾压、检查压实厚度及压实度。路堤必须在整个现场宽度范围内水平分层填筑，在最佳含水率条件下分层碾压。填筑路堤时分层铺松土整平后，首先应检查每一松铺土层厚度，因为它直接影响到每一层的压实厚度。对12t光碾双轮压路机，每一层的松铺厚度一般为30~50cm，其压实厚度为20cm左右。对不同吨位的轮胎压路机或其他压实机械，松铺厚度与地基条件、土质、松铺土层的干密度有关，可通过现场试验段进行碾压试验后确定。

每一层填土铺松土后，首先应检查含水率是否接近最佳含水率，若含水率过多（一般大于3%以上），就得进行翻松、晾晒。当松铺土层的含水率接近最佳含水率时，需经过人工或机械整平，并检查记录松铺厚度后，方可进行碾压。压路机对路基填土压实时，应遵循先轻后重、先静压后振动碾压的原则。其碾压遍数，可根据地基强度、土质、压实机具的类型而定，或至压路机碾压到填土层表面无轮迹为止（一般至少碾压4遍）。然后检查压实度并同时检测压实厚度。承包人应将检测结果向监理工程师报检，经现场监理工程师抽检，评定报检段的压实度代表值和单点值达到标准要求时，方可进入下一层填土。

(3)路基工程应采用机械压实。压实机械的选择应根据工程规模、场地大小、填料种类、压实度要求、气候条件、压实机械效率等因素综合考虑确定。各种土质适宜的机械碾压设备参见表 2-4。

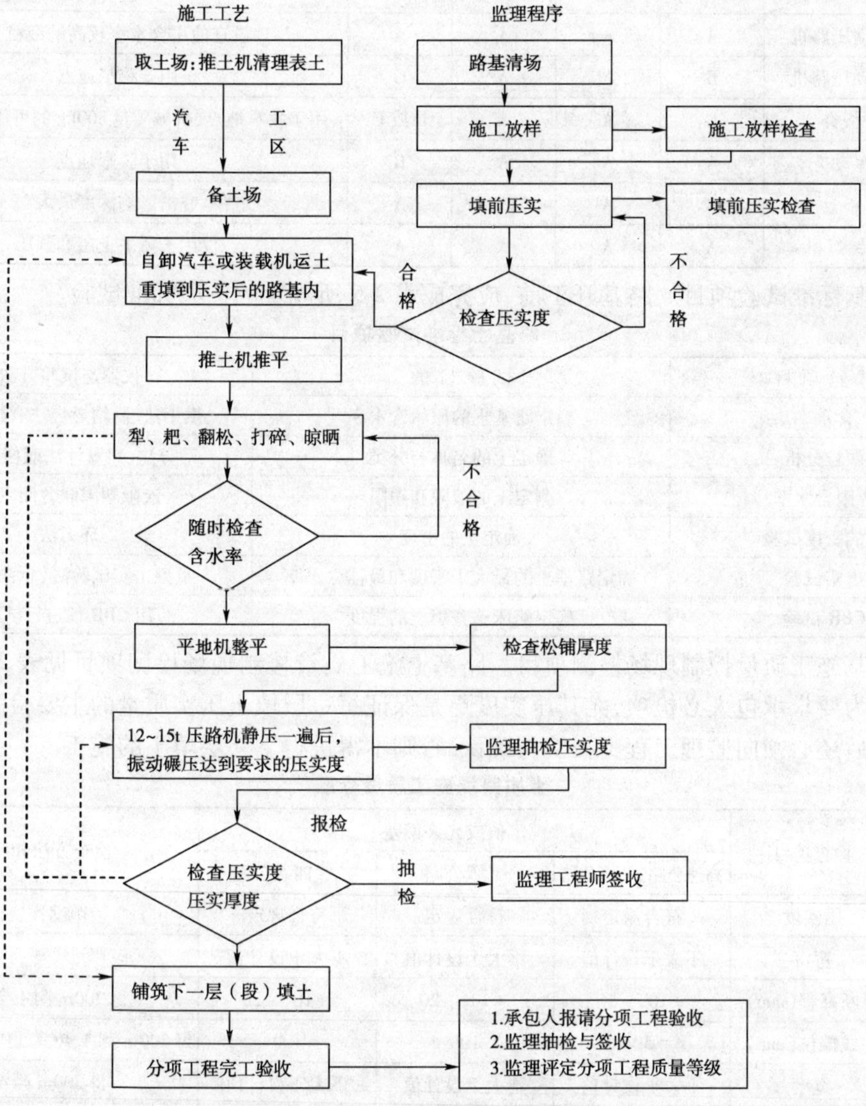

图 2-2　填方路基的施工工艺及质量监理流程图

各种土质适宜的机械碾压设备参考表　　表 2-4

土的类别 / 机械名称	细粒土	砂类土	砾石土	巨粒土	备　注
6~8t 两轮光轮压路机	A	A	A	A	用于预压整平
12~18t 三轮光轮压路机	A	A	A	B	最常使用
25~50t 轮胎压路机	A	A	A	A	最常使用
羊足碾	A	C 或 B	C	C	粉、黏、土质砂可用
振动压路机	B	A	A	A	最常使用

续上表

土的类别 机械名称	细粒土	砂类土	砾石土	巨粒土	备　注
凸块式振动压路机	A	A	A	A	最宜使用含水率较高的细粒土
手扶式振动压路机	B	A	A	C	用于狭窄地点
振动平板夯	B	A	A	B 或 C	用于狭窄地点，机械质量 800kg 的可用于巨粒土
手扶式振动夯	A	A	A	B	用于狭窄地点
夯锤（板）	A	A	A	A	夯击影响深度最大
推土机、铲运机	A	A	A	A	仅用于摊平土层和预压

①路基标准试验项目。路基开工前，应完成表 2-5 所规定的各项标准试验。

路基土标准试验项目　　表 2-5

试验项目	试验目的	仪器与试验方法
含水率	确定路基土的原始含水率	烘干法、酒精燃烧法、粒子仪法
颗粒分析	确定土的名称与分类	筛分法、比重计法或移度管法
界限含水率	测定土的液限和塑限	液限塑限联合测定法
土的密度试验	确定土的密度	环刀法
击实试验	确定路基土的最大干密度和最佳含水率	重型击实试验法（干法试验）
CBR 试验	确定路床路基填土的强度	用 CBR 仪进行试验

②路基施工质量控制现场检测项目。路基土施工质量控制现场检测项目见表 2-6。表中所列项目为要求承包人必检项，尤其压实度更是保证每一层填土压实质量的主要检测指标，承包人自检后还必须向监理工程师报检与确认，否则不得进行下一层填土的施工。

土质路堤施工质量标准　　表 2-6

项次	检查项目	规定值或允许偏差			检查方法和频率
		高速公路、一级公路	二级公路	三、四级公路	
1	压实度	符合规定	符合规定	符合规定	施工记录
2	弯沉	不大于设计值	不大于设计值	不大于设计值	—
3	纵断高程（mm）	+10，-15	+10，-20	+10，-20	每 200m 测 4 个断面
4	中线偏位（mm）	50	100	100	每 200m 测 4 点，弯道 HY、YH 两点
5	宽度	不大于设计值	不大于设计值	不大于设计值	每 200m 测 4 处
6	平整度（mm）	15	20	20	3m 直尺：每 200m 测 2 处 ×10 尺
7	横坡（%）	±0.3	±0.5	±0.5	每 200m 测 4 个断面
8	边坡坡度	不陡于设计坡度	不陡于设计坡度	不陡于设计坡度	每 200m 抽查 4 处

6）填石路堤施工技术要求

（1）填料应符合以下规定：

①膨胀岩石、易溶性岩石不宜直接用于路堤填筑，强风化石料、崩解性岩石和盐化岩石不得直接用于路堤填筑。

②路堤填料粒径应不大于 500mm，并不宜超过层厚的 2/3，不均匀系数宜为 15～20。路床底面以下 400mm 范围内，填料粒径应小于 150mm。

③路床填料粒径应小于100mm。

(2)基底处理应符合以下规定：

①除满足《公路路基施工技术规范》(JTG F10—2006)4.2.2条第1款的规定外，承载力应满足设计要求。

②在非岩石地基上，填筑填石路堤前，应按设计要求设过渡层。

(3)填筑应符合以下规定：

①路堤施工前，应先修筑试验段，确定满足中孔隙率标准的松铺厚度、压实机械型号及组合、压实速度及压实遍数、沉降差等参数。

②路床施工前，应先修筑试验路段，确定能达到最大压实干密度的松铺厚度、压实机械型号及组合、压实速度及压实遍数、沉降差等参数。

③二级及二级以上公路的填石路堤应分层填筑压实。二级以下砂石路面公路在陡峻山坡地段施工特别困难时，可采用倾填的方式将石料填筑于路堤下部，但在路床面以下不小于1.0m范围内仍应分层填筑压实。

④岩性相差较大的填料应分层或分段填筑。严禁将软质石料与硬质石料混合使用。

⑤中硬、硬质石料填筑路堤时，应进行边坡码砌。码砌边坡的石料强度、尺寸及码砌厚度应符合设计要求。边坡码砌与路基填筑宜基本同步进行。

⑥压实机械宜选用自重不小于18t的振动压路机。

3. 挖方路基施工

(1)开挖施工应符合下列规定：

①可作为路基填料的土方，应分类开挖分类使用。非适用材料应按设计要求或作为弃方按《公路路基施工技术规范》(JTG F10—2006)4.3.4条的规定处理。

②土方开挖应自上而下进行，不得乱挖超挖，严禁掏底开挖。

③开挖过程中，应采取措施保证边坡稳定。开挖至边线前，应预留一定宽度，预留的宽度应保证刷坡过程中设计边坡线外的土层不受扰动。

④路基开挖中，基于实际情况，如需修改设计边坡坡度、截水沟和边沟的位置及尺寸等时，应及时按规定报批。边坡上稳定的孤石应保留。

⑤开挖至零填、路堑路床部分后，应尽快进行路床施工；如不能及时进行，宜在设计路床顶高程以上预留至少300mm厚的保护层。

⑥应采取临时排水措施，确保施工作业面不积水。

⑦挖方路基路床顶面终止高程，应考虑因压实而产生的下沉量，其值通过试验确定。

(2)边沟与截水沟应从下游向上游开挖。截水沟通过地面坑凹处时，应将凹处填平夯实。边沟及截水沟开挖后，应及时进行防渗漏、积水和冲刷边坡及路基。

(3)土方路堑开挖的监理要点：

①开挖前应清场，并将清场土运到监理工程师指定的地点储存。

②挖方路基的弃土一般应移挖作填。若设计文件无明确规定时，承包人不得随意动用，而应按监理工程师的指定处理。

③挖方路基施工，边坡修整与边坡的稳定是影响施工质量的主要工序之一。当通过高的边坡或挖方路段地质情况不良时，应及时采取必要的应急措施或设置必要的防护工程。

④路堑路床的表层下为有机土、难以晾晒与压实的土或 CBR 值较低的土壤不宜作路床用土时，均应清除后用质量符合规定的土换填。

4. 软土地区路基施工

软土地基的处治属特殊路基施工，施工前应复核处治方案的可行性，编制实施性施工组织设计。

1）软土地基处治方法

（1）浅层处治。

（2）砂（砾）垫层。

（3）土工合成材料。

（4）袋装砂井。

（5）塑料排水板。

（6）真空预压、真空堆载联合预压。

（7）砂桩。

（8）碎石桩。

（9）加固桩。

（10）水泥粉煤灰碎石桩。

（11）Y 形沉管灌注桩。

（12）薄壁筒型沉管灌注桩。

（13）静压管桩。

（14）强夯。

（15）强夯置换。

2）软土地区路堤施工与监理要点

（1）浅层处治。根据处治的目的可将路堤层内的软土处理层换去，换填好土，其填筑和压实施工应满足《公路路基施工技术规范》（JTG F10—2006）的要求，即应分层摊铺、分层碾压，每层的压实度要达到规范规定的压实标准。

（2）砂（砾）垫层。在软土地基上修筑路堤，其下均宜设置透水性垫层，以排除地基中的孔隙水。最常用的透水性垫层是砂垫层，垫层厚度以 50cm 为宜，宽度为路堤底宽并在两侧各增加 50 ~ 100cm。垫层材料宜采用洁净的中、粗砂，含泥量不大于 5%。也可采用天然级配砂砾，最大粒径不宜大于 5cm，砾石强度不低于 Ⅳ 级。

施工时分应层摊铺，分层洒水碾压，每层压实厚度宜为 15 ~ 20cm，碾压到规定压实度。

（3）土工合成材料处治。土工合成材料具有加筋、防护过滤、排水、隔离等功能。利用土工合成材料的抗拉、抗剪强度好的特点，改善施工机械的作业条件，均匀支承路堤荷载，减少地基的沉降和侧向位移，提高地基的承载力。

土工合成材料的种类有土工网、土工格栅、土工模袋、土工织物、土工复合排水材料、土工垫等。

土工合成材料施工应符合以下规定：

①下承层应平整，摊铺时应拉直、平顺，紧贴下承层，不得扭曲、折皱。在斜坡上摊铺时，应保持一定松紧度。

②铺设土工合成材料，应在路堤每边各留一定长度，回折覆裹在已压实的填筑层面上，折回外露部分应用土覆盖。

③土工合成材料的连接，采用搭板时，搭接长度宜为300～600mm；采用缝接时，缝接宽度不小于50mm，缝接强度应不低于土工合成材料的抗拉强度；采用黏结时，黏合宽度应不小于50mm，黏合强度应不低于土工合成材料的抗拉强度。

④施工中应采取措施防止土工合成材料受损，出现破损时应及时修补或更换。

⑤双层土工合成材料上、下层接缝应错开，错开长度应大于500mm。

(4)袋装砂井。

①中、粗砂中大于0.6mm颗粒的含量宜占总重的50%以上，含泥量小于3%，渗透系数大于5×10^{-2}mm/s。砂袋的渗透系数应不小于砂的渗透系数。

②袋装砂井施工应符合以下规定：

a. 砂袋露天堆放时，应有遮盖，不得长时间暴晒。

b. 砂袋应垂直下井，不得扭结、缩颈、断裂、磨损。

c. 拔钢套管时，如将砂袋带出或损坏，应在原孔位边缘重打；连续两次将砂袋带出时，应停止施工，查明原因并处理后方可施工。

d. 砂袋在孔口外的长度，应能顺直伸入砂垫层至少30mm。

③袋装砂井施工质量应符合表2-7的规定。

袋装砂井施工质量标准 表2-7

项次	检查项目	规定值或允许偏差	检查方法和频率
1	井距(mm)	±150	抽查3%
2	井长	不小于设计值	查施工记录
3	井径(mm)	+10,0	挖验3%
4	竖直度(%)	1.5	查施工记录
5	灌砂率(%)	−5	查施工记录

用于路堤加筋的土工织物，其最低强度应满足表2-7所规定的要求。

④袋装砂井的施工工艺及监理程序见图2-3。

(5)塑料排水板施工及监理要点。

①塑料排水板技术、质量指标应符合设计要求。露天堆放应有遮盖，不得长时间暴晒。

②塑料排水板施工应符合以下规定：

a. 现场堆放的塑料排水板，应采取措施防止损坏滤膜；

b. 塑料排水板超过孔口的长度应能伸入砂垫层不小于500mm，预留段应及时弯折埋设于砂垫层中，与砂垫层贯通，并采取保护措施；

c. 塑料排水板不得搭接；

d. 施工中防止泥土等杂物进入套管内，一旦发现应及时清除；

e. 打设形成的孔洞应用砂回填，不得用土块堵塞。

③塑料排水板施工质量应符合表2-8的规定。

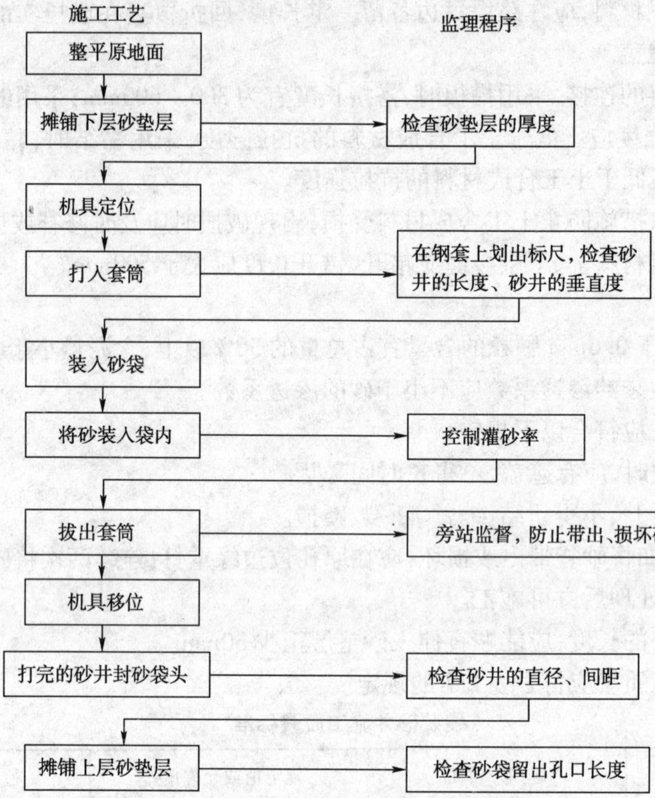

图 2-3　袋装砂井施工工艺及监理程序示意图

塑料排水板施工质量标准　　表 2-8

项　次	检 查 项 目	规定值或允许偏差	检查方法和频率
1	板距(mm)	±150	抽查 3%
2	板长	不小于设计值	抽查 3%
3	竖直度(%)	1.5	查施工记录

④塑料排水板的施工工艺及监理要点见图 2-4。

(6)砂桩施工及监理要点。

①材料要求：采用中、粗砂，大于 0.6mm 颗粒含量宜占总重的 50% 以上，含泥量应小于 3%，渗透系数大于 5×10^{-2}mm/s。也可使用砂砾混合料，含泥量应小于 5%。

②砂桩施工应符合以下规定：

a. 采用单管冲击法、一次打桩管与桩法或复打成桩法施工时，应使用饱和砂；采用双管冲击法、重复压拔法施工时，可使用含水率为 7% ~9% 的砂；饱和土中施工可用天然湿砂。

b. 地面下 1 ~2m 土层应超量投砂，通过压挤提高表层砂的密实程度。

c. 成桩过程应连续。

d. 实际灌砂量未达到设计用量时，应进行处理。

③砂桩施工质量应符合表 2-9 的规定。

④砂桩施工工艺及监理程序见图 2-5。

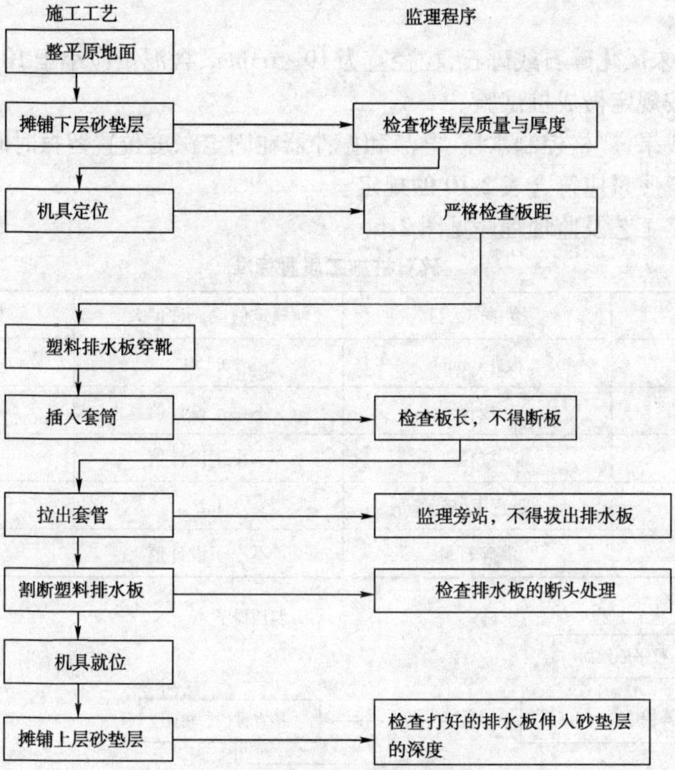

图 2-4　塑料排水板施工工艺及监理要点图

砂桩施工质量标准　　表 2-9

项　次	检 查 项 目	规定值或允许偏差	检查方法和频率
1	板距(mm)	±150	抽查 3%
2	板长	不小于设计值	查施工记录
3	桩径	不小于设计值	抽查 3%
4	竖直度(%)	1.5	查施工记录
5	灌砂量	不小于设计值	查施工记录

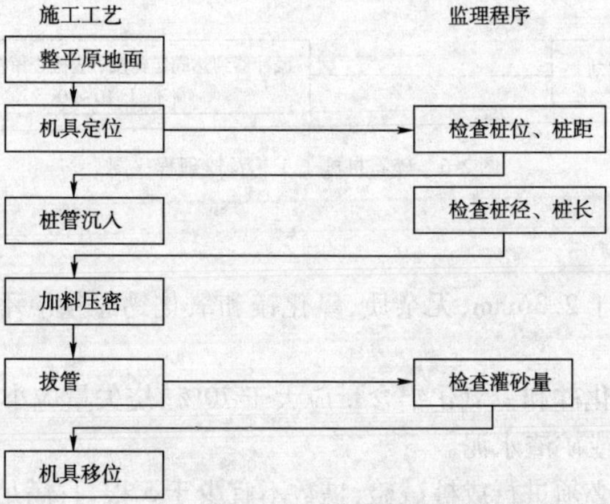

图 2-5　砂桩施工工艺及监理程序图

(7)碎石桩。

①材料要求:未风化碎石或砾石,粒径宜为19~63mm,含泥量应小于10%。

②施工前应按规定做成桩试验。

③根据试桩成果,严格控制水压、电流和振冲器在固定深度位置留振时间。

④碎石桩施工质量应符合表2-10的规定。

⑤碎石桩施工工艺及监理程序见图2-6。

碎石桩施工质量标准　　表2-10

项　次	检查项目	规定值或允许偏差	检查方法和频率
1	板距(mm)	±150	抽查3%
2	板长	不小于设计值	查施工记录
3	桩径	不小于设计值	抽查3%
4	竖直度(%)	1.5	查施工记录
5	灌碎石量	不小于设计值	查施工记录

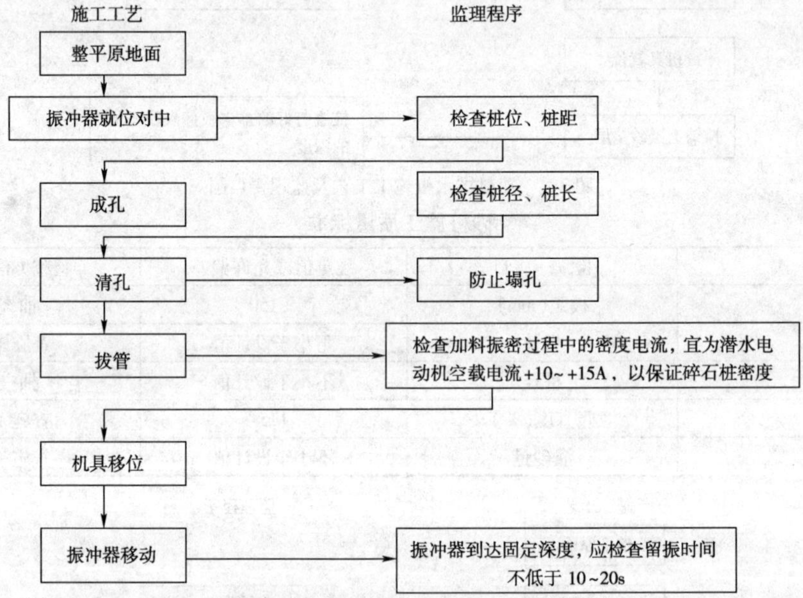

图2-6　碎石桩施工工艺及监理程序图

(8)加固土桩。

①材料要求如下:

a.生石灰粒径应小于2.36mm,无杂质,氧化镁和氧化钙总量应不小于85%,其中氧化钙含量应不小于80%。

b.粉煤灰中的二氧化硅和三氧化铝含量应大于70%,烧失量应小于10%。

c.水泥宜采用普通或矿渣水泥。

②加固土桩施工前必须进行成桩试验,桩数不宜少于5根,且满足以下要求:

a.应取得满足设计喷入量的各种技术参数,如钻进速度、提升速度、搅拌速度、喷气压力、单位时间喷入量等。

b. 应确定能保证胶结料与加固软土拌和均匀性的工艺。

c. 掌握下钻和提升的阻力情况，选择合理的技术措施。

d. 根据地层、地质情况确定复喷范围。

③加固土桩施工质量应符合表 2-11 的规定。

④加固土桩施工工艺及监理程序见图 2-7。

加固土桩施工质量标准　　表 2-11

项次	检查项目	规定值或允许偏差	检查方法和频率
1	板距(mm)	±100	抽查 3%
2	桩径	不小于设计值	抽查 3%
3	桩长	不小于设计值	喷粉(浆)前检查钻杆长度，成桩 28d 后钻孔取芯 3%
4	竖直度(%)	1.5	抽查 3%
5	单桩每延米喷粉(浆)量(%)	不小于设计值	查施工记录
6	桩体无侧限抗压强度	不小于设计值	成桩 28d 后钻孔取芯，桩体三等分段各取芯样一个，成桩数 3%
7	单桩或复合地基承载力	不小于设计值	成桩数的 0.2%，并不少于 3 根

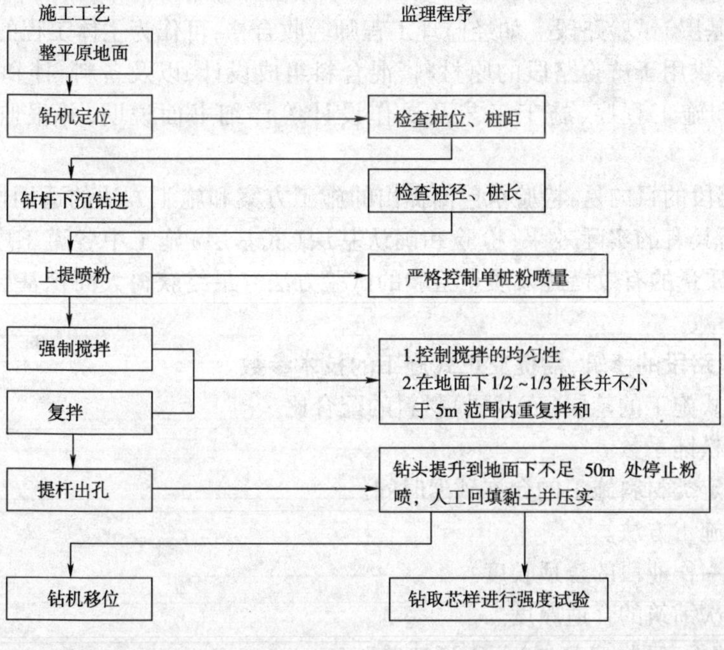

图 2-7　加固土桩施工工艺及监理程序图

软土地区路堤施工计划中宜考虑地基固结工期，二级及二级以上公路路堤施工中，必须进行沉降和稳定的动态观测。观测频率与沉降、稳定的变形速率相适应，每填筑一层应观测一次，如果两次填筑间隔时间较长，每 3d 至少观测一次，路堤填筑完成后，堆载预压期间观测应视地基稳定情况而定，半月或每月观测一次，直至预压期结束。

•第六节　路面基层(底基层)施工质量监理•

一、路面基层(底基层)施工准备阶段质量监理

1. 基层(底基层)施工前,监理工程师应检查审核的内容

1)施工机械设备

主要指摊铺设备、压实机械及其他机械设备的数量、型号、生产能力等。

2)混合料拌和场条件

混合料拌和场的位置、拌和设备以及运输车辆能否满足质量要求及连续施工的要求。

3)路用原材料

检查土、粗集料、结合料等各种原材料,要求满足《公路路面基层施工技术规范》(JTJ 034—2000)的要求。

4)混合料配合比设计试验报告

检查原材料的试验结果及混合料的击实试验、承载比、抗压强度的试验结果。

5)试验路段施工与总结报告

正式开工前至少一个月,承包商应在监理工程师批准的地点自费铺筑一段面积为400～500m^2 基层(底基层)试验路段。如经监理工程师验收合格,可作为主体工程的一部分。

承包商应提供用于试验路段的原材料、混合料组成设计,以及备料、拌和、摊铺、碾压、养生设备一览表和施工程序、施工工艺及操作设计等详细书面说明,并报监理工程师审核批准。

铺筑试验路段的目的是:检验承包商提出的施工方案和施工方法的适用性,检验拌和、摊铺和压实机械所具有的实际效果;检验和确认基层(底基层)施工中各道工序的质量控制指标,并提出保证质量的有效措施及质量检验的试验方法。最终获得大面积基层(底基层)施工时的各项技术参数。

2. 通过试验路段的修筑,需提交正式施工的技术参数

(1)用于正式施工的基层(底基层)材料的配合比。

(2)材料的松铺系数。

(3)水泥稳定类材料施工的允许延迟时间。

(4)标准的施工方法。

(5)确定每一作业段的合适长度。

(6)确定每次铺筑的合适厚度。

(7)签发"路面基层(底基层)开工通知单"。

二、基层(底基层)施工过程中质量控制要点

1. 水泥稳定砂砾(碎石)、石灰粉煤灰稳定砂砾(碎石)施工

1)拌和与运输

(1)水泥稳定混合料或二灰稳定混合料的拌和应用厂拌法。

(2)厂拌的设备及布置位置应在拌和以前提交监理工程师并取得批准。水泥、石灰、粉煤灰与集料应准确过秤,按质量比例掺配,并以质量比加水。拌和时加水时间及加水量应有记录,以提交监理工程师检验。

(3)当进行拌和操作时,稳定料加入方式应能保证自始至终均匀分布于被稳定材料中。

(4)当拌和厂离摊铺现场距离较远,混合料在运输中应加以覆盖以防水分蒸发,并保证装载高度均匀以防离析。应控制好卸料速度、数量与摊铺厚度及宽度。拌和好的混合料要尽快摊铺。

2)摊铺和整型

(1)摊铺必须采用监理工程师批准的机械进行,使混合料按要求的松铺厚度,均匀地摊铺在要求的宽度上。

(2)摊铺时混合料的含水率宜高于最佳含水率1% ~2%,以补偿摊铺及碾压过程中的水分损失。

(3)当压实厚度超过20cm时,应分层摊铺,最小压实厚度为10cm。先摊铺的一层表面翻松后再继续摊铺上层,并按规定的路拱进行整型。

3)碾压

(1)混合料经摊铺和整型后,应立即在全宽范围内进行碾压。直线段由两侧向中心碾压;超高段由内侧向外侧碾压。每道碾压应与上道碾压相重叠,使每层整个厚度和宽度完全均匀地压实到规定的密实度为止。压实后表面应平整无轮迹或隆起,且断面正确,路拱符合要求。

(2)碾压过程中,混合料的表面应始终保持潮湿。如表面水蒸发得快,应及时补洒少量的水。

(3)严禁压路机在已完成的或正在碾压的路段上"掉头"和急刹车,以保证结构层表面不受破坏。

(4)施工中,从加水拌和到碾压终了的延迟时间不应超过规定。

4)养生

碾压完后应立即进行养生。养生时间不应少于7d。养生方法可视具体情况采用洒水或采用沥青乳液等。养生期间应封闭交通,不能封闭时,应将车速限制在30km/h以下,且应禁止重型车辆通行。

5)气候条件

工地气温低于5℃时,不应继续施工。雨季施工,应特别注意天气变化,勿使水泥和混合料受雨淋。降雨时应停止施工,但已摊铺的混合料应尽快碾压密实。

2.石灰土稳定砂砾基层、水泥石灰稳定土基层施工

1)一般要求

(1)石灰土稳定砂砾、水泥石灰稳定土基层应在夏季到来之前和夏季组织施工。多雨地区应避免在雨季进行施工,施工期最低气温应在5℃以上。

(2)当基层压实采用12 ~15t三轮压路机碾压时,每层的压实厚度不应超过15cm;用18 ~20t三轮压路机碾压时,每层的压实厚度不超过20cm。压实厚度超过上述规定时,应分层铺筑,分层最小压实厚度为10cm。

(3)当铺筑层不只一层时,先铺筑的一层,将表面轻轻地耙松,并在铺筑下一层之前洒水湿润使后铺的一层与先铺的一层相互结合良好。

2)准备工作

(1)在新完成并经监理工程师验收的下承层上测量恢复中线,直线段每20~25m设一排桩,平曲线每10~15m设一排桩,并进行水平测量以确定基层的铺装厚度。

(2)根据监理工程师批准的配合比在料场用强制式拌和机或双转轴浆叶式拌和机生产集料,拌和时应做到:土块要粉碎,配料要准确,含水率要略大于最佳含水率,拌和要均匀。

3)摊铺

(1)混合料堆置时间不应过长,尤其雨季施工一定要做到当天堆置,当天摊铺、整形、碾压。

(2)用平地机或摊铺机按摊铺厚度将混合料摊铺均匀,如发现有粗细颗粒离析现象,应用机械或人工补充拌匀。

4)碾压

(1)整型后,应在混合料处于最佳含水率±1%时进行碾压,如表面水分不足,应适当洒水。

(2)用12t以上三轮压路机、重型轮胎压路机或振动压路机在路基全宽内进行碾压。直线段由两侧路肩向路中心碾压;平曲线段由内侧路肩向外侧路肩进行碾压。碾压时,后轮应重叠1/2的轮宽,并必须超过两端的接缝处,进行碾压直到要求的密实度为止。一般需碾压6~8遍。压路机的碾压速度,头两遍以采用1档(1.5~1.7km/h)为宜,以后用2档(2.0~2.5km/h)。

(3)严禁压路机在作业段上掉头和急刹车。

(4)在碾压结束前,用平地机终平一次,使其纵向顺适,路拱及高程均符合设计要求。

5)养生

(1)每一段碾压完成并经压实度检查合格后,即开始进行养生。

(2)应用湿砂进行养生。用砂覆盖时,砂层应厚7~10cm。砂铺均匀后,立即洒水。在整个养生期间都应使砂保持潮湿状态。也可以用潮湿的帆布、粗麻布、草帘或其他合适的材料覆盖,但不得用湿黏土覆盖。养生后必须将覆盖物清除干净。

(3)也可用洒水车经常洒水,每天洒水次数,应视气候而定。要求在整个养生期间始终保持表面潮湿,不应时干时湿。

(4)养生不宜少于7d。除洒水车外,应封闭交通。

(5)养生期满后,进行工程质量验收,立即喷洒透层沥青,并在5~7d内铺筑沥青面层。

3. 底基层、基层施工程序及监理工作程序

底基层、基层施工程序及监理工作程序如图2-8所示。

三、水泥稳定粒料(碎石、砂砾或砾渣等)基层和底基层实测项目

1. 基本要求

(1)粒料应符合设计和施工规范要求,并应根据当地料源选择质坚干净的粒料,矿渣应分解稳定,发现未分解渣块应予剔除。

(2)水泥用量和矿料级配按设计控制准确。

(3)路拌深度要达到底层。

(4)摊铺时要注意消除粗细料离析现象。

(5)混合料处于最佳含水率状况下,用重型压路机碾压至要求的压实度。

(6)碾压检查合格后立即覆盖或洒水养生,养生期要符合规范要求。

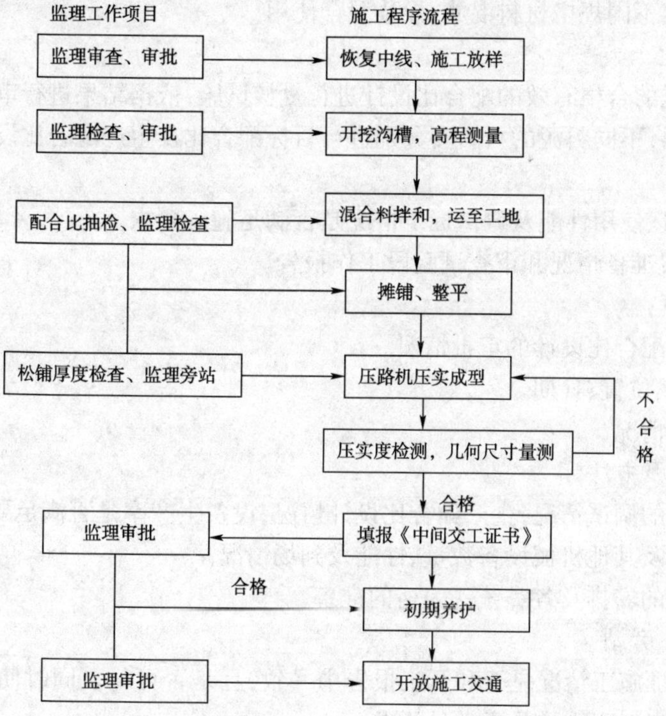

图2-8　底基层、基层施工程序及监理工作程序图

2. 实测项目

按照《公路工程质量检验评定标准》(土建工程)(JTG F80/1—2004)规定的实测项目进行检查。

3. 外观鉴定

(1)表面平整密实,无坑洼、无明显离析。不符合要求时,每处减1~2分。

(2)施工接茬平整、稳定。不符合要求时,每处减1~2分。

●第七节　路面工程施工质量监理●

一、沥青路面工程质量监理

1. 沥青路面工程质量监理程序

1)施工监理准备

(1)组织监理人员全面熟悉设计文件、图纸和合同文件,并对现场进行复查。

(2)督促承包人建立完整的质量保证体系,并检查审批承包人主要人员的资格。

(3)审核设计图表资料、复测定线,并会同设计代表向承包人进行技术交底。

(4)审核承包人的施工组织设计。

2)审批原材料

对照技术规范的要求,对承包人报送的各类原材料进行复核试验,根据结果和实际考察情况进行审批。

考察包括料源实地考察、料场加工方式、材料运输方式、承包人储料场堆放及覆盖处理方式,严禁不同料源、不同规格材料混放,导致混合使用。

3)审批配合比

对承包人报送的合格有效的配合比设计进行复核试验,依据结果进行审批。

对于路面材料,不同料源的材料要分别进行目标配合比及生产配合比设计。

4)设备检查

检查设计数量、使用性能及调试标定情况是否满足施工要求。

5)检查试验段准备情况和审查试验段工作报告。

审查内容如下:

(1)原材料及配合比设计的审批情况。

(2)开工目的、位置、日期。

(3)施工组织情况。

(4)施工工艺及方法。

(5)厂拌设备的调试情况,生产配合比设计情况,设备生产率是否满足要求。

(6)摊铺碾压及其他机械设备数量、性能及到场情况。

(7)各种试验的安排及各类统一表格的准备。

6)试验段施工旁站

通过旁站,验证施工情况是否和开工报告中一致,且是否可行。同时使用试验测量手段,收集各类数据,检查工程质量是否满足要求。

7)审批试验段总结报告及规模施工的开工报告

(1)使用材料的技术性能。

(2)各种指标的检查结果。

(3)经验总结。

(4)规模施工的开工申请。

监理工程师应根据承包人和监理试验室对试验段的各种检测结果和报告的审查情况进行审批,对其给予验收、计量和支付,同时检查正式的开工报告。

8)规模施工的监理

监理人员依据已批准的承包人开工报告及技术规范,对规模施工进行全过程旁站及随机抽检,随时掌握施工情况,以便进行质量管理。

9)验收工作

验收工作包括分项工程中间交验、分部工程中间交验、单位工程中间交验、合同段竣工验收。验收内容包括:

(1)对承包人与工地监理工程师的各种试验检测结果进行分析评定。

(2)现场按规范检测内容和规定频率进行检验。

(3)对检测结果进行综合评定,以确定是否可以通过验收,并填写检验单。

2. 沥青路面工程监理要点

根据路面的施工特点和技术要求,结合新出的《公路沥青路面施工技术规范》(JTG F40—

2004）的新规定，为贯彻“精心施工，质量第一”的方针，保证沥青路面的施工质量，特将以下内容作为监理控制要点。

1）沥青混合料原材料技术要求

（1）粗集料。

①沥青面层用粗集料规格。沥青面层用粗集料级配应符合表2-12的规定。沥青层用粗集料包括碎石、破碎砾石、钢渣、矿渣等，但高速公路和一级公路不得使用筛选砾石和矿渣。

②沥青面层粗集料质量技术要求。粗集料应洁净、干燥、无风化、无杂质，具有足够的强度和耐磨耗性。粗集料的质量应符合表2-13的规定。

粗集料应具有良好的颗料形状。路面面层粗集料应选用坚硬、耐磨、抗冲击性好的碎石。在路面上面层应采用玄武岩集料，中、下面层采用石灰岩集料。面层沥青与集料的黏附性应满足《公路沥青路面施工技术规范》（JTG F40—2004）中对不同气候条件的规定。当不能满足以上要求时也应加抗剥离剂。

（2）细集料。沥青面层的细集料可采用机制砂及石屑，规格应分别符合表2-14的要求。

沥青面层用粗集料规格　　表2-12

规格名称	公称粒径（mm）	通过下列筛孔（mm）的质量百分率（%）												
		106	75	63	53	37.5	31.5	26.5	19.0	13.2	9.5	4.75	2.36	0.6
S1	40～75	100	90～100	—	—	0～15	—	0～5	—					
S2	40～60		100	90～100	—	0～15	—	0～5	—					
S3	30～60		100	90～100	—	—	0～15	—	0～5					
S4	25～50			100	90～100	—	—	0～15	—	0～5				
S5	20～40				100	90～100	—	—	0～15	—	0～5			
S6	15～30					100	90～100	—	—	0～15	—	0～5		
S7	10～30					100	90～100	—	—	—	0～15	0～5		
S8	10～25						100	90～100	—	0～15	—	0～5		
S9	10～20							100	90～100	—	0～15	0～5		
S10	10～15								100	90～100	0～15	0～5		
S11	5～15								100	90～100	40～70	0～15	0～5	
S12	5～15									100	90～100	0～15	0～5	
S13	3～10									100	90～100	40～70	0～20	0～5
S14	3～5										100	90～100	0～15	0～3

沥青面层用粗集料质量技术要求　　表2-13

指　　标	单位	高速公路及一级公路		其他等级公路	试验方法
		表面层	其他层次		
石料压碎值，不大于	%	26	28	30	T 0316
洛杉矶磨耗损失，不大于	%	28	30	35	T 0317
表观相对密度，不小于	t/m³	2.60	2.50	2.45	T 0304
吸水率，不大于	%	2.0	3.0	3.0	T 0304
坚固性，不大于	%	12	12	—	T 0314

续上表

指标	单位	高速公路及一级公路		其他等级公路	试验方法
		表面层	其他层次		
针片状颗粒含量(混合料),不大于	%	15	18	20	T 0312
其中粒径大于9.5mm,不大于	%	12	15	—	
其中粒径小于9.5mm,不大于	%	18	20	—	
水洗法,<0.075mm 颗粒含量,不大于	%	1	1	1	T 0310
软石含量,不大于	%	3	5	5	T 0320

沥青面层用石屑规格 表 2-14

规格	公称粒径	水洗法通过各筛孔的质量百分率(%)							
		9.5	4.75	2.36	1.18	0.6	0.3	0.15	0.075
S15	0~5	100	90~100	60~90	40~75	20~55	7~40	2~20	0~10
S16	0~3	—	100	80~100	50~80	25~60	8~45	0~25	0~15

热拌沥青混合料的细集料应采用优质的机制砂。细集料与沥青应有良好的黏结能力。应洁净、干燥、无风化、无杂质。质量技术要求见表 2-15。

沥青混合料用细集料质量要求 表 2-15

指标	单位	高速公路、一级公路	其他等级公路	试验方法
表观相对密度,不小于	t/m³	2.50	2.45	T 0328
坚固性(>0.3mm 的含量),不大于	%	12	—	T 0340
含泥量(小于0.075mm 的含量),不大于	%	3	5	T 0333
砂当量,不小于	%	60	50	T 0334
亚甲蓝值,不大于	g/kg	25	—	T 0349
棱角性(流动时间),不小于	s	30	—	T 0345

(3)沥青面层用矿粉质量技术要求。沥青混合料的填料宜采用石灰岩或岩浆岩中的强基性岩石等憎水性石料经磨细得到的矿粉,原石料中的泥土杂质应除净。矿粉必须干燥、洁净,其质量应符合表 2-16 的技术要求。

沥青混合料用矿粉质量要求 表 2-16

项目	单位	高速公路、一级公路	其他等级公路	试验方法
表观相对密度,不小于	t/m³	2.50	2.45	T 0352
含水率,不大于	%	1	1	T 0103 烘干法
粒度范围	%	100	100	T 0333
	%	90~100	90~100	
	%	75~100	70~100	
外观	—	无团粒结块		
亲水系数	—	<1		T 0353
塑性指数	%	<4		T 0354
加热安定性	—	实测记录		T 0355

(4)沥青。沥青是沥青混合料重要的原材料,对其技术指标有严格的要求,见表 2-17。

道路石油沥青技术要求

表 2-17

指标	单位	等级	沥青标号																	试验方法
			160 号①	130 号④	110 号			90 号					70 号③					50 号③	30 号④	
针入度(25℃,5s,100g)	0.1m		140 ~ 200	120 ~ 140	100 ~ 120			80 ~ 100					60 ~ 80					40 ~ 60	20 ~ 40	T 0604
适用的气候分区			注④	注④	2-1	2-2	2-3	1-1	1-2	1-3	2-2	2-3	1-3	1-4	2-2	2-3	2-4	1-4	注④	
针入度指数 PI②		A	−1.5 ~ +1.0																	T 0604
		B	−1.8 ~ +1.0																	
软化点(R&B),不小于	℃	A	38	40	43			45			44		46		45			49	55	T 0606
		B	36	39	42			43			42		44		43			46	53	
		C	35	37	41			42					43					45	50	
60℃动力黏度②,不小于	Pa·s	A	—	60	120			160			140		180		160			200	260	T 0602
10℃延度②,不小于	cm	A	50	50	40			45	30	20	30	20	20	15	25	20	15	15	10	T 0605
		B	30	30	30			30	20	15	20	15	25	10	20	15	10	10	8	
15℃延度②不小于	cm	A、B	100															80	50	
		C	80	80	60			50					40					30	20	
蜡含量(蒸馏法),不大于	%	A	2.2																	T 0615
		B	3																	
		C	4.5																	
闪点,不小于	℃		230					245					260							T 0611

续上表

指标	单位	等级	沥青标号							试验方法
			160号① 130号④	110号	90号		70号③		50号③ 30号④	
溶解度,不小于	%		99.5							T 0607
密度(15℃)	g/cm³		实测记录							T 0603
TFOT(或 RTFOT)后⑤										T 0610 或 T 0609
质量变化,不大于	%		±0.8							
残留针入度比(25℃),不小于	%	A	48	54	55	57	61	63	65	T 0604
		B	45	50	52	54	58	60	62	
		C	40	45	48	50	54	58	60	
残留延度(10℃),不小于	cm	A	12	12	10	8	6	4	—	T 0605
		B	10	10	8	6	4	2	—	
残留延度(15℃),不小于	cm	C	40	35	30	20	15	10	—	T 0605

注:①试验方法按照现行《公路工程沥青混合料试验规程》(JTJ 052—2000)规定的方法执行。用于仲裁试验求取 *PI* 时的 5 个温度针入度关系的相关系数不得小于 0.997。

②经建设单位同意,表中 *PI* 值、60℃动力黏度、10℃延度可作为选择性指标,也可不作为施工质量检验指标。

③70 号沥青可根据需要要求供应商提供针入度范围为 60～70 或 70～80 的沥青,50 号沥青可要求提供针入度范围为 40～50 或 50～60 的沥青。

④30 号沥青仅适用于沥青稳定基层。130 号和 160 号沥青除寒冷地区可直接在中低级公路上直接应用外,通常用作乳化沥青、稀释沥青、改性沥青的基质沥青。

⑤老化沥青以 TFOT 为准,也可以 RTFOT 代替。

2)沥青混合料技术标准及拌和控制

(1)马歇尔试验。沥青路面混合料一般采用热拌,马歇尔试验应符合表 2-18 的技术要求。

热拌沥青混合料马歇尔试验技术标准

(本表适用于公称最大粒径 26.5mm 密级配沥青混凝土混合料)　　表 2-18

试验指标		单位	高速公路、一级公路				其他等级公路	行人道路
			夏炎热区(1-1、1-2、1-3、1-4)		夏热区及夏凉区(2-1、2-2、2-3、2-4、3-2)			
			中轻交通	重载交通	中轻交通	重载交通		
击实次数(双面)		次	75				50	50
试件尺寸		mm	ϕ101.6mm×63.5mm					
空隙率 *VV*	深约 90mm 以内	%	3~5	4~6	2~4	3~5	3~6	2~4
	深约 90mm 以下	%	3~6		2~4	3~6	3~6	—
稳定度 *MS* 不小于		kN	8				5	3
流值 *FL*		mm	2~4	1.5~4	2~4.5	2~4	2~4.5	2~5
矿料间隙率 *VMA*(%) 不小于	设计空隙率(%)		26.5	19	16	13.2	9.5	4.75
	2		10	11	11.5	12	13	15
	3		11	12	12.5	13	14	16
	4		12	13	13.5	14	15	17
	5		13	14	14.5	15	16	18
	6		14	15	15.5	16	17	19
沥青饱和度 *VFA*(%)			55~70	65~75			70~85	

(2)拌和过程控制。内容包括沥青混合料的上料速度、加热温度、拌和时间、出料速度、接料方式、单位产量、集料除尘及矿粉添加情况。沥青混合料的拌和时间,以使各种集料的所有颗粒能均匀地覆盖上沥青为度,且不小于 45s(其中干拌不小于 5~10s)。沥青混合料在运走之前,可以储存在一个绝热的储料仓内。储存超过 72h 或低于规定的最低温度的沥青混合料不得使用。根据前场施工情况在保证各配比不变的情况下,调整出料速度,确保除尘装置按预定的状态进行除尘。随时检查矿粉添加装置运转情况及添加比例,阴雨天更要注意。

监理人员要全过程旁站。特别注意在沥青运送途中,沥青混合料应用帆布或其他适宜的覆盖物牢固地覆盖。

(3)温度控制。内容包括沥青加热温度、矿料加热温度、烘干温度、热料仓温度、储料仓温度。所用温度计应读数方便,拌和场沥青混合料的温度应符合表 2-19 的各项规定。

监理人员要牢记各温度范围,对各温度指标进行全过程监控。对于成品料车装车温度,每车必测并检查混合料的均匀性,经监理人员签认后方可出场。

3)沥青混合料摊铺碾压控制

(1)现场控制。对机械、人员、材料开工前必须检查。运送沥青混合料的卡车应有紧密、清洁、光滑的金属底板,底板应涂一薄层油水(柴油和水的比例可为 1:3)混合液,以防止混合料黏到底板上,但不得有余液积聚在车厢底部。在沥青混合料摊铺前,必须进行下面层表面的清理工作从而达到表面干燥、清洁,无松散石料、灰尘与杂质。清理宽度应满足摊铺沥青路面面层接缝的要求;对纵向接缝应是连续平行的;与横坡变坡线的重合在 150mm 以内;与下卧层接缝错位至少150mm;应位于通行车辆轮迹之外,在表面层应位于设计的车道标线下面;全部是热接缝;横缝应与铺筑方向大致成直角,上、下层的横缝至少应错开1m以上。

热拌沥青混合料的施工温度(℃)　　表2-19

施工工序		石油沥青的标号			
		50号	70号	90号	110号
沥青加热温度		160~170	155~165	150~160	145~155
矿料加热温度	间隙式拌和机	集料加热温度比沥青温度高10~30			
	连续式拌和机	矿料加热温度比沥青温度高5~10			
沥青混合料出料温度		150~170	145~165	140~160	135~155
混合料储料仓储存温度		储料过程中温度降低不超过10			
混合料废弃温度,高于		200	195	190	185
运输到现场温度,不低于		150	145	140	135
混合料摊铺温度,不低于	正常施工	140	135	130	125
	低温施工	160	150	140	135
开始碾压的混合料内部温度,不低于	正常施工	135	130	125	120
	低温施工	150	145	135	130
碾压终了的表面温度,不低于	钢轮压路机	80	70	65	60
	轮胎压路机	85	80	75	70
	振动压路机	75	70	60	55
开放交通的路表温度,不高于		50	50	50	45

(2)摊铺控制。摊铺机应匀速前进,其工作效率应与混合料的供给量相配合,以达到连续摊铺的目的。除特殊情况外,一般不允许在摊铺机后面用人工随机摊铺沥青混合料。摊铺机料斗尽量减少"收抖"频率,避免离析。在摊铺时,沥青混合料的最低温度应符合表2-19的规定。当施工气温低于10℃(高速公路、一级公路),不宜摊铺沥青混合料。每台摊铺机应配备两台长度大于16m的自动找平装置,并牢固地安装在摊铺机两侧,与整平板自动控制的传感器相组合,以控制混合料铺面的摊铺厚度和平整度。其中,横坡控制器应能让整平板保持理想的坡度。如果自控系统出现故障,承包人可以用手控方式完成当天的工作,但必须首先肯定手控方法能取得满意的效果,然后等自控系统恢复正常运转后,方能继续施工。

监理人员应对以上控制内容进行全过程旁站,在开工前一定要检查摊铺机熨平板的加热情况。

(3)碾压控制。根据施工要求,选择各种压实机械和设备如下:

双轮钢筒式压路机:6~8t;

三轮钢筒式压路机;8~12t,12~15t;

轮胎压路机:12~20t,12~15t;

振动压路机:2~6t,6~14t;

手扶式小型振动压路机:1~2t;

振动夯板:质量不小于180kg,振动频率不小于3000次/min;

人工热夯。

在沥青混合料碾压时,压实过程可分为初压、复压、终压三个阶段,各阶段压路机碾压速度见表 2-20 规定。初压应在混合料摊铺后较高温度下进行，并不得产生推移、开裂，压实温度应根据沥青稠度、压路机类型、气温、铺筑层厚度、混合料类型经试铺试压确定。初压时压路机应从外侧向中心碾压。相邻碾压带应重叠 1/3 ~ 1/2 轮宽，最后碾压路中心部分。复压的碾压遍数应经试压确定，不宜小于 4 ~ 6 遍，达到要求的压实度，并无显著轮迹。当采用轮胎压路机时，相邻碾压带应重叠 1/3 ~ 1/2 的碾压轮宽度；或采用振动压路机时，相邻碾压带重叠宽度为 10 ~ 20cm，振动压路机倒车应先停止振动，并在向另一方向运动后开始振动，以避免混合料形成鼓包。终压应紧接在复压后进行。终压遍数不宜少于 2 遍，碾压后应无轮迹。路面压实成型的终了温度也应符合表 2-19 的要求，在整个碾压过程中，压路机起动、停止都必须减速缓慢进行。压路机的洒水装置一律采用喷洒洁净雾状水方式。

压路机碾压速度（km/h）　　表 2-20

压路机类型	初压		复压		终压	
	适宜	最大	适宜	最大	适宜	最大
钢管式压路机	1.5 ~ 2	3	2.5 ~ 3.5	5	2.5 ~ 3.5	5
轮胎压路机			3.5 ~ 4.5	8	4 ~ 6	8
振动压路机	1.5 ~ 2（静压）	5（静压）	4 ~ 5（振动）	4 ~ 5（振动）	2 ~ 3（静压）	5（静压）

监理人员要全过程旁站，碾压温度应 15m 测一点，到场混合料摊铺前每车必测。

4）沥青路面施工质量试验检测

（1）承包人试验室。承包人施工自检试验有：

①马歇尔室内试验。注意严格按照规范要求控制试件温度，确保标准密度能真实反映路面压实情况。

②抽提试验。注意标定泄入抽提液的矿粉数量。

③原材料检查。包括：集料规格含泥量及各力学物理指标；沥青取样进行三大指标检测；沥青混合料进行马歇尔试验。

（2）监理试验室内容同上。监理抽检试验按承包人施工试验室频率的 20% 或根据实际需要进行。

（3）施工结束后质量检测。施工结束后按表 2-21 内容和方法进行检测，如不合格则进行维修或返工。

沥青混凝土面层和沥青碎（砾）石面层实测项目　　表 2-21

项次	检查项目		规定值或允许偏差		检查方法和频率	权值
			高速公路 一级公路	其他公路		
1	压实度（%）		试验室标准密度的 96%（*98%）； 最大理论密度的 92%（*94%）； 试验段密度的 98%（*99%）		按（JTG F80/1—2004）附录 B 检查，每 200m 测 1 处	3
2	平整度	σ（mm）	1.2	2.5	平整度仪：全线每车道连续按每 100m 计算 *IRI* 或 σ	2
		IRI（m/km）	2.0	4.2		
		最大间隙 *h*（mm）	—	5	3m 直尺：每 200m 测 2 处 × 10 尺	2

续上表

项次	检查项目		规定值或允许偏差		检查方法和频率	权值
			高速公路 一级公路	其他公路		
3	弯沉值(0.01mm)		符合设计要求		按(JTG F80/1—2004)附录I检查	2
4	渗水系数		SMA路面 200mL/min; 其他沥青混凝土 路面300mL/min	—	渗水试验仪:每200m测1处	2
5	抗滑	摩擦系数	符合设计要求	—	摆式仪:每200m测1处; 横向力系数测定车: 全线连续,按(JTG F80/1-2004) 附录K检查	2
		构造深度			铺砂法:每200m测1处	
6	厚度 (mm)	代表值	总厚度:设计值 的-5% 上面层:设计值 的-10%	-8% H	按(JTG F80/1—2004)附录H 检查,双车道每200m测1处	3
		合格值	总厚度:设计值 的-10% 上面层:设计值 的-20%	-15% H		
7	中线平面偏位(mm)		20	30	经纬仪:每200m测4点	1
8	纵段高程(mm)		±15	±20	水准仪: 每200m测4断面	1
9	宽度 (mm)	有侧石	±20	±30	尺量:每200m测4断面	1
		无侧石	不小于设计			
10	横坡(%)		±0.3	±0.5	水准仪:每200m测4处	1

注:①表内压实度可选用其中的1个或2个标准评定,选用两个标准时,以合格率低的作为评定结果。带*号者是指SMA路面,其他为普通沥青混凝土路面。

②表列厚度仅规定负允许偏差。其他公路的厚度代表值和合格值允许偏差按总厚度计,当总厚度≤60mm时,允许偏差分别为-5mm和-10mm;总厚度>60mm时,允许偏差分别为-8%和-15%的总厚度,H为总厚度(mm)。

二、水泥混凝土路面质量监理

1. 水泥混凝土路面原材料质量要求

水泥混凝土路面施工过程是一项较复杂的系统工程,它的施工涉及到路面的结构、水泥混凝土混合料的特性、施工机械的配置、施工技术和施工工艺,以及科学的组织管理等诸多重大的技术和管理问题。只有在施工过程中,严格对每一个施工环节进行质量技术控制,才能有效保证水泥混凝土路面的施工质量。

1)水泥

用于水泥混凝土路面的水泥通常有硅酸盐水泥、普通硅酸盐水泥等。

硅酸盐水泥、普通硅酸盐水泥技术要求应符合表2-22的规定。

硅酸盐水泥、普通硅酸盐水泥技术要求　表2-22

技术指标	要求标准		备　注
	硅酸盐水泥	普通硅酸盐水泥	
不溶物	Ⅰ型0.75% Ⅱ型1.5%		按GB 176进行试验
氧化镁	不得超过5.0%;如果安定性合格,MgO含量允许到6.0%		按GB 176进行试验
三氧化硫	不得超过3.5%		按GB 176进行试验
烧失量	Ⅰ型不得大于3.0% Ⅱ型不得大于3.5%	不得大于5.0%	按GB 176进行试验
细度	比表面积大于$300m^2/kg$	80μm方孔筛筛余不得超过10.0%	按GB 1345进行试验
凝结时间	初凝:不得早于45min 终凝:不得迟于390min	初凝:不得早于45min 终凝:不得迟于10h	按GB 1346进行试验
安定性	用沸煮法检验必须合格		按GB 750进行试验
碱含量	水泥中的碱含量不得大于0.6%		

硅酸盐水泥、普通硅酸盐水泥强度标准应符合表2-23规定。

硅酸盐水泥、普通硅酸盐水泥强度标准　表2-23

品　种	强度等级	抗压强度(MPa)		抗折强度(MPa)	
		3d	28d	3d	28d
硅酸盐水泥	42.5 42.5R	17.0 22.0	42.5 42.5	4.0	6.5
	52.5 52.5R	23.0 27.0	52.5 52.5	4.0 5.0	7.0 7.0
	62.5 62.5R	28.0 32.0	62.5 62.5	5.0 5.5	8.0 8.0
普通硅酸盐水泥	32.5 32.5R	11.0 16.0	32.5 32.5	2.5	5.5
	42.5 42.5R	16.0 21.0	42.5 42.5	3.5 4.0	6.5 6.5
	52.5 52.5R	22.0 26.0	52.5 52.5	4.0 5.0	7.0 7.0

2)粗集料(碎石或砾石)

粗集料应质地坚硬、耐久、耐磨耗,有良好级配,表面清洁,最大粒径不应超过40mm,其物理—力学指标与级配应满足表2-24~表2-26的技术要求。

水泥混凝土用碎石技术要求　表 2-24

项　目		技术要求
颗粒级配		见表 2-26
石料强度等级		≥3 级
压碎指标值(%)	火成岩	13 ~ 16
	变质岩或深成的火成岩	16 ~ 20
	浅成的或喷出的火成岩	21 ~ 30
针片状颗粒含量(%)		≤15
硫化物及硫酸盐含量(折算为 SO_3)(%)		≤1
含泥量(冲洗法)(%)		≤1

水泥混凝土用砂石技术要求　表 2-25

项　目	技术要求
颗粒级配	见表 2-26
空隙率(%)	≤45
石料强度等级	≥3 级
压碎指标值(%)	14 ~ 16
软弱颗粒含量(%)	≤5
针、片状颗粒含量(%)	≤15
硫化物及硫酸盐含量(折算为 SO_3)(%)	≤1
含泥量(冲洗法)(%)	≤1
有机物含量(比色法)	颜色不深于标准溶液的颜色

水泥混凝土用粗集料标准级配范围　表 2-26

级配类型	粒径	筛孔尺寸(圆孔)(mm)							
		40	30	25	20	15	10	5	2.5
		通过百分率(以质量计)(%)							
连续级配	5 ~ 40	95 ~ 100	55 ~ 69	39 ~ 54	25 ~ 40	14 ~ 27	5 ~ 15	0 ~ 5	
	5 ~ 30		95 ~ 100	67 ~ 77	44 ~ 59	25 ~ 40	11 ~ 24	3 ~ 11	0 ~ 5
	5 ~ 20				95 ~ 100	55 ~ 69	25 ~ 40	5 ~ 15	0 ~ 5
间断级配	5 ~ 40	95 ~ 100	55 ~ 69	39 ~ 54	25 ~ 40	14 ~ 27	5 ~ 15	0 ~ 5	
	5 ~ 30		95 ~ 100	67 ~ 77	44 ~ 59	25 ~ 40	11 ~ 24	3 ~ 11	0 ~ 5
	5 ~ 20				95 ~ 100	55 ~ 69	25 ~ 40	5 ~ 15	0 ~ 5

3)细集料

细集料应质地坚硬、耐久、颗粒洁净,符合规定的级配,细度模数宜在 2.5 以上。细集料的技术要求与级配范围应符合表 2-27 和表 2-28 的规定。

水泥混凝土用细集料技术要求　表 2-27

项　目	技术要求	项　目	技术要求
硫化物及硫酸盐含量(折算为 SO_3)(%)	≤1	有机物含量(比色法)	颜色不深于标准溶液的颜色
含泥量(冲洗法)(%)	≤1		

细集料标准级配范围　表 2-28

级配分区	筛孔尺寸(mm)						
	圆　孔		方　孔				
	10	5	2.5	1.25	0.06	0.30	0.15
	通过百分率(以质量计)(%)						
I 区	100	90 ~ 100	65 ~ 95	35 ~ 65	15 ~ 29	5 ~ 20	0 ~ 10
II 区	100	90 ~ 100	75 ~ 100	50 ~ 90	30 ~ 59	8 ~ 30	0 ~ 10
III 区	100	90 ~ 100	85 ~ 100	75 ~ 90	60 ~ 84	15 ~ 45	0 ~ 10

4)水

一般人及牲畜的饮用水均适用于混凝土集料清洗、拌和及养生。对于非饮用水,经化验符合下列要求时也可使用:

(1)硫酸盐含量(SO_4^{2-}计)小于2.7mg/cm³。

(2)盐含量(CL^-)不超过5mg/cm³。

(3)pH值大于4。

5)外加剂

根据施工需要,混凝土可采用外加剂,但必须是经过有关部门检验并附有检验合格证明的产品,其性能应符合《缓凝高效减水剂》(GB 8076—97)的规定。使用前复验其效果,并通过性能检验和配合比试验。外加剂的掺量和掺加方法应符合生产厂家的规定,并经试验验证。从生产厂家进场的不同批次的外加剂必须要不同批次的质量检验合格证明。

2. 水泥混凝土路面混合料质量要求

1)水泥混凝土配合比设计

混凝土的配合比设计,应根据设计弯拉强度、耐久性、耐磨性、水温稳定性(指抗变形特性)及施工和易性等要求和经济合理的原则,选择原材料,通过试配满足原材料质量与级配的要求;通过试验或经验确定配合比所选用的砂率;选定配合比中的水灰比以确定水泥用量及用水量,然后在室内制备成试件,根据混凝土的设计要求可制成梁式试件(15cm×15cm×55cm)或立方体试件(15cm×15cm×15cm),再在标准温度的水中养生到一定龄期(7d或28d)后进行抗折或抗压强度试验,其试验结果应满足下式要求:

$$R_{配} \geqslant R_{设} + Z_a S$$

式中:$R_{配}$——试配混凝土28d龄期强度平均值(MPa);

$R_{设}$——路面设计时要求的抗折(或抗压)强度(MPa);

S——混凝土试件强度的标准差;

Z_a——保证率系数,对高速、一级公路一般取1.645(95%的保证率)。

通过室内试验确定的室内配合比,一般称理论配合比。然后再通过拌和站试拌检查其坍落度及标准条件下养护28d的抗折或抗压强度,看其是否满足要求,最后确定出施工用配合比。同时也要计算出水泥、粗集料、细集料含水率的变化,应随时调整用水量,以满足施工和易性的要求。

2)混凝土设计弯拉强度和弹性模量要求

混凝土设计弯拉强度和弹性模量应满足表2-29的要求。

混凝土设计弯拉强度与弹性模量　　表2-29

交通等级	特重	重	中等	轻
设计弯拉强度f_{cm}(MPa)	5.0	5.0	4.5	4.0
弯拉弹性模量E_c(10^3MPa)	30	30	28	27

3. 水泥混凝土路面施工准备阶段质量监理

施工准备阶段的监理工作有以下几项:

1)审批原材料

开工前承包人应在所选定的料场中,取有代表性的样品,按规定的试验方法对原材料进行自检试验。检查原材料是否满足施工技术规范的要求，并将试验结果和产品质量合格证书一并报监理工程师审查。监理工程师逐一审查，必要时进行抽检试验认证合格后，予以批准使用。

2）审批混合料配合比

承包人在开工前，用经监理工程师批准使用的原材料进行混凝土配合比试验，以确定满足抗折或抗压强度要求的混合料的施工用配合比，报监理工程师审批。监理工程师对承包人报检的配合比，经审核并通过试拌认证合格后，批准承包人在工程施工中使用。

3）审查承包人主要机械设备的配置及调试情况

在开工前承包人应自行检查为本工程施工所配置的主要机械设备与配套设备的数量与运行质量，并将检查、调试结果报监理工程师审查。监理工程师应按照承包人报检的设备清单及质量自检结果，根据施工规范对混凝土路面施工精度的要求对下列项目进行逐一检查。

（1）混凝土混合料拌和设备。

（2）摊铺与振实设备，高等级公路水泥混凝土路面的摊铺必须采用机械摊铺。

监理工程师对选定的施工方法及配套的施工机械设备进行检查合格后，予以批准。对不能满足施工精度要求或功能不全的机具，应禁止使用；基层强度不符合要求者，不得进行路面摊铺。

4）模板、传力杆、拉杆制作质量检查

混凝土路面浇筑前，应对模板、传力杆、拉杆的加工制作质量进行逐一检查。

模板应具有足够的强度和刚度。模板的高度、每块模板顶面平整度、沿长度方向的顺直度以及传力杆、胀缝板、拉杆的制作质量不超过规定的允许偏差。对加工精度不合格的模板、传力杆、拉杆均不得在施工中使用。

5）施工放样数据审核

模板安装之前，应复测、审核施工放样数据，确保准确无误。

6）试验路段的浇筑

对施工难度较大，缺乏施工经验的混凝土路面的施工，宜事先浇筑面积不小于 $400m^2$ 的路段。根据试验日的，从中总结经验，采集施工数据，规范施工操作，核查机具、人员的组织安排情况，为正式开工做好准备。

7）批准开工

经监理工程师审核，施工准备工作就绪，确实具备开工条件，可批准开工。

4. 水泥混凝土路面施工阶段质量监理

1）模板的制作与安装

（1）施工测量。根据设计图纸放出中线桩，一般要求中心线桩每 10 ~ 15m 一个，桩顶要以漆点或小铁钉标出正确中线位置；根据已放出的中心桩，钉出混凝土面板的两条边线桩，边线桩用特别加工的钢钎打入（长 40 ~ 50cm，ϕ12.0mm）并高出基层面 30cm，钢钎打入基层面时，需用水平尺靠，以保证钢钎的垂直度；为保证线形的顺直，一般要求直线用线绳拉通，并微调每根钢钎，并与中线桩逐桩进行距离校核，以保证中心线桩与面板线平行及位置准确。面板的宽度应以两钢钎的外侧为准，为后序工作立模做好控制准备，拉紧两边线绳，校核面板宽度。

在高程测量中，抄平应逐钢钎进行，塔尺立在钢钎顶端，并做好水准记录，计算出高程与面板顶高程进行对比，把面板顶高程位置用红铅笔画在钢钎上，以安装模板用。按设计要求，放出纵缝、横缝线条，在要求涂沥青时，避免沥青材料积存，以防影响面板混凝土质量。

（2）模板的选用及要求。模板应为钢模且应符合路面平、纵、横设计的要求。并配有合适的装置，便于装拆，并保证模板连接牢固可靠，支立稳固；以准确的平面为准，模板顶面在 3m 长度上不应出现大于 2mm 的偏差，其内表面的偏差也不应超过 6mm。

模板的接头应用海绵条加以密封，相邻板高差不超过 2mm。模板与基层的接触处应用高标号砂浆提前 2d 填塞好，内边缘要切齐，下次施工前应予以清理。模板的接头和模板与基层的接触处均不得漏浆；在模板上穿拉杆时，其孔眼直径不宜太大，以方便安装及模板拆卸为宜，且要采取措施保证其不漏浆。

模板制作的质量应满足表 2-30 的要求。

模板制作质量要求　　表 2-30

检查项目	质量要求或允许偏差	检查项目	质量要求或允许偏差
模板高度	±5mm	模板顺直度（沿纵向）	5mm/10m 拉线
模板顶面平整度	1～2mm/3m 直尺		

（3）模板的安装。模板是在完全符合质量标准的基层上进行支立。按照施工测量已放好的面板两条边线进行模板排放，排放模板不能直接靠近已定好的模板内侧钢钎桩，并对模板逐个进行检查，凡不符合质量要求及有缺陷的模板，未经修理不能使用；按照施工测量标出的高度、拉通线，然后进行模板初连接，纵向线条、高程都以通线为准，在实际连接安装中应保证模板线条顺直，模板内表面与基层面垂直，底部与基层面接触密合。

模板安装质量应满足表 2-31 的要求。

模板安装质量要求　　表 2-31

检查项目	质量要求或允许偏差	检查项目	质量要求或允许偏差
模板立面离路中线距离	±5mm	模板立面顺直度	±5mm/10 控线
模板起讫点平面坐标	±5mm	模板顶面距离基层顶面高度	路面设计厚度 ±5mm
模板起讫点高程	±3mm	横向模板与纵向模板连接处高差	≤1mm
模板顶面平整度	3m 直尺，大间隙≤1mm		

在符合通线标准后，为防止模板的变动进行初固定是十分重要的，连接的螺母不能拧紧，固定钢钎深入基层 1/3；一般情况下模板固定应采取与测量相结合的办法，即测量一段固定一段再重测一遍。主要测量面板宽度、模板顶高程、模板垂直度、模板的顺直及光滑度、模板两内侧线与中线的距离。

（4）模板的使用要求。模板长度一般都为日施工长度的 3～3.5 倍，支立长度以 200～300m 为宜；模板在安装、拆除过程中不允许过猛用撬杠撬动或使用重锤敲打，运输的装卸车应轻放装卸，绝不允许从地面向车内或从车上向地面抛丢，以防边条及侧模的变形，影响模板安装质量；模板每使用一次，都应及时清理混凝土残渣，涂刷脱模剂或其他润滑物质（如肥皂、洗衣粉水、废机油等），并逐块进行模面平整、边条顺直、螺钉坚固和斜撑牢靠等方面的检查，对不合格的模板应及时送交修理，不能带残进行施工；钢模板不使用时，应将水泥浆全部清理，并涂刷机油，码好堆放，底部应垫离地面30cm，并要有防雨篷布，以防生锈，旁站监理应加强控制。

(5)模板的检查验收。浇筑混凝土前对已支好的模板，承包人应进行详细彻底的检查，结果上报监理工程师审查，检查内容包括：

①支立模板要符合设计的平面位置与高程，支立准确，侧面垂直、稳固，接头紧密平顺，不得有离缝、前后错茬和高低不平等。

②模板的顶面应用3m直尺检查，其偏差不得超过2mm；直线段拉通线检查，偏差不应超过3mm；面板宽度、中线位置偏差不应大于2mm，高程用水准仪检查，偏差在规定范围内。

③模板支立好后，应各节紧密连接下来，不允许偏差，模板接缝在任何方面都不能松动，支撑稳定，铁钎牢固。

2)混凝土拌和与运输

(1)混凝土拌和设备。对高等级公路来讲，由于设计技术标准高，质量要求严格，因此在混凝土路面施工中，监理工程师要对拌和设备有明确的要求。

①搅拌站的容量应能满足施工进度的要求。

②应配备自控配料装置。

③机械性能良好，运装、开关正常，计量准确，误差不应超过规范规定。

④堆料仓设计合理，各种粗、细集料相隔清楚，无混料现象。

⑤为保证混凝土浇筑工作不中断，施工不停顿，工地应根据具体情况备用拌和机。

(2)配料。施工配料应严格按工地试验确定，按监理工程师批准的设计配合比进行配料；试验人员应根据现场各种因素的变化，随时做各种材料的试验，调整施工配料，以满足设计配合比。做试验时应注意以下几点：

①原材料的取样，应有代表性。

②天气有变化，应及时做原材料含水率试验，调整施工配合比。

③按照气候的变化(晴、日光强，每天的早、中、晚、阴、风)随时测定坍落度，掌握蒸发量，以采取措施。

(3)拌和方法。搅拌站操纵室的配料盘或配料指示键应随时进行检查，使之完全符合配合比通知单，意味着控制在允许值以内，操纵室工作人员无权进行配合比的更改。搅拌站操作人员应严格按监理工程师的指令进行开拌、停拌。为避免第一盘混凝土被拌和壁等吸咐而影响质量，一般在拌和前，先加少量水泥、砂和水拌成水泥浆，控制值不宜太大，以够拌和等吸咐。如有多余应将砂排弃，水泥∶砂=1∶2。然后再按次序进料，进行正常运转。每班拌和结束或因故中断拌和1h以上，均应冲刷拌和机内壁，冲洗时可倒入适量石料，加水搅拌一定时间，再将石料卸出，使其保持清洁，如较长时间搁置不用，要有防锈措施。

混凝土原材料按质量计的允许误差为：

①水泥：±1%。

②粗细集料：±3%。

③水：±1%。

④外加剂：±2%。

搅拌时间应由拌和机的性能和混凝土混合物和易性确定，从材料全部进入搅拌机起到拌和物开始出料止的连续拌搅时间，应符合表 2-32 规定。

混凝土拌和物最短搅拌时间规定 表 2-32

拌和机容量		转速(r/min)	搅拌时间(s)	
			低流动性混凝土	干硬性混凝土
自由式	400L(0.4m^3)	18	105	120
	800L(0.8m^3)	14	165	210
强制式	357L(0.357m^3)	38	90	100
	1500L(1.5m^3)	20	180	240

(4)混凝土的运输。运输混凝土拌和物的方法和机具的选择，应适合工程的规模和工地具体条件，混凝土面板施工由于工程量大，运输距离较长，因此应选用自卸车或混凝土搅拌运输车进行运输，运输车辆数量以摊铺工作不间断为准；自卸车运输混凝土拌和物坍落度应小于5cm(5cm 以上应用搅拌车)。从搅拌混凝土开始到铺筑应控制在 1h 以内，施工现场应根据现场的各种条件，即气温、混凝土的温度、配合比、铺筑条件、外加剂等，制订满足混凝土质量要求的最小限制时间。

混凝土在运输过程中应防止产生离析现象，注意改善运输条件，经常性地进行道路平整，掌握好卸料高度(不应超过 1.5m)。注意装料在车厢内要平整，自卸汽车在装混凝土拌和物前先用水冲刷干净且不留残水，使用完毕需用水冲刷并清除混凝土拌和物残渣。

混凝土拌和物在运输过程中，为防止表面蒸发干燥，应用帆布或其他防蒸发物保护表面，并应有人专门进行检查，根据混凝土面板施工的性质，要求施工安排应合理，机械组织应配套，工序衔接应紧凑，时间控制应严密，一般情况从搅拌出料至浇筑完毕的最长时间应控制在表 2-33 范围内。但由于运输时间较长，气温较高，可根据具体情况，经过试验采取加限温剂的措施，以满足施工需要。

混凝土搅拌机出料至浇筑完毕的允许最长时间 表 2-33

施工气温(℃)	允许最长时间(h)	施工气温(℃)	允许最长时间(h)
5 ~ 10	2.0	20 ~ 30	1.0
10 ~ 20	1.5	30 ~ 35	0.75

3)混凝土的浇筑

混凝土的浇筑作业，是多工种、多工序进行组合的流水作业。为铺筑符合质量要求的混凝土面板，必须认真按照施工技术规范及施工操作规程有计划、有组织地进行施工。

(1)卸混凝土拌和料。卸混凝土有自卸汽车直接卸的方法及专用机械卸混凝土的方法，无论采用那种卸料方法，其卸料好坏对下道工序铺筑作业的难易影响很大，且对混凝土平整度等都有影响。在卸料之前应对运至工地的混凝土稠度及拌和的离析状态进行仔细观察，质量不符合要求的混凝土不能使用。

采用直接卸混凝土料的方法，把混凝土拌和料卸成一个大堆，粗集料容易离析且由于冲击力及自重原因使混凝土堆积周围、中心、上部、下部各密度不同，由此形成摊铺振捣后的混凝土的高度及密度均不同，严重影响混凝土面板的质量。卸料时应按下列步骤及方法进行：

①自卸车应按照指定的路线及卸料地点进行行驶和卸料，进入铺筑车道内时，自卸汽车后退进入卸料地方，并要注意不能在铺筑车道内猛刹车碰撞模板及其他施工设备及设施。

②卸料堆不能离模板太近，以堆料的坡脚离模板50cm为宜，以防粗集料集中在模板边，形成蜂窝。

③卸料不宜一车一堆，应一车多堆，尽可能减少大堆使混凝土密度不均匀，要求自卸汽车缓缓起高卸料，有经验可采取行走卸料的方法，但必须注意，行走卸料的厚度满足摊铺厚度并有一定的余高，个别地方需人工补料，应采用“扣锹”的方法，禁止采用反锹的方法。

(2)布料。均匀地倾倒和分放混凝土是保证均匀的密度和平整度的前提，人工摊铺是靠人工进行布料，把分堆卸在基层上的混凝土拌和料用铁锹搬运并均匀地摊铺在基层上，铁锹搬运混凝土料应采用“扣锹”即用铁锹铲起混凝土后将铲直接运至需要料的位置上方，再反过来，这样可以防止混凝土发生离析，严禁使用耙齿进行搂耙布料。

进行布料工作时，应注意下列几点：

①混凝土拌和料的摊铺厚度要以振捣机具的振捣影响深度来确定，要求对摊铺厚度进行鉴定(钻孔取芯，锯面板厚度等)，如不能满足密度的要求应分层铺筑，分层铺筑时下层厚为总厚的3/5，上部为2/5，分两层铺筑时要注意铺筑长度，一般铺筑速度控制在下层混凝土初凝之前，以10~20m为宜。

②如设钢筋网时，分层铺筑应以钢筋网片设计高度位置进行分层，即第一层厚度为钢筋网片设计高度位置加钢筋的沉落度，第二层完成铺筑厚度。

③根据混凝土拌和料的稠度，正确确定布料厚度是保证混凝土面板施工质量的关键一环，也是减轻人工工作强度的首要问题，因此在施工中要不断进行摸索，不断总结经验，不断试验、验证，取得真正满足质量要求的布料高度。一般情况下布料高度等于面板设计厚度增加20%~30%。人工布料除设有钢筋网外，一般按一层施工，但布料厚度一定要掌握好，采取宁低勿高的办法，因为靠人工铲除已振过的混凝土拌和料，其劳动强度大且影响混凝土的均匀性，而补充料就容易多了。要注意布料长度，应与后续工序紧紧地衔接，不宜过长，以增加工作的难度。

④沿模板及传力杆组装件附近布料时，注意不要使离析的混凝土集中在这些地方，同时还必须注意不要使模板及传力杆组装件变形、移位，要求操作人员在靠近模板及传力杆组装件附近采用多次布料的办法，以免钢筋和模板变形、移位，影响混凝土面板的质量。

(3)混凝土接缝施工及拉杆钢筋网的安装。混凝土面板由于设计的不同，路面配筋也不同，大体上讲面板配筋有钢筋网片、角隅筋、胀缝传力杆、纵缝、工作缝拉杆等。不论采用哪种钢筋，钢筋的型号、质量、强度、间距、长度应符合设计技术要求，无断伤和刻痕，钢筋顺直无锈蚀，表面洁净，绑扎牢固，若采用电焊，应无裂缝，焊皮要全部清除。安装了的钢筋网片及角隅钢筋严禁踩踏，以免使钢筋变形，位置变动。

①角隅钢筋施工，安放角隅钢筋时，将弯曲好的钢筋放在已摊铺一层混凝土拌和物的面上，摊铺高度应比钢筋设计位置预加一定的沉落度，一般高出设计位置2~3cm，然后在两端弯起处用混凝土拌和料压住，再继续进行混凝土摊铺。

②钢筋网施工，由于受力需要在板体内布置钢筋网时，其位置应根据受力情况而定，可靠

近板面或板底，施工时应严格按照设计位置安装。由于钢筋网片面积较大，要注意运输过程中的变形。

③纵缝施工。按划分车道的位置及在与路侧结构物相接处设计纵缝，结构上有假缝及直缝（平缝）两种，纵缝与路线中线平行，由于纵缝施工比较简单，因此规范未作详细说明，但在安装纵缝拉杆时应注意以下两点：

a. 纵缝拉杆钢筋与路线中心线垂直，且拉杆的中心位置应与分车道块的中心位置吻合，安装时应先用线绳拉出正确位置，然后定出钢筋的中心位置，摆放钢筋，其间距应正确；

b. 设置拉杆时，如为两层施工，可将拉力杆放在第一层的面上，再进行第二层施工，如全幅一次性铺筑施工可用拉杆压入设置。

④胀缝施工。胀缝可根据情况设在结构物处，每日混凝土铺筑完时可根据胀缝间距及铺筑混凝土的能力进行设置，胀缝是混凝土路面的最薄弱环节，胀缝应与路面中线垂直，缝壁必须垂直、缝宽要均匀。施工规范要求有切缝法施工及压缝法施工两种，而在施工中一般采用切缝施工。传力杆的设置应严格按下列要求进行：

a. 胀缝施工所需挡板必须为钢制，且保证有一定的强度，在混凝土侧压力作用下不产生挠曲形变。

b. 固定挡板用的铁桩距离宜为 50cm 左右。挡板与铁桩之间要放方木，贯通整条胀缝，以起到稳固挡板的作用。

c. 为不使传力杆移动，在接缝处应仔细轻轻摊铺混凝土，并用振捣棒捣实，接缝另一侧的滑动传力杆上面放一块薄木板，以防混凝土洒落在传力杆上。

（4）混凝土振捣与整平。

①混凝土的振捣。混凝土的振捣应注意以下几点：

a. 摊铺好的混凝土应迅速地利用振捣棒及平板振捣器等均匀并充分振捣，此时板边、角隅、接缝及设钢筋处应特别小心。面板宽度为 4 ~ 5m 时，需要的插入式振捣棒数量为 2 ~ 3 只（面板宽度的一半），平板振捣器 2 台（2.5kW 左右）。

b. 振捣时应充分振捣到表面泌出砂浆，但不能产生过振。

c. 插入式振捣器振捣时不可离模板太近，以免模板变形。

②混凝土的整平。整平工序是对振实后的混凝土表面进行修整，使混凝土表面平整致密。整平工序大致分为粗整平及精光整平两个步骤。

a. 振动梁主要作用是提浆刮平。

b. 在插入式振捣器振好后，再用平板振捣器大致振平。

c. 在施工接头处（或胀缝）要精抹且必须细心，保证新旧接缝的平顺。如果混凝土撒落到旧混凝土面板上应立即用扫帚清除，扫除时要防止浮浆进入新铺混凝土表面，再用铁抹从接缝处向新铺面一个方向重复抹压，直到新旧表面完全平顺为止。

d. 严禁洒水、撒水泥等非正常操作，防止造成混凝土面板的不均质，形成混凝土面板缝裂、脱皮、车辙等病害的产生。

普通水泥混凝土路面施工质量监理流程图如图 2-9 所示。

5. 水泥混凝土面层实测项目

水泥混凝土面层实测项目见表 2-34。

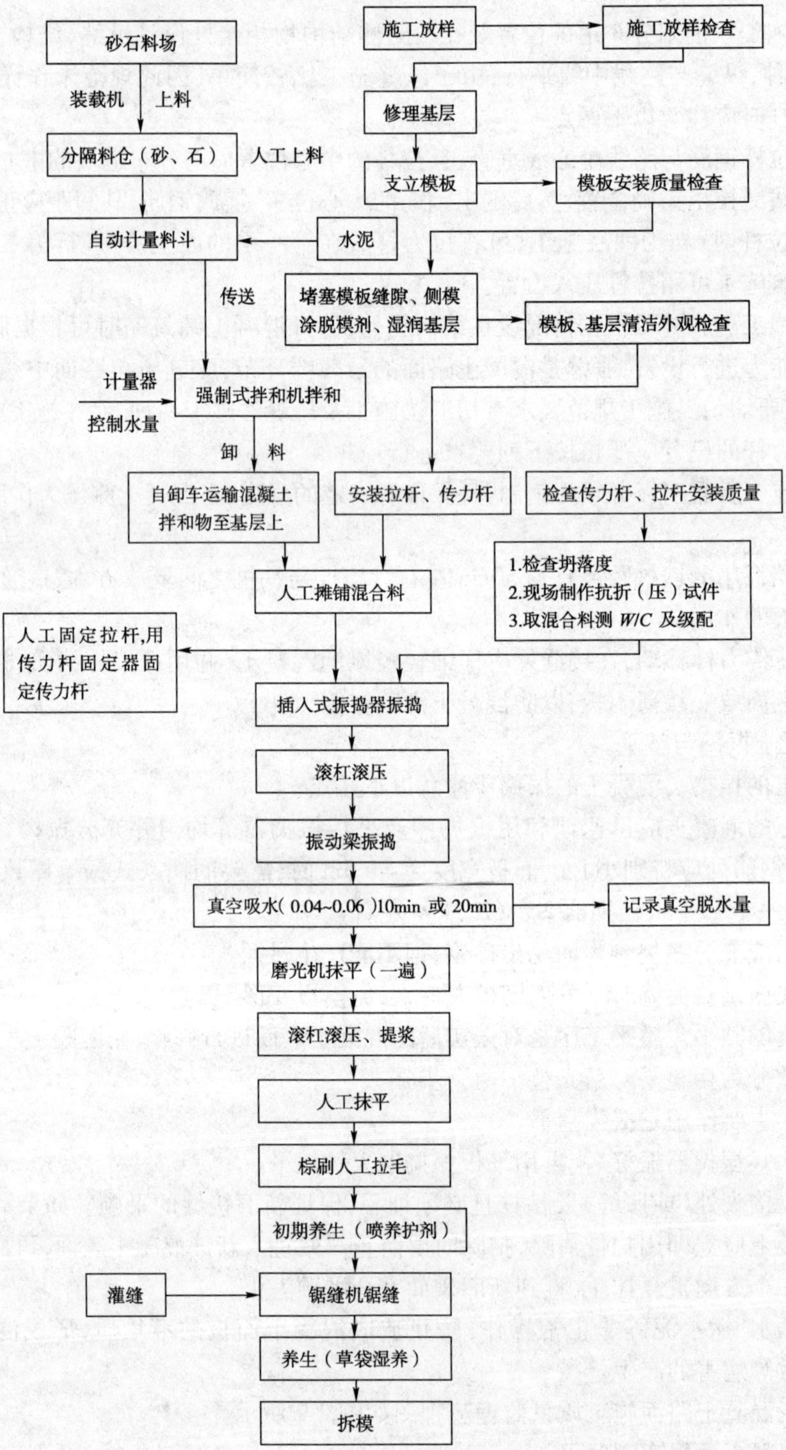

图 2-9 普通水泥混凝土路面施工质量监理流程图

水泥混凝土面层实测项目　　表 2-34

项次	检查项目		规定值或允许偏差：高速公路 一级公路	规定值或允许偏差：其他公路	检查方法和频率	权值
1△	弯拉强度(MPa)		在合格标准之内		按(JTG F80/1—2004)附录 C 检查	3
2△	板厚度(mm)	代表值	-5		按(JTG F80/1—2004)附录 H 检查,每 200m 每车道 2 处	3
		合格值	-10			
3△	平整度	σ(mm)	1.2	2.5	平整度仪:全线每车道连续按每 100m 计算 *IRI*、σ	2
		IRI(m/km)	2.0	4.2		
		最大间隙 h(mm)	—	5	3m 直尺:每 200m 测 2 处 ×10 尺	2
4	抗滑构造深度(mm)		一般路段不小于 0.7 且不大于 1.1;特殊路段不小于 0.8 且不大于 1.2	一般路段不小于 0.5 且不大于 1.0;特殊路段不小于 0.6 且不大于 1.1	铺砂法:每 200m 测 1 处	2
5	相邻板高差(mm)		2	3	抽量:每条胀缝 2 点;每 200m 抽纵、横缝各 2 条,每条 2 点	2
6	纵、横缝顺直度(mm)		10		纵缝 20m 拉线,每 200m4 处;横缝沿板宽拉线,每 200m4 条	1
7	中线平面偏位(mm)		20		经纬仪:每 200m 测 4 点	1
8	路面宽度(mm)		±20		抽量:每 200m 测 4 处	1
9	纵断高程(mm)		±10	±15	水准仪:每 200m 测 4 断面	1
10	横坡(mm)		±0.15	±0.25	水准仪:每 200m 测 4 断面	1

注:表中 σ 为平整度仪测定的标准差;*IRI* 为国际平整度指数;h 为 3m 直尺与面层的最大间隙。

●第八节　桥涵结构施工监理●

一、桥涵及小型构造物质量监理的要求

1. 桥梁基础质量控制的基本要求

桥梁基础的形式有明挖基础、桩基础、沉井基础等。现场监理工程师应充分阅读并了解设计提供的工程地质资料。

1)扩大基础

(1)基础开挖的大小应符合设计图纸和满足施工要求,当挖至基础高程,若水文、地质情况与设计图纸不符或测定基底承载力不能满足设计要求时,应会同设计、施工部门共同研究解决。

(2)基坑底部尺寸的大小应满足基坑本身立模及排水设施所需的施工面积。

(3)基坑边坡应视土质情况设置,且必须保持基坑边坡的稳定。

(4)如需采用各种板桩围堰,应根据土质及基坑深度经验算稳定性合格后方可设置。

(5)基础土方施工前或混凝土浇筑前,必须经现场监理人员检验合格,确认地基承载力能满足设计要求,并经监理工程师签认后方可进行下道工序。

(6)监理人员应认真填写基坑检查记录。

2)桩基础

桩基础按施工方法的不同,可分为钻孔桩基础、挖孔桩基础、沉入桩基础。

(1)钻孔桩质量控制的基本要求。

①钻机必须稳固,钻头应对准桩位中心线。

②在整个钻孔过程中,必须保持护筒内规定的水头高度和规定的泥浆稠度。

③成孔后,必须测量孔径、孔深、孔位倾斜度和沉淀层的厚度,确认满足设计图纸要求后,再灌注混凝土并填写灌注记录和现场质量检验报告单。

④不得有断桩。

⑤灌注水下混凝土的导管,事先必须严格检查,并做水压试验,确保不漏水。

⑥填写各类监理表格,最后经检验合格后填写分项工程质量检验评定表。

(2)挖孔桩质量监理的基本要求。

①挖孔桩只适用于无水或少水且较密实的土或岩石地层。

②挖孔桩井口围护应高出地面20~30cm,以防土石杂物滚入孔内伤人,孔深超过10m,应增设通风设备。

③挖孔达到设计深度以后,应进行孔底处理,必须做到无松渣、淤泥、沉淀等扰动过的软层。对于地质复杂地区,应勘探了解孔底以下地质情况是否能满足设计要求,否则应与有关单位研究处理措施。

2. 桥梁上部构造质量监理的基本要求

桥梁上部构造施工质量内容一般包括板、梁安装质量和桥面铺装质量。

1)大梁安装的质量要求

(1)落梁前,必须对垂直千斤顶及油泵进行检查,确认正常后,方可使用。

(2)自行组装的架梁设备,使用前都要进行荷载试验,试验重力应考虑到超载、风压等因素的影响。

(3)安装与架梁时,必须有可靠的安全措施。

(4)预应力混凝土安装就位时,梁内孔道压浆强度应达到设计要求。

2)桥面铺装质量要求

(1)水泥混凝土路面或沥青混凝土面层质量要求应按水泥混凝土路面或沥青混凝土路面施工技术规范执行。

(2)桥面泄水孔的进水口应略低于桥面面层,泄水不得冲刷墩台。

(3)桥面两边缘石安装必须平整直顺。

(4)桥面伸缩缝性能必须良好,功能可靠,缝面必须平整。

(5)桥面伸缩缝无堵塞、渗漏、变形和开裂现象。

3)栏杆安装质量要求

(1)栏杆安装必须牢固,线条直顺,整齐美观。

(2)栏杆与扶手接缝处的填缝料,必须饱满且平整,伸缩缝必须伸缩有效。

(3)栏杆扶手不得有断裂或弯曲。

3. 涵洞与通道质量控制的基本要求

1）圆管涵质量控制的基本要求

（1）钢管混凝土圆管预制或外购成品件，其质量必须符合设计要求。

（2）帽石及一字墙表面应平整，轮廓清晰，线条平直。

（3）各节安装应平直，管座混凝土应振捣密实，管节接缝宽度应符合施工规定。

2）拱涵质量控制的基本要求

（1）拱圈土方的砌筑，应由两端的拱脚向中间同时对称进行，砌筑时拱圈或支架不得有变形。

（2）拱圈强度（砌筑砂浆或现浇混凝土）应达到设计强度的70%时可拆除拱架，达到合格标准强度后，方可回填土，等拱圈达到设计强度后再拆拱架。

（3）沉降缝、防水层应按设计规定施工。

（4）涵身直顺，涵底铺砌密实平整，拱圈圆滑。

（5）进出水口与上下游沟槽连接顺适，流水畅通。

3）盖板箱涵（通道）质量控制的基本要求

（1）盖板箱涵预制或现场浇筑的混凝土质量，必须符合设计要求。

（2）沉降缝、防水层及台背回填土应按设计要求施工。

（3）盖板安装时必须坐浆稳固。

（4）帽石及一字墙应表面平整、轮廓清晰、线条平直。

（5）涵身平直、涵底铺砌密实平整。

（6）进出口与上下游沟槽连接顺适、流水畅通。

（7）帽石及一字墙或八字墙平直，无翘曲现象。

4. 构造物回填工程质量控制的基本要求

构造物回填一般指桥涵台背、挡土墙、桥台锥坡的填土。其工程质量控制的基本要求如下：

（1）构造物回填所用材料应采用透水性土，严禁使用含有淤泥、杂草、腐殖物、含冻土块的土。

（2）回填材料应分层填筑和夯实，每层压实厚度不得超过20cm，压实度应达到规定，如设计无规定时，压实度不小于95%。

（3）台背回填，必须待混凝土至少已达到其设计强度的70%时才能开始，高于桥面支承横梁底面水平的桥台回填，必须在混凝土达到设计强度以后才能进行。

（4）回填材料采用透水性土有困难时，高于水位以上可用与路堤相同的土填筑。

（5）台背填土长度应按设计要求施工。无设计要求，顺路线方向，应自台身起，顶部不小于桥台高度加2m，底部不小于2m。

（6）台背、填土应同时进行，并应按设计宽度填足，避免事后补填。

（7）拱桥台背、填土必须与拱圈施工的程序配合进行，使拱推力与台背填土压力保持平衡。

二、小桥涵及小型构造物施工准备阶段监理

1. 开工申请报告

小桥涵或其他小型构造物开工前，承包人应在合同、规范或监理程序规定期限内向总监（高级驻地监理工程师）递交书面开工申请报告。报告应详列申请开工小桥涵名称、位置（所

在桩号)、结构形式、工程概况、施工要求、人员技术保障及各种原始材料的试验合格情况。

2. 开工准备

除检查开工准备外，尚应注意下述方面：

(1)总监(高级驻地监理)和桥梁专业监理工程师，应阅读了解该桥设计图纸、地质资料以及施工总体布置、技术人员安排和资源情况，从宏观上了解设计思想，结合对当地气候、水文、交通便道、建材供应、驻地建设计划等因素的考察，了解桥形、桥长、中线与流水方向夹角设计的合理性，进而根据该桥施工的技术关键工序，确定监理工作的方法和重点。

(2)实施性施工组织设计的审核，应考察该桥起止工期和全线工程进度情况。主要分项工程(如水下基础、预制厂(场)工程，桥面等)应重点考察关键工序的机具、设备和工艺的适应情况，还应考察保证内在质量因素和外观质量因素的措施。总之，应结合进场技术人员、机具材料和主要工艺安排，考察施工组织设计的合理性和现场准备的真实性。

(3)施工测量、放样。

①总监理工程师(高级驻地监理工程师)在开工前应安排测量专业工程师检查承包人如下测量内容，并审核测量报告，符合要求、合格后方可签认开工报告，准予开工。

a. 人员及仪器配置情况，仪器精度及使用状态。

b. 桥位桩、基线桩以及重要分部桩位测量、放样工作。

c. 护桩、攀线桩分布及精度。

②监理复核测量的内容和方法。监理工程师应扼要复核设计图纸上全桥控制桩的关系，以及全桥平面尺寸和高程尺寸的关系。

a. 桥梁工程测量放样工作的检查和复核，应由测量监理工程师和桥梁监理工程师研究和协调进行，但测量监理工程师为主要负责人。

b. 测量监理工程师应检查测量放样工作。测量监理工程师和桥梁监理工程师审核承包人测量报告后，决定监理应复核的测量内容。

c. 现场测量、放样过程中或资料审核时，如确实存在精度或其他问题，应由承包人测量人员解释，必要时指令复测部分或全部桩位，如确系设计问题，应会同设计单位研究解决。

d. 测量工程师批复承包人测量放样报告，并把②、③项执行结果和批复意见报告总监(驻地监理工程师)，以作为批准开工申请报告的依据。

③绘制全段结构物测量资料综合示意图，并张贴在监理办公室。

(4)现场材料检查。桥涵工程及小型构造物施工中现场材料检查应注意以下方面：

①水泥。除厂方提供的产品合格证书及有关试验报告外，承包人应根据技术规范和监理程序规定的频率进行胶砂强度试验、安定性试验等，并提供报告。监理试验室复核试验项目及频率应根据工程及承包人自检情况，由试验工程师和桥梁工程师研究决定。

②钢筋。应按规定项目及频率进行承包人自检和监理复核试验。现场监理应注意：

a. 钢筋取样，尤其是焊接试件取样的代表性。

b. 桥梁工地钢筋应强调分类标签，整齐码放，并要求上盖下垫。

c. 现场监理应检查焊工的资格证件、劳保防护用品置备和使用情况，视情况现场考核焊工的业务水平。既无资格证件、操作水平又低劣者，应拒绝上岗。

③砂石材料。除按规范要求做颗粒筛分、含泥量、石料强度或压碎值、碎石的针片状含量

等项目的试验外，应注意根据不同工程部位以及供应材料的特点，确定试验项目增减以及监理侧重点。

以下为对砂石材料进行检查时应做的工作。

a. 用于配制桥面磨耗层的碎石，应加做磨耗值试验。

b. 用海砂石时，含盐量过高应要求洗；颗粒不均、含贝壳等杂质过多应过筛。

c. 在一些地区，碎石含碱量过高时，应做碱集料反应试验。

d. 施工中应注意材料来源变化，视情况原因给予试验。

④混凝土配合比审核和外加剂使用。承包人按合同规范或监理程序规定期限向试验工程师提交一份包含一组以上该级别的混凝土配合比设计报告，配合比设计应以抗压强度设计为重点。试验中应考察根据强度保证率的取值，决定设计强度的提高值等，并附上试件强度报告。

非设计规定，而由承包人要求使用混凝土外加剂时，承包人应在监理程序规定期限内向监理工程师递交外加剂使用申请报告。应详细说明使用外加剂原因、外加剂名称、性能、使用剂量和方法等项内容，并附上使用外加剂后混凝土强度和其他性能测试报告。一般来讲，承包人应递交使用外加剂后的试验报告，而不是厂方提供的资料。

外加剂使用可以直接和配合比设计合为同一报告，这要求使用外加剂必须事先征求监理工程师意见，同意后方可使用。试验工程师应在监理程序规定期限内，批复承包人的自检报告，并把监理复核试验情况批复内容通知桥梁工程师，同时报告总监（高级驻地监理工程师），作为他们审查和批复承包人开工报告的依据之一。

⑤施工现场平面布置图，一般比例为1/500～1/1000。

3. 批复

总监（高级驻地）接受承包人申请开工报告后，参考桥梁工程师、试验工程师、测量工程师等有关检查和审核意见，现场考察承包人开工准备情况后，批复承包人申请开工报告，下达开工文件。

三、桥涵与小型构造物施工阶段质量监理

在小桥涵与小型构造物施工中，各分项监理工程项目及施工程序主要有基础开挖、钻孔桩基础、墩及台施工、支架与模板安装、预应力张拉工艺、混凝土块件预制与砌筑和桥面附属设施施工等方面。

1. 基坑开挖与检验

桥涵基础开挖的施工程序及监理工作程序如图2-10所示。

1）各工序的质量监理要点

（1）基坑开挖。

①土透水性大的基坑，一般按基底的设计平面尺寸各边增宽0.5～1.0m，以便在基底外置排水沟、集水坑、基础模板作业平台。

②对于基坑边坡，应注意以下内容：

a. 在干燥的地方或地下水位低于基底时，浅基坑可不加固；

b. 当基坑深于5.0m时，施工期较短的坑壁正常、土质均匀，可参照《公路桥涵施工技术规

范》(JTG 041—2000)基坑坑壁坡度的要求确定基坑边坡;

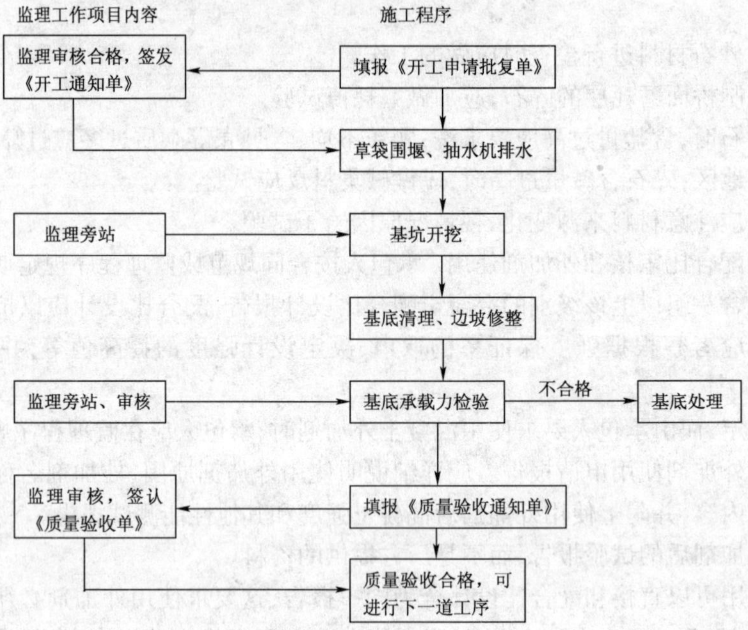

图2-10 桥涵基础开挖施工程序及监理工作程序图

c. 基坑深度大于5m时,需将坑壁坡度适当放缓或加设平台。

③当基坑边坡稳定性较差、渗水量大、明挖较困难时,地下水位以上部分应加固坑壁。

④挖基时,基底土不得扰动或被水浸泡。当挖至接近基底高程时,应保留10~20cm一层,在基础施工前要突击夯实,随即浇筑混凝土基础。

(2)围堰。

①围堰尺寸要求:

a. 堰顶高度宜高出施工期间可能出现的最高水位(包括浪高)50~70cm;

b. 围堰外形应考虑河流断面挤缩后,流速增大引起水流对围堰、河床的集中冲刷及影响通航、导流等因素;

c. 堰内面积应满足基础施工的需要;

d. 围堰要求防水严密,尽量减少渗漏,以减轻排水工作。

②堆筑要求:

a. 当水深在1.5m以内、流速低于0.5m/s时,可筑土围堰;

b. 当水深在3.0m以内、流速在1.5m/s以内、河床土质渗水性较小时,可筑土袋围堰;

c. 围堰顶宽不应小于1m,土袋内的填土宜用黏土或亚黏土,若用透水性土筑堰,必须做黏土芯墙;

d. 堰外边坡由水深和流速而定,堰内边坡一般为1∶1.5,坡脚至基坑边缘的距离,则依河床土质及基坑而定,不得小于1m;

e. 在筑堰前应将堰底河床上的树根、石块、杂物等清除,自上游开始填筑至下游合龙;

f. 袋装松散亚黏土,装土量一般为袋容量的1/2至2/3,袋口用麻绳或细铁丝缝合;

g. 堆码在水中的土袋,其上下层和内外层应相互错缝,尽量堆码密实整齐,有可能由潜水工配合堆码,并整理坡脚。

(3)基础处理。

①黏性土层基底。修整土基坑时,应将天然状态加以铲平,不得用回填土夯实的办法处理,修整妥善后应于最短时间内浇砌基础,不得暴露或浸水。

②碎石类土层或砂类土层基底。其承重面应修理平整,砌筑基础时,先铺一层稠水泥砂浆,当坑底渗水不能彻底排干时,应将水引至基础外排水沟,流入水坑抽走,并在基底以下铺一层 20 ~30cm 厚的片石和碎石,然后在其上浇筑基础。

③基础垫层。

a. 灰土垫层。当基底为湿陷性黄土而非换填时,可在基底上以黏土掺石灰,石灰剂量为5%,均匀拌和后,应按设计要求严格控制其压实度。

b. 砂砾垫层。若为软土地基时,可在其基底上以砂砾填筑。施工时应分层填筑,第一层先铺砂砾厚 5 ~10cm,用木夯轻轻夯打,不得使用振动器以免扰动软土,以后每层填砂砾 20 ~30cm,夯实度不应小于 95%。

④基底和承载力的检验。

a. 基底土质及地层情况在建筑基础之前,必须经过基底检验符合设计要求,并经监理工程师确认后,方可进行基础的施工。

b. 基底检查内容

(a)检查基底平面位置、尺寸大小、基底高程;

(b)检查基底土质均匀性、地基稳定性及承载力;

(c)检查施工日记及有关试验资料等。

c. 根据桥涵大小、地基土质的复杂(如溶洞、软弱夹层等)情况及结构对地基有无特殊要求,采用以下检查方法:

(a)小桥和涵洞的地基检验一般采用直观或触探方法,必要时可进行土壤分析试验或试压检验。

(b)大、中桥和地基土质复杂而结构对地基有特殊要求时,一般采用触探或钻探(钻探至4m)取土样试验,或按设计中特殊要求进行沉降等检验。

(c)经过检验不符合设计要求时,应由承包人处理,经监理工程师确认,直至符合设计要求后,方可进行基础施工。

隐蔽工程中的基础检验记录表,应由承包人质检工程师检验时记录,并由监理工程师签认作为技术档案资料。

2. 钻孔桩基础

钻孔桩的施工应综合考虑地质、水文、结构类型、机具设备等因素,综合当地具体情况,选用合理的施工设备和施工工艺,其施工方案报监理工程师批准后方可正式开钻。

钻孔桩施工程序与监理工作程序如图 2-11 所示。

1)场地清理

钻孔场地应按照下列要求处理:

(1)场地为旱地时,应清除杂物,铲除软土,整平夯实。

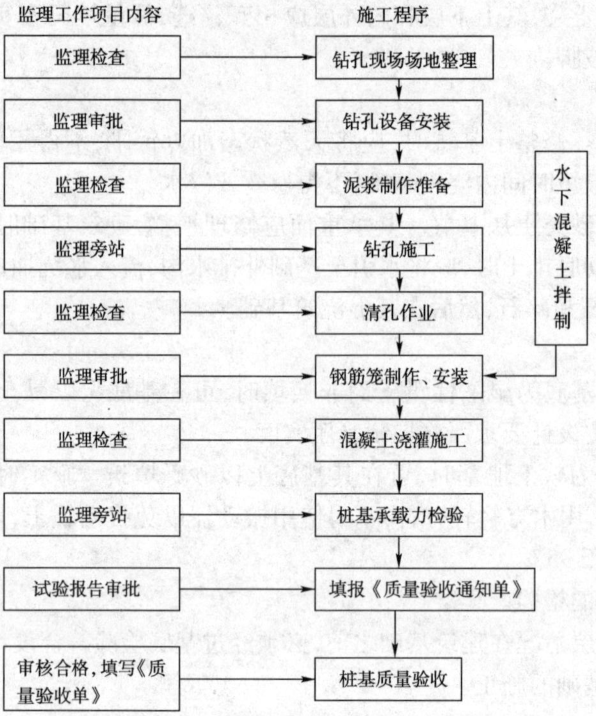

图2-11　钻孔桩施工程序与监理工作程序图

(2)场地有水时，宜用筑堤施工。

2)护筒

护筒有固定桩位，保护孔口不坍塌，可隔离地面水并保持孔内水位高出施工水位以维护孔壁及钻孔导向的作用。对护筒的制作、埋设或沉入应满足如下要求：

(1)用木料或钢板制成的埋设护筒要坚实、不漏水，能多次重复使用。当河水较深或河床松软、覆盖土较厚时，宜采用压重、射水、振动、吸泥或锤击等方法沉入钢护筒或钢筋混凝土护筒。

(2)护筒内径应比钻头直径稍大些；机械冲击、冲抓或旋转时，护筒需大于钻头直径20～30cm。

(3)护筒顶高为：在旱地时应高出地面0.3m；在水中当地质良好、不易坍孔时，宜高出施工水位1.0～1.5m；而地质不良并易坍孔时，宜高出施工水位1.5～2.0m。

(4)采用挖坑埋设时，则基坑应比护筒外径大80～100cm。护筒正位后，需在四周夯填黏土，应挖深至筒底端以下50cm左右换填黏土，经夯实后再安放护筒。

(5)在旱地或浅水处，护筒底端应埋入天然地层，其埋设深度为：黏性土中不小于1m；砂性土中不小于1.5m。

(6)钢护筒接长可采用拼装螺栓加橡胶垫连接。

(7)护筒平面位置的偏差不得大于5cm。

3)泥浆

(1)钻孔采用泥浆时，施工前应准备足够数量的黏土；若采用亚黏土时，其塑性指数不宜小于15,大于0.1mm的颗粒不宜超过6%。

(2)调制的钻孔泥浆及经过循环净化的泥浆,应根据钻孔的方法和土层情况采用不同的性能指标。

(3)采用正反回旋钻钻孔时,应准备泥浆槽、泥浆沉淀池等。泥浆槽长度不小于15m,槽底坡度不宜大于1%。沉淀池窖:正循环钻孔一般约为钻孔体积的1/3~1/2;反循环钻孔,包括供水池容积,一般约为钻孔体积的1.2~2倍。

泥浆泵宜根据钻杆内径、钻孔直径和深度等因素,考虑悬浮钻渣所需最小上升流速,计算所需泵压和流量后加以选定。

4)钻孔

(1)钻进过程中,应认真填写钻孔施工记录表,其格式见钻孔桩原始记录表。

(2)钻进过程中,应经常检查各种钻孔,如有不当之处应立即修整处理。

(3)钻孔应一次完成,不得中途停止,遇有事故必须及时处理,钻孔达到要求深度后,应及时进行直径、垂直度的检测,并经监理工程师签认,方可进行清孔和灌注水下混凝土的准备工作。

5)清孔

清孔时应注意的事项主要有:

(1)终孔检查后,应随时进行孔底清理,以免间隔时间过长,泥浆钻渣沉淀,造成清孔困难或坍孔。只有做好清孔工作,桩的质量才有保证,这点必须特别注意。

(2)不论采用何种清孔方法,在清孔排渣时应保持孔内水头,以防坍孔。

(3)用换浆法或掏渣清孔时,检查孔口溢出泥浆或孔底提出泥浆的性能指标,含砂率不大于4%,比重为1.1~1.25kN/m^3,黏度为18~20s。

(4)灌注水下混凝土前,孔底沉淀土的厚度:摩擦桩不得大于(0.4~0.6)d(其中d为桩的直径);支承桩孔底沉淀土厚度不得大于3cm。水下混凝土属隐蔽工程,必须认真填写水下混凝土灌注记录表,以作为考察工作质量的依据。

6)机械设备的要求

(1)灌注水下混凝土应备有强制式搅拌机或拌和楼,拌和设备的数量,应按其性能及灌注时间的限制等因素确定,并需要有一定的储备以保证连续作业。

(2)导管内径应一致,内壁光顺,有足够的密封性和坚固性。

7)水下混凝土的配制

(1)水泥性能除应符合国家现行标准的要求外,其初凝时间用标准方法试验不宜早于2.5~3.5h,水泥强度等级不宜低于42.5,每立方米混凝土的水泥用量不得低于350kg。

(2)粗集料宜用卵石,如用碎石则含砂率应增加约3%。应有良好的级配,粗集料的最大粒径不可大于导管内径的1/6~1/8和钢筋最小净距的1/4,同时不宜大于40mm(灌注桩)或60mm(封底混凝土),最小粒径不宜小于5mm。

(3)为使混凝土有较好的和易性,混凝土的含砂率宜采用40%~50%,水灰比宜采用0.5~0.6。有试验依据时,可酌情加大或减小其含砂率和水灰比。

(4)混凝土拌和物从拌和机卸出到进入导管时的坍落度以16~22cm为宜,并宜有一定的流动保持率。

(5)每根导管的混凝土灌注工作,应在该根导管首批灌注的混凝土初凝时间以前完成。影响混凝土凝结时间的因素如下:

①气温。气温越高,凝结时间越快。

②水泥品种。掺有混合料的水泥凝结时间较长。

③混凝土的强度等级。其他条件相同时,混凝土凝结时间随着强度等级的提高而缩短。

④水灰比。随着水灰比增高,凝结时间延长。

⑤坍落度。一般情况下坍落度增加,凝结时间可以延长。

⑥外加剂。掺加少量缓凝剂可以延长混凝土初凝时间和终凝时间。当桩直径较大、桩身较长、所需灌注时间较长、不能在初凝时间灌注完时,可在首批混凝土中掺入缓凝剂。掺入量应根据水泥种类、缓凝剂性能通过试验决定。

⑦在受海水侵蚀地区或对混凝土有特殊要求的地区,应按有关规定或通过试验选用合适的水泥或掺入防腐剂。

8)钢筋笼的制作

(1)钢筋笼的制作必须按照设计图纸进行,配筋、骨架的绑扎、焊接等应符合施工规范关于钢筋性能要求的规定。

(2)钢筋笼上端应焊的吊环不宜少于4个。为确保保护层的厚度,应在钢筋骨架周围的主筋上,每隔适当距离对称地设钢筋"耳环"或混凝土方块等。

(3)钢筋笼在分节吊装、就地焊接时,上下节主筋位置必须对准,轴线应一致,其焊接也必须符合焊接质量标准。

9)水下混凝土的灌注(导管灌注法)

(1)灌注前对孔底沉淀层厚度应再测一次。如厚度超过规定,应再次进行清孔。

(2)开始灌注后,导管的初次埋深一般不小于1.0m,灌注应连续进行。拆除导管一般不超过15min,并不得中途停工。

(3)在灌注过程中,应经常探测混凝土面的高度,及时提升或拆除导管,要求导管的埋置深度一般为2.0~4.0m,最大埋置深度不得大于6.0m。

(4)桩顶混凝上的不良质量部分,必须截掉和清除。

(5)在灌注混凝土时,每根桩应进行混凝土试块取样,2组(6块)为自检试验,1组(3块)为监理抽检试块,并应编号妥善养护,经强度(抗压)测试后,应填入试验报告表交监理工程师审阅。

(6)有关混凝土灌注情况、灌注时间、混凝土面的深度、导管埋深、导管拆除以及发生的异常现象等,应指定专人进行记录,填写水下混凝土灌注记录表。

10)质量检验

(1)钻孔桩各工序的质量检验。钻孔、清孔和钢筋骨架下放完毕以及桩的混凝土灌注后,应进行质量检验。填写钻孔灌注桩现场质量检验报告单、钢筋骨架检验报告单,交监理工程师签认。

(2)桩的混凝土质量检验。主要是指水下灌注混凝土质量的检验,检验内容如下:

①根据水下混凝土浇筑记录表检查灌注情况。

②检查预留试块的抗压强度是否达到规范容许的要求。

③对混凝土桩质量进行无破损检验,合格后即为 A、B 类桩。否则认为该桩的混凝土质量可疑,应要求地质钻机钻通全桩取芯,检查该桩有无夹泥、断桩、混凝土质量松软,并做芯样抗压强度试验后,综合判定。

④桩的质量检查如果不符合规定要求,或者在施工中出现不符合《公路工程基桩动测技术规程》(JTG/T F81-01—2004)的规定,则认为桩质量差;当无法补救时,监理工程师有权拒绝签字,并作废桩处理,若能补救,费用完全由承包人负责。

⑤如有必要,监理工程师有权对所灌注的基桩进行静载试验,抽查数量可依具体情况而定。

桩基工程质量检测主要包括桩身质量检测(结构完整性检测和单桩承载力检测、混凝土的强度检测),检测工作应由具有相应资格的部门进行。桩基施工单位一般回避此项工作(包括确定检测方法、选择受检桩位置等)。一般不应由受检单位自行检测,桩基施工单位应如实向检测单位提供受检桩的施工记录及有关情况。

3. 墩、台施工质量控制

在墩、台施工过程中,其质量监控程序如图 2-12 所示。

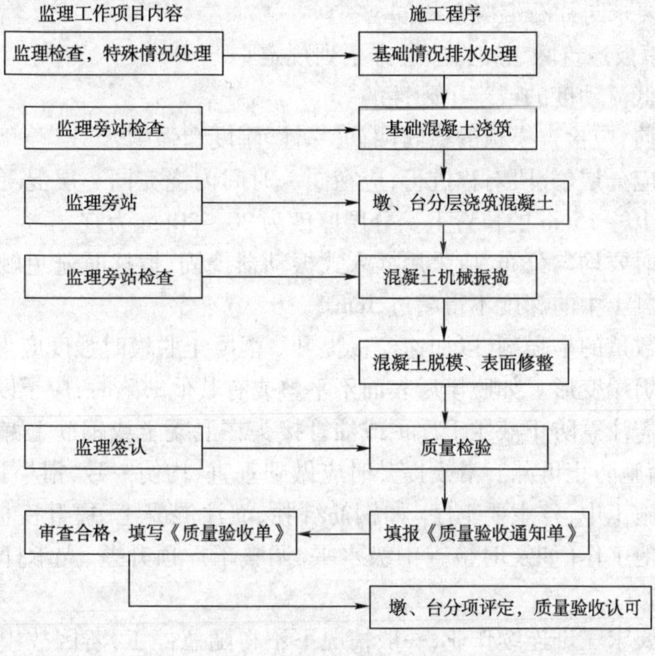

图 2-12　墩、台施工过程中质量监控程序图

墩、台工序质量控制的要点如下:

(1)灌注墩、台基础和第一层混凝土时,应防止混凝土中的水分被基底吸收或基底积水渗入混凝土中而降低混凝土的强度。为此,除必须对基底按有关规定进行处理外,还应注意:

①基底为非黏性土或干土时,应将其润湿。

②如基底实际情况与设计不符,不能按原设计施工时,应报请监理工程师处理,混凝土由开始灌注到初凝不得受水浸泡,当渗水较急而不能保证混凝土中的灰浆被冲失时,则应采用水下混凝土法灌注基础。

(2)在较厚、无筋或稀疏配筋的墩、台的混凝土中,允许填充厚度不小于45cm的石块(块石或大卵石),并应遵守下列规定:

①填充石块的数量不宜超过混凝土结构体积的25%。

②应先用无缝、夹层和未被烧过的具有抗冻性的石块。

③石块的抗压强度不低于25MPa,并不低于混凝土强度等级。

④石块在使用前应清洗干净。

⑤石块在混凝土中应分布均匀,两石块间的净距应不小于10cm,以便捣实混凝土。石块距表面的距离(含侧面和顶面)一般不宜小于15cm,有抗冻性要求的石块不宜小于30cm,石块不得接触钢筋或碰撞预埋件。

⑥在浇筑过程中应注意模板、支架等支撑情况,如有变形或沉降应立即纠正并加固。

⑦对于高大的桥台,若台身后仰,本身自重偏心较大,为平衡台身偏心,施工时应同时填筑台身四周路堤土方,防止桥台后倾或向前滑走。未经填土的台身露出填筑地面高度不应超过4m,以免因偏心引起地基不均匀沉陷。

(3)当设计为片石混凝土砌体时,石块含量可增加到砌体体积的50%~60%,石块净距可减为4~6cm,其他要求与片石混凝土相同。

(4)采用滑升模板浇筑墩、台时,应遵守下列规定:

①混凝土宜为低流动度的或半干硬性的。

②浇筑混凝土前,应检查模板的稳固性、可靠性、刚度和强度。

③浇筑混凝土应分层、分段对称进行,应在同一时间内浇完同一层混凝土,各段应浇筑到距模板上缘不小于10~15cm的位置上。分层厚度为20~30cm为宜。

④混凝土入模时要均匀分布,应采用插入式振动器捣固,振捣时避免触及钢筋及模板,振动器插入下一层混凝土中的深度不得超过5cm。

⑤可掺入一定数量的早强剂,以加速模板提升。混凝土脱模时强度应为0.2~0.5MPa,以防在其自重压力下坍塌变形。如脱模后表面不平整或有其他缺陷时,应予以修理。

⑥滑模提升时需注意防止液压千斤顶或油管接头在混凝土或钢筋上漏油,如漏油应立即清除干净,并采取措施防止再漏。滑模提升时应做到垂直、均衡一致,滑模提升高度等于灌注厚度。在滑模正常施工中,各主要工序(如钢筋绑扎、灌注混凝土、提升模板等)要紧密配合,并同时穿插进行其他工作(如及时检查中级水平、调整千斤顶升差、支承杆加固、混凝土表面修饰等)。

⑦滑模施工中要求三班连续作业,一般情况下不得随意停工,若因故中途停工,应按施工缝进行处理。

⑧滑模施工应经常检查,并保障支承工作台及上、下吊架铁木结构的可靠性和周围栏杆的牢固性。

4. 模板支架和钢筋

1)模板

(1)模板的要求。

①具有必要的强度、刚度和稳定性,能承受施工过程中可能产生的允许的各荷载,并保证不发生变形。

②保证工程构造物的设计形状、尺寸及部位之间的位置正确。

③模板制作应力求简单，拆装方便，能多次周转使用，且模板的接缝必须密合。如有缝隙，须塞堵严密，以防漏浆。

④建筑物外的露面的模板应刨光，并涂以石灰乳浆、肥皂水或润滑剂等脱模剂。

⑤模板应用内撑支撑，用螺栓栓紧。使用木内撑时，应在浇筑该部位时及时将支撑撤去。

⑥施工时操作方便，保证安全。

承包人应在模板和支架制作前，至少在14d前将模板和支架的设计图纸提交监理工程师审阅，在未经认可前，不得制作模板和支架。

(2)模板的制作和安装。

①木模板。

a. 木模板应采用质量好的木材，至少厚3cm，一般用4cm厚，并没有疤节、坏裂和表面翘曲，含水率小于25%的木材。所有用于混凝土外露面的模板均应为“精制”木材，并予以刨光。木模宽度不宜超过20cm，以防变形。圆木材应坚硬、平直、风干，没有腐朽和其他缺陷。

b. 木板与混凝土接触的表面应平整、刨光，接缝可做成平接搭缝或企口缝。

c. 木模板的拉杆应用螺栓，螺栓应配垫圈，其尺寸按计算决定。当拉杆需抽出时，拉杆应加套，在拆出拉杆和螺母以后，套筒必须用水泥砂浆填孔。

②金属模板。

a. 金属模板及其配件必须在模架上制作，要求下料尺寸准确，模板平面平整，转角光滑，接逢平整，连接孔位置准确，并应采取必要措施以减少焊接变形。为避免漏浆，金属模板宜在搭接缝或拼缝处镶嵌橡皮。

b. 应保持金属模板不生锈，不受油脂及其他杂物的沾污，以免造成混凝土表面变色，故对模板及其金属配件均应涂防锈漆，与混凝土接触的表面则应涂以隔离剂。

③滑升模板。

a. 滑升模板适用于较高的墩、台和索塔施工。滑升模板的支承和滑升设备应能保证模板竖直均衡上升，提升设备的配置应按构件截面形状及滑升模板的全部质量决定。为使模板不致发生倾斜和扭转，宜采用液压千斤顶同步提升，应在使用前检查千斤顶性能，并要得到监理工程师的批准。如用其他提升设备，应采用相应措施，直坡式模板宜用(0.5%～1.0%)H(H为模板的高度)的锥度，以保证模板的顺利提升。承包人应进行滑模方案的设计，并在施工前得到监理工程师的批准。

b. 模板的高度和提升速度与混凝土达到脱模所需时间有关，一般模板高度采用1～1.2m。

c. 滑升模板在组装时，应使各部分尺寸的精度符合设计要求，组装完毕需经过全面检查试验后，才能进行灌注。组装方式应根据工程情况和起吊设备能力，决定就地组装或整体吊装。要注意：模板提升时，应做到垂直均衡一致，顶架间高差不大于20mm，顶横梁水平差不大于5mm；每次提升高度应等于灌注厚度；如混凝土凝结后直线或高程发现偏扭时，承包人应查明原因，采取措施，请监理工程师批准后通过提升过程的调整逐渐扭正。每次扭正量不能过大，如监理工程师有指令，承包人应将新灌混凝土铲除重灌；每次提升后应及时检查中线和水平情况。

d. 滑升模板的初次及因故中途停止处理后再提升作业应符合下列要求：滑升模板开始提

升时，滑升量应不超过 20～50mm，以后每灌一层均应略微提升，以免混凝土与模板黏住。因此中途停工时，或隔适当时间略提升一次，以防止混凝土与模板黏结，滑升模板应与混凝土保持不小于 300mm 的接触层。

④模板清理和脱模剂。

a. 模板在浇灌前应清理干净，底部应完全没有锯木、刨花、铁锈、污垢、泥土或其他垃圾，模板应设计有活动板以便清扫，并请监理工程师检查批准，第一层混凝土浇完后，在浇筑第二层混凝土前，模板外露表面上黏附的混凝土必须清理干净。

b. 模板必须用一种监理工程师同意的脱模剂涂抹，这道工序应在模板安装完后放置钢筋前进行。涂的油或脱模剂应被木板充分吸收，且不致造成混凝土表面变色或损伤混凝土表面，更不能使任何钢筋表面黏着各类涂料。

c. 不允许在同一结构的模板上使用不同的脱模剂。

2）支架的制作与安装

（1）支架应根据设计进行制作与安装，在设计支架时，还必须进行强度稳定性验算。为保证构造物竣工时尺寸准确，预支架设计、制作、安装时，应预留施工拱度，并考虑下列因素：

①支架承受荷载引起的弹性变形。

②载重时由于杆件接头的挤压而产生的非弹性变形，每一接头处的变形数值规定为：在木料与木料接触的情况下，顺木纹为 2mm，横木纹为 3mm；在木料与金属接触的情况下，则为 1～2mm。

③支架基底的非弹性变形视地基土壤类别而定。其沉陷值按下列规定：梁底置于砂质土上时为 5mm；梁底置于黏土上时为 10 mm。柱的载重低于极限荷载时用 5mm，与土的种类无关。

④由恒载引起的梁或拱圈的变形以及由活载引起的梁的弹性挠度，按设计图提供的数据予以设置。

（2）支架和拱架应有调整高程的设施。在其底部使用千斤顶，还应该考虑由于热胀冷缩产生的纵向或者横向位移所造成的负荷。支架应有允许这些移动的设备，还应有足够的纵向、横向联系构件，以保证支架的稳定。支架和拱架安装完成后，如果监理工程师认为它的刚度不够，则应增设附加联结构件。

（3）基础处理。没有监理工程师的书面允许，脚手架、支架和拱架不准支承在除基脚以外其他结构物的任何部分。

支架脚和基础土壤，或已加固的地基的承载能力应保证临时支架的所有基脚能够均匀承载。

支架基础设计应防止过多的沉降（包括相邻支撑之间的相对沉降）和支撑转动，并能满足稳定性要求，基脚支承面应是水平的。

应对支架或工作架的基础做荷载试验，试验荷载与设计荷载相当，并加载 24h，此试验产生的挠度和沉降均不得超过监理工程师规定的数量。

（4）承包人还应提供适当的排水设计。安装支架以前，拱架、支架下面的地面应加以平整，必要时将地面填筑到适当高度，防止拱架、支架脚底附近积水。

（5）在混凝土浇筑过程中，承包人应测量和记录支架、拱架和脚手架的沉降，在浇筑混凝土前和浇筑过程中,如果监理工程师要求,承包人应使用千斤顶或经过批准的楔块将已发生过大沉降的支架顶起。

(6)支架在平面和立面上应均匀稳定坚固,并能抵抗施工中所发生的偶然冲撞及振动。故在支架安装完毕后,应对其平面位置、顶部高程、节点联结及纵向稳定性进行检查,不符合要求者,应加以纠正。

(7)为便于拆除支架,可用简单木楔、组合木楔、砂筒等作卸架设备。

支架拆除时应注意以下事项:

①拆卸支架的程序按规定办理,并应详细拟订拆卸支架图。

a. 在拆卸支架前,应检查所有拆卸支架设备。用砂筒时应检查砂筒上塞子的松紧程度;用木楔、木凳或切锯支柱时,应用记号注明切锯地点及木楔移动长度。

b. 拆卸支架时的拆卸顺序、操作方法均应先作技术交底,在统一的指挥下进行。多孔拱桥施工时,每组内孔卸架宜同时进行。

c. 为保证支架均匀降落,一般顺序是:对于陡拱,宜从拱顶开始,逐次向拱脚对称均匀卸落;对于坦拱,宜从拱脚开始,逐次向拱顶对称均匀卸落。梁式结构应按设计图拟订的拆除支架的程序进行。

②拆卸支架木凳时,应切锯木凳的侧边,以减少支架面积。每次切锯后,应停止约5min,使其面积有承重的时间;拆卸支架砂筒的砂时,每次由筒中放出定量的砂。拆除支架木楔时,宜将木楔打至标出记号的位置。

③拆除支架时,必须设专人用仪器观测拱圈挠度和墩台变化情况,并做书面记录。

3)钢筋

(1)钢筋安装应按预定顺序与支模工作互相配合。安装钢筋时,应严格按照设计规定的位置进行排列,检查无误后,方可扎结或焊接。

(2)为了保证混凝土保护层厚度,应在钢筋与模板间设置水泥砂浆垫块,混凝土垫块应错开位置,不应贯穿断面全长。

为了保证和固定钢筋相互间的横向距离,两排钢筋之间可使用混凝土隔块,或用短钢筋扎结固定。

如构件有数层钢筋而上层钢筋很重时,安装时可使用特制的钢筋支架支承,支架支承在下层钢筋上,不得直接安设在模板上。

(3)安装好的钢筋应有足够的刚度和稳定性,使钢筋位置在灌注混凝土时不致变动。如刚度不够时,则应采取加固措施。

5. 锚具、张拉设备及张拉作业的质量监控

1)锚具

(1)锚具一般包括锚环、固定锚、螺母、承压垫板等。

(2)锚具材料。

①锚具材料应按设计规定采用,材料应有化学成分和机械性能的出厂证明书,若无证明书时,需按有关规定进行质量检验和探伤检查。承包人应向监理工程师提供上述说明书或试验报告。

②不得使用夹渣、裂纹、机械损失等有缺陷的材料。

③锚环、锚板材料需按图纸规定进行热处理,然后再进行机械加工。

④用于锚具装置的钢材 GB 699 中 45 号钢,需经热处理。锥形锚具的锚塞及锚圈分别应符合 GB 230 的技术要求,洛氏硬度 55~58,锚垫板应符合 GB 700 的 Q235 钢的技术要求。

(3)锚具强度试验。锚具零件加工质量检验完全达到图纸要求时进行强度试验。从到工地的锚具中随机抽出样品,送有资质的试验检测机构做强度试验,提交试验报告。

2)张拉设备

(1)承包人应提供用于预应力混凝土施工和施加预应力所需要的全部张拉设备,并报经监理工程师批准。若使用液压千斤顶,应配备读数准确的油压表,其精度不宜低于 15 级。千斤顶与油压表应组合一起进行标定,并将标定结果提交监理工程师审查,在监理工程师尚未对张拉机具设备检查以前,承包人不得使用。

(2)预应力千斤顶。

①所有用于预应力的千斤顶应适应于采用的系统。

②单股千斤顶在每天使用时及无论何时被移动到不同地点或监理工程师另有所需时,都应对其精度进行校准,并使得监理工程师满意。

③多股千斤顶的精度应在使用前校核,并使得监理工程师满意。提交千斤顶、压力泵和压力表参考数的说明,以及校核的使用于工作场地的是否是同样的仪器。

④所有压力表、压力盒、测力计以及其他用于测量应力荷载的设备的读数应在 +20% 以内,压力计应有不小于 200mm 直径的读数刻度盘,各压力计应能直接用公斤读出负载,或附有一个能将刻盘读数转换成公斤的图表。压力表应具备约 2 倍于工作总压力的容量。

3)碳素钢丝的质量检验

(1)碳素钢丝在使用前应分批进行鉴定,每批质量不超过 3t,一般规定取同样盘数的钢丝进行抗拉标准强度、弯折次数及伸长率试验,但不小于 3 盘。钢丝的检验报告应提交监理工程师审查。

(2)碳素钢丝抗拉强度应满足设计要求。

(3)钢丝成束时应确保顺直,不得扭缠。

(4)钢丝成束后的弹性模量必须按短束(10m 以下)和长束(30m 以上)分别进行试验。其试验报告应提交监理工程师审查。

4)预应力张拉作业

(1)一般规定。

①当混凝土达到设计规定强度的 75%(设计未规定时)时,才准施加预应力。

②施加预应力的各种机具设备及仪表,应由专人妥善使用,定期维护和检验。校验期限一般不超过钢筋张拉 100 束。如长期未使用者,使用前应全面进行校验,当施工过程中发生下列情况之一时,应重新校验:

a. 张拉时预应力钢筋连续断裂;

b. 千斤顶漏油严重;

c. 油压表指针不能退回零点。

校验结果符合要求,经监理工程师检查同意后才能继续使用。

③安装张拉设备时,对于直线预应力钢筋,应使张拉力的作用线与孔道的中心线在张拉过

程中相互重合,对曲线预应力钢筋,应使张拉力的作用线与孔道末端中心点的切线相重合,不得偏移。

④张拉时应采用应力和伸长值双控制,实际伸长值与理论伸长值相比较,应控制在6%以内,如发现伸长值异常,应停止张拉,查明原因,采取措施,予以克服。应力控制不仅要依靠油压表读数,还需以压力传感器的读数为准。

⑤承包人应对测量的伸长值、压力表或压力传感器的读数,以及其他观察到的数据(包括管道摩阻损失和预应力钢束回松延伸量等及其他观察到的数据)做好记录,这些记录应在每次张拉作业后24h内提交监理工程师,如有锚具损失或建立预应力不够等情况,监理工程师应立即通知承包人返工。

(2)后张法。

①施加预应力前,应对混凝土构件进行检验,外观、尺寸以及浇筑日期、试件强度(7d)应符合质量标准要求。张拉时混凝土强度不应低于设计图纸规定,一般不得低于设计强度的75%。张拉前,梁体必须经监理工程师验收合格后,方能施加预应力。如梁体有缺陷,应责令承包人妥善处理,并测试其强度。

②穿束前应检查锚垫板和孔道。锚垫板应位置正确,孔道内应畅通,无水分和杂物,要求必须进行清孔,确定孔道无阻时,再行穿孔束,浇筑混凝土前穿束的孔道,在可能条件下,应在管道安装后、浇筑混凝土前检查预应力钢材是否能在管道内自由滑动。

③预应力钢材可分批、分段对称张拉,其张拉顺序按设计规定进行,并且应避免张拉时构件截面呈过大的偏心受压状态,应使已张拉的合力作用线在受压区截面以内,边缘不产生拉应力。

④曲线预应力钢筋和长度大于等于25m的直线预应力钢筋,应在两端同时张拉。

⑤预应力钢筋在张拉控制应力达到稳定后方可锚固。

⑥后张法预应力筋张拉程序见表2-35所列。

后张法预应力筋张拉程序表 表2-35

预应力筋		张拉程序
钢筋、钢筋束		0→初应力→1.05σ_{con}(持荷2min)→σ_{con}(锚固)
钢绞线束	对于夹片式等具有自锚性能的锚具	普通松弛力筋:0→初应力→1.03σ_{con}(锚固) 低松弛力筋:0→初应力→σ_{con}(持荷2min锚固)
	其他锚具	0→初应力→1.05σ_{con}(持荷2min)→σ_{con}(锚固)
钢丝束	对于夹片式等具有自锚性能的锚具	普通松弛力筋:0→初应力→1.03σ_{con}(锚固) 低松弛力筋:0→初应力→σ_{con}(持荷2min锚固)
	其他锚具	0→初应力→1.05σ_{con}(持荷2min)→0→σ_{con}(锚固)
精轧螺纹钢筋	直线配筋时	0→初应力→σ_{con}(锚固)
	曲线配筋时	0→σ_{con}(持荷2min)→0(上述程序可反复几次)→初应力→σ_{con}(持荷2min锚固)

⑦预应力钢筋后张法允许偏差和检查项目见表 2-36 所列。

后张法预应力筋断丝、滑移限制表　　表 2-36

类　别	检 查 项 目	控制数(允许偏差)
钢丝束和钢绞线束	每束钢丝断丝或滑丝	1 根
	每束钢绞线断丝或滑丝	1 丝
	每个断面丝之和不超过该断面钢丝总数的	1%
单根钢筋	断筋或滑移	不容许

(3)先张法。

①预应力钢筋的张拉顺序,应使台座产生的偏心应力不超过台座设计容许的偏心应力,否则应先张拉靠近台座重心的预应力钢筋。

②先张法墩式台座需具有足够强度和刚度,抗倾覆系数应不小于1.5,抗滑移系数应不小于1.3。张拉前,应对台座横梁及各项张拉设备进行详细的检查。

③长线台座上铺放预应力钢材时,应防止沾污预应力钢材。

④当采用多根预应力钢筋同时张拉时,为使每根钢筋的应力一致,必须在张拉前调整初应力,初应力一般为张拉力的 10%。

⑤为了减少钢筋预应力的松弛损失,可采用超张拉力方法进行张拉,钢绞线张拉法张拉程序,如设计无规定时,可按表 2-37 要求进行。

先张法预应力筋张拉程序表　　表 2-37

预应力筋种类	张 拉 程 序
钢筋	0→初应力→$1.05\sigma_{con}$(持荷 2min)→$0.9\sigma_{con}$→σ_{con}(锚固)
钢丝、钢绞线	0→初应力→$1.05\sigma_{con}$(持荷 2min)→$0\sigma_{con}$→σ_{con}(锚固)
	对于夹片式等具有自锚性能的锚具: 普通松弛力筋:0→初应力→$1.03\sigma_{con}$(锚固) 低松弛力筋:0→初应力→σ_{con}(持荷 2min 锚固)

⑥先张法预应力钢筋张拉断丝限制如表 2-38 所列。

先张法预应力筋断丝限制　　表 2-38

类　别	检 查 项 目	控 制 数
钢丝、钢绞线	同构件内断丝不超过钢丝总数的	1%
钢筋	断筋	不容许

⑦预应力钢筋的放松,应按设计规定:设计无规定时,在混凝土强度不应低于强度的 75% 以上可放松预应力钢筋。预应力钢筋的放松速度不宜过快,以采用砂箱放松的方法为宜。如采用千斤顶张拉预应力钢筋方法放松时,则所施加的应力值不得超过原张拉时的控制应力。采用单根放松时,其顺序宜先两侧后中间对称进行。钢绞线单根放松时,应分阶段、对称相互交错地进行,每根预应力钢筋严禁一次放完,以免最后放松的预应力钢筋自行崩断。

⑧预应力钢筋全部放松后,可用“乙炔—氧气”烧割或用电弧切割外露的钢筋,并对模板、支架、钢筋布置及预埋件进行检查,重要结构应会同有关人员进行隐蔽工程验收。

6. 桥面附属工程

在桥面各附属工程项目施工中,其质量监理工作程序如图 2-13 所示。

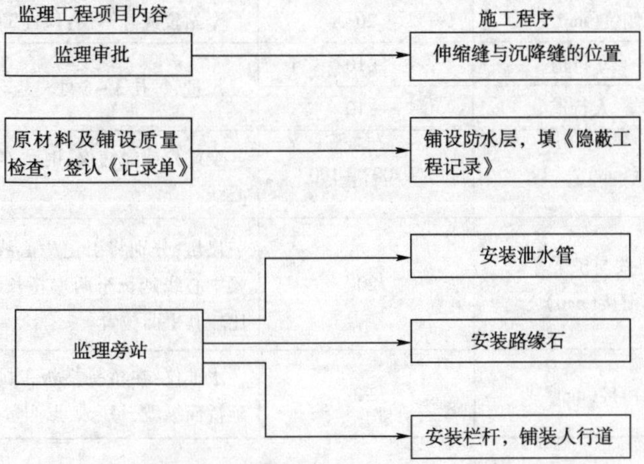

图 2-13 桥面各附属工程项目施工中质量监理工作程序图

在桥面附属各项目施工时,质量监控内容为:

(1)各种装配式拱桥,其侧墙、护拱、缘石、栏杆、人行道和混凝土桥面在腹拱铰的上方,均应设置贯通桥宽缝或沉降缝。伸缩缝内的杂物、污泥应全部清除干净。如有顶头现象或缝宽或不足者,应画线凿剔平整。安装应符合设计要求,沉降缝的接触面必须平整,不留缝宽,设缝处可用干砌,油毛毡隔开或用低强度等级砂浆砌筑,对于整体式混凝土桥面,所有伸缩缝、沉降缝均宜由下直通到桥面。

(2)铺设防水层的质量控制要点如下:

①防水层材料应经检查,符合规定标准后方可使用。

②防水层通过伸缩缝或沉降缝时,应按设计规定铺设。

③防水层应在横桥向闭合铺设,底层表面应平顺、干燥;沥青防水层不宜在雨天或低温下铺设。

(3)泄水管设置的位置、数量和材料应按设计要求执行,泄水管下缘应伸出结构物底面10~15cm。

(4)安装安全带、缘石、人行道、栏杆时,质量控制要点如下:

①悬臂式安全带和人行道构件必须在主梁横向连接或拱上建筑完成后才可安装。

②人行道板必须在人行道梁锚固后才允许铺设;对设计无锚固的人行道梁、人行道板,铺设应按照由里向外的次序。人行道的排水横坡应符合设计要求,必须在主梁横向连接或在拱上建筑完成后才可安装。

③栏杆块件必须在人行道板铺设完毕后才可安装。安装栏杆时,必须全桥对直、校平(弯桥、坡桥要求平顺),立直后用水泥砂浆填缝固定。

④在安装有锚固的人行道梁时,应对焊缝认真检查,必须注意安全施工。

⑤为减少从缘石与桥面的铺装缝中渗水,缘石宜采用现浇混凝土,使其与桥面铺筑的底层混凝土结为整体。

表 2-39 所示为桥梁总体实测项目。

桥梁总体实测项目　　表 2-39

项次	检查项目		规定值或允许偏差	检查方法或频率	权值
1	桥面中线偏位(mm)		20	全站仪或经纬仪:检查3~8处	2
2	桥宽(mm)	车行道	±10	尺量:每孔3~5处	2
		人行道	±10		
3	桥长(mm)		+300,-100	全站仪或经纬仪、钢尺:检查中心线	1
4	引道中心线与桥梁中心线的衔接(mm)		20	尺量:分别将引道中心线和桥梁中心线延长至两岸桥长端部,比较其平面位置	2
5	桥头高程衔接(mm)		±3	水准仪:在桥头搭板范围内顺延桥面纵坡,每米1点测量高程	2

●第九节　隧道工程施工监理●

一、概　述

隧道是地下工程建筑物,为保持坑道岩体的稳定,保证行车安全,通常需修筑主体建筑物和附属建筑物。前者包括洞身衬砌和洞门,后者包括通风、照明、防排水、安全设备等。

隧道工程施工,是一个复杂的系统工程,其特点是除洞口和洞门是在露天施工外,其余各项工程都在地下进行施工作业。由于它空间有限,工作面狭小,光线暗,劳动条件差,故在整个施工过程中必须备有良好的照明和通风条件,还要进行洒水除尘,同时要预防涌水、坍塌、瓦斯等意外事故发生。

隧道工程施工可分为以下几个部分:

(1)洞口工程。隧道洞口各项工程是指边、仰坡土石方工程,洞门、边墙、翼墙及洞口排水系统等。

(2)洞身工程。包括隧道洞身、运营通风洞、人行避难通道、明洞及有关工程的开挖、衬砌与相关的各种作业。

(3)防水与排水工程。它可分为施工期间的防水排水设施和结构物(永久性)防水排水工程。

(4)附属设施工程。公路隧道的附属设施是指运营通风、照明、消防、交通监控、供电配电、消音、装饰等设施。

二、隧道施工质量监理要点

1. 洞口工程

(1)要求承包人尽早修建洞门,并尽可能安排在雨季前施工。

(2)为保证边坡、仰坡稳定,防止塌方,尽可能避免大挖大刷,并要求承包人在指定的范围和时间内,应按图纸的要求,用获准的方法保护边坡、仰坡开挖面。

(3)洞门基础开挖及支护方案应报监理工程师审批。要注意基坑的检查验收,基础必须置于稳固的地基上,并做好防排水工程,基坑不得被水浸泡。基坑内废渣,在浇筑混凝土前必须清除干净。若基底岩层软硬不均,应采取措施以防不均匀沉降导致开裂。

(4)洞门处的衬砌拱墙与洞内衬砌拱墙应整体施工,洞门端墙与隧道衬砌应连接良好,使之连成整体。

(5)洞门端墙的砌筑(或浇筑)与回填,应两侧同时进行,防止对衬砌产生偏压。

(6)洞口装修砌体应按图纸要求进行装饰,表面平整清洁,保持美感;隧道名牌字样要求美观醒目,装饰应由熟练工人操作,在监理工程师在场的情况下进行,并经认可。

(7)洞口边、仰坡外的截水沟及排水沟应于土石方开挖前完成,截水沟及排水沟的上游进水口应与原地面紧密衔接,下游出水口应妥善地引入排水系统。

(8)进洞前宜将土石方及其有关工程做完,避免与洞内施工互相干扰。废弃的土石方,应堆放在指定的位置。

2. 洞身工程

1)洞身开挖

(1)承包人应选择最适合于隧道具体情况的施工方法,并经监理工程师批准。施工方法应根据地质、机械设备等条件采用减少扰动围岩、充分发挥自承作用的开挖方法。

(2)岩石隧道爆破,应采用光面爆破或预裂爆破技术,使隧道开挖断面尽可能地符合设计轮廓线,减轻对围岩的扰动,减少超挖、欠挖。

(3)爆破后应有专人负责清帮清顶,同时要对开挖面和未衬砌地段进行检查,如察觉可能产生险情时,承包人应采取措施及时处理。

(4)注意施工安全防护,在通过煤层或煤系地层时,应采取封闭措施,防止煤层瓦斯逸入坑道;在施工过程中要加强对瓦斯浓度的量测,施工通风应能满足洞内各项作业所需的最大风量,并要采取有效的防尘措施,如采用的防尘措施不能达到规定的粉尘浓度标准时,严禁采用干式凿岩。

(5)严格控制断面的开挖,不应欠挖,仅在岩层完整、抗压强度大于30MPa,确认不影响衬砌结构的稳定和强度时,岩石个别突出部分可侵入衬砌,但不超过5cm。拱墙脚1m以内断面严禁欠挖。应尽量减少超挖,不论因任何原因或目的造成的超挖,由于超挖所形成的空间,应用与衬砌相同的材料回填密实。

(6)注意煤层采空区和溶洞的探测,及时、妥善处理施工中发生的坍方。

2)施工支护

标准开挖安全的重要手段是及时、正确地支护,除完整且稳定地进行围岩外,及时支护是隧道施工成败的关键所在。

(1)施工支护应配合开挖,及时进行,确保施工安全。

(2)采用施工支护方式时,应优先考虑采用锚杆、喷射混凝土或锚喷联合支护作为临时保护,当条件差、围岩不稳定时,可采用构件支撑。

(3)构件支撑应经常检查,发现杆件破裂、倾斜、弯扭、变形以及接头松脱、填塞漏空等异状,必需立即加固。

(4)检查锚杆材料、类型、规格、质量以及性能是否与设计相符,采用的锚杆注浆设备、水泥浆(水泥)材料应批准。

(5)喷射混凝土需按施工前试验所取得的方法与条件进行喷射混凝土作业,在喷射混凝土达到终凝后方能喷射下一层。首次喷射混凝土厚度不小于5cm。喷射混凝土终凝后2h,应喷水养护,养护时间一般不少于7d。

3)衬砌工程

隧道衬砌是为保持岩体的稳定和行车安全而修建的人工永久建筑物,衬砌通常需要承受较大的围岩压力、地下水压力,有时还要受到化学物质的侵蚀,地处高寒地区的隧道往往还要受到冻害等。所以,要求用于衬砌的材料应具有足够的强度、耐久性、抗渗性、耐腐蚀性和抗冻性等。衬砌的质量直接影响整个结构物的安全,在施工中要加强质量监控。

(1)隧道衬砌施工,其中线断面尺寸、净空大小均需符合图纸及测量精度要求,还应事先考虑施工误差。施工前必须按设计中线和高程对开挖断面进行复测和修整,确认无误且经监理工程师签认后方可施工。

(2)衬砌施工前,应根据设计要求,做好各种防排水设施,对个别漏水孔洞的缝隙要采取排水堵水措施,防止侵蚀性水侵入混凝土,并采用抗侵蚀性水泥,才能确保衬砌结构的强度。

(3)衬砌用的拱架、墙架和模板,宜采用定型的金属结构,必须有足够的强度和刚度,对大跨度的拱架,施工时应特别注意其稳定性,防止失稳或移动造成拱圈开裂。

(4)衬砌材料的标准规格及要求,应满足设计图纸的规定。施工中要抽验材料的质量,控制好混凝土的配合比和拌和质量,以保证混凝土的强度和耐久性。

(5)注意检查衬砌背后回填土的密实性,它关系到隧道结构的安全,在稳定性差的围岩中尤为重要。

(6)加强衬砌的养护,初次衬砌浇筑10~20h后立即进行养护,需连续养护7~14d。寒冷和严寒地区,应做好衬砌的防寒保温措施。

(7)严格控制拱架、墙架和模板的拆除时间,衬砌强度达到设计要求后方能拆除。

4)防水与排水

(1)施工防、排水。

施工防、排水主要指地表防、排水。

a. 隧道覆盖层地表积水应先处理,按设计要求修筑排水沟及其他排水建筑物,洞口不得积水。洞顶附近有井、泉、池塘、水田等应妥善处理。

b. 地表的坑洞、钻孔、探坑等应以透水材料或土壤填塞,并分层夯实。

c. 边坡、仰坡坡顶的截水沟、排水沟应确保截引地表水,防止出水口顺坡漫流。洞口水应与路基边沟组成系统。

d. 洞外路堑向隧道内为下坡时,可将路基边沟挖反坡,以利向路堑外排水。必要时还应在洞口外适当位置设横向截水沟。

(2)洞内防、排水。

洞内施工排水不良会造成支撑基底下沉,开挖断面不易稳定,作业效率低,隧底恶化,道路泥泞,影响路面施工质量。因此,无论是顺坡排水还是反坡排水都要求开挖断面不积水,隧底无水浸流。特别是在泥岩和土砂质地层中,更应予以重视。

(3)结构排水。

①防排水结构物的断面形式、尺寸、位置和埋设深度应符合设计要求。

②水沟坡面整齐平顺,水沟及检查井盖板平稳无翘曲。

③衬砌背后或隧底设置盲沟,沟内以石质坚硬、不易风化且尺寸不小于15cm的片石充填。盲沟纵坡不宜小于1%。

④设置在软弱围岩区段的盲沟、有管渗沟,周侧应加做砂砾石反滤层或用无纺布包裹,不得堵塞水路。

⑤墙背泄水孔必须伸入盲沟内,泄水孔以下超挖部分应用同级混凝土或不透水材料回填密实。

⑥排水管接头应密封牢固,不得出现松动。

⑦隧底盲沟、有管道盲沟及渗水滤层上方的回填,应满足路基施工的要求。墙背沟、管内应清除杂物,防止堵塞水路。

⑧严寒地区保温水沟施工时应有防潮措施,防止保温材料受潮,影响保温性能。修筑的深埋渗水沟,回填材料除应满足保温、透水性好的要求外,水沟周侧应用级配集料分层回填,不得让石屑、泥沙渗入沟内。

5)附属设施工程

(1)设备洞、横通道及消防洞。施工中发现原定位置地质不良时,应会同设计单位和建设单位对现场时行调查、研究,确定变量的位置。施工要求同洞身工程。

(2)装饰工程。

①仔细检查衬砌内表面的渗漏水情况,必要时采取措施做好装饰前的防、排水工作。

②装饰材料不得侵入隧道建筑限界。

③洞口装饰应表面平整、清洁,隧道名牌字样要求美观、醒目。

④采用面砖材料时,应做到横、竖缝通直。面砖贴好后,外表面应平整,不得出现凹凸不平的现象。

⑤采用防火隔热涂料时,色彩应符合设计要求。涂料可采用喷涂或手工粉刷,但应做到色调均匀,不得出现色斑和杂色。

(3)运营管理设施。

①通风机的机座与基础,应按设计要求施工。风机底盘与机座相连的地脚螺栓应按设计要求的风机底盘螺栓孔布置形式预留灌孔眼,螺栓埋设时,灌浆应密实,螺栓应与基座面垂直。

②同一隧道内应采用统一规格的消火栓、水枪和水龙带。隧道外输水管与消防水源机自动控制装置的联结等应按设计要求处理。

③照明灯具和配电控制板的安装、配线、电缆的敷设以及接地工程应遵守执行《电气装置安装工程施工及验收规范》(GB J232—90/92)的有关规定。

三、隧道工程实测项目

隧道工程总体实测项目按《公路工程质量检验评定标准》(土建工程)(JTG F80/1—2004)执行,见表2-40。

隧道工程总体实测项目　　表2-40

项次	检查项目	规定值或允许偏差	检查方法或频率	权值
1	车行道(mm)	±10	每20m(曲线)或50m(直线)用尺量1个断面宽度	2
2	净总宽(mm)	不小于设计值		2
3	隧道净高	不小于设计值	每20m(曲线)或50m(直线)用尺量1个断面,每断面测3点	3
4	隧道偏位(mm)	20	每20m(曲线)或50m(直线)用经纬仪检查1处	2
5	路线中心线与隧道中心线的衔接(mm)	20	分别将引道中心线与隧道中心线延长至两侧洞口,比较其平面位置	2
6	边坡、仰坡	不大于设计值	用坡度板检查	1

•第十节　交通工程设施质量监理•

一、防撞护栏工程监理

1. 进场材料检查

防撞护栏进场后,首先应由施工单位自检,自检合格后,报请监理人员到现场对外观和部分主要指标进行检验。现场主要依据合同文件和相关技术规范对到场材料进行外观质量、结构尺寸、镀膜防腐层质量、涂膜颜色、材质证明文件、出厂标志和数量进行检查。业主代表和监理代表随机抽取某一批次样品送相关部门检测。各护栏生产厂家应严格按合同文件和技术规范中所列技术指标和要求进行生产,不允许低于指标和要求的护栏材料进场,否则全部退货,由此产生的一切损失由生产厂家负责,且因此耽误的工期不予顺延。若在施工过程中发现未经监理检验的材料或不合格材料(如涂层脱落、未镀锌、镀层和涂层厚度不够、涂层附着力不合格、涂层变色、涂层失光、涂层粉化等),施工单位必须无条件返工更换,如属大批量,则要追究责任。检验时填写《进场材料检验单》。

2. 开工报告

分部工程开工报告应说明工程名称、位置桩号、开工条件和施工人员及机械、测试设备的配备情况;施工方案、工艺流程图、质量保证体系、安全生产及环保措施、工期安排等;明确工地人员安排,将其报总监代表审批。

3. 施工监理

1)立柱放样

施工单位应根据批准的施工组织设计,按图纸要求及实际地形、地物的情况进行施工放样,以桥梁、通道、涵洞、人孔、中央分隔带开口、立交、平交等为控制点,进行测距定位。立柱放样时可利用调整段调节间距,并利用分配方法处理间距零头数。立柱放样后,应调查每根立柱位置的地基状态。如遇地下通信管线、横向排水管或涵洞顶部埋土深度不足时,应调整某些立柱的位置,改变立柱固定方式。

2）立柱安装

安装的立柱材料必须是经监理人员检验认可的合格材料，否则，必须全部拔出。立柱安装应与设计图相符，并与道路线形相协调。立柱应牢固地埋入土中，达到设计深度，并与路面垂直。对于一般路段，立柱可采用打入法施工，施工时应精确定位，确保设计间距，不符合规范或图纸要求的必须返工。打入过深时，不得将立柱部分拔出加以矫正，必须将其全部拔出，待基础压实后再重新打入，打入法施工的立柱，其顶部应无明显塌边、变形和开裂现象。其他方式的施工应符合合同文件和技术规范的规定。安装时，立柱不应产生明显的变形、倾斜、凹陷或裂纹，不得损坏立柱涂层，立柱的纵向和横向都应垂直竖立，各立柱在水平方向和竖直方向应形成平顺线形，凡属过度损坏致使监理工程师认为必须拆除，需由施工单位负责更换新柱，费用自理。护栏渐变段及端部立柱，应按设计规定的坐标进行安装。当护栏立柱间距不符合护栏板安装要求时，不允许割孔、校桩；护栏线形调整不好时，不允许通过改变防阻块形状的方法来达到目的；护栏的各种螺栓和连接片必须全部安装，不允许遗漏。

3）护栏板安装

护栏板应按平面详图安装，应符合《公路交通安全设施施工技术规范》（JTG F71—2006）的要求。

护栏板应通过拼接螺栓相互拼接，并经防阻块由连接螺栓固定于立柱上。立柱间的拼接方向应与交通流向一致。

安装完成的护栏必须符合图纸的线形要求的高程。在立面上，护栏板顶的高度应与道路纵坡度和竖曲线相一致。在平面上，护栏应与道路平面线形相一致。

护栏构件镀铸防腐层和涂层在安装过程中所造成的任何微小损坏，都必须及时更换，不允许补塑。在安装范围内的硅管、人孔、横向排水管等，应避免被损坏，任何损坏的修理费由护栏施工承包人负担。

4）防眩板安装

防眩板形状、尺寸应符合图纸规定，其表面不应有任何损坏。防眩板的设置位置、设置高度以及遮光角应符合图纸所示或监理工程师的要求，防眩板在安装过程中，应根据道路线形随时调整设置位置及高度，与道路线形相协调。防眩板平面弯曲度超过板长0.3%时该板不得使用。构件在搬运、安装过程中应注意保护和不损坏。

5）视线诱导标安装

视线诱导标的设置依据合同文件和图纸的规定。视线诱导标底板材料及反射器材料质量必须符合有关技术规范规定。安装前，应进行详细调查核对，按图纸要求放样、定位。附着于波形梁、混凝土上的视线诱导标，应选择合适支架和紧固件。

二、交通标志及标线工程监理

1. 交通标志工程监理

1）进场材料检查

（1）提供和使用的材料，必须符合图纸要求和有关规定。

（2）除非图纸规定或监理工程师有指示，否则底座混凝土强度等级应不低于C25号。支柱或其部件应为热镀锌钢材。立柱、横梁、法兰盘的镀锌量不低于《道路交通标志和标线》

(GB 5768—1999)规定的550g/m^2 要求,紧固件不低于350g/m^2。铝合金标志板的材料应符合《道路交通标志和标线》(GB 5768—1999)的要求。

(3)承包人在订货前应将样品及测试资料提交监理工程师批准。

(4)材料进场后,由监理、安装单位共同交验,现场主要依据合同文件和相关技术规范,对到场材料进行外观质量、结构尺寸、防腐层质量、材质证明文件、出厂标志和数量检查。业主代表和监理代表则随机抽取某一批次样品送相关部门检测。检验时填写《进场材料检验单》。

(5)原材料进场后,监理人员应对进场的各种原材料进行检查,检查内容如下:

①检查水泥强度等级、出厂日期及合格证等。工程施工中不得使用过期的水泥。

②工程用砂和石料应符合图纸和技术规范的规定。

2)开工报告

分部工程开工报告应说明工程名称、位置桩号、开工条件、施工人员和机械配备情况、施工方案、工艺流程图、质量保证体系等,并明确相关负责人、安全生产及环保措施、工期安排、工地项目负责人等,同时提交水泥混凝土配合比报告、水泥混凝土抗压试验记录及砂石试验报告等试验记录,并将其报总监代表审批。

3)施工监理

(1)材料的组织生产。工程所用材料应严格按技术规范和设计图纸的要求采购、加工、制作、运输和安装。运抵现场的工程材料报请监理工程师检验合格后,方可使用,所用材料均应附有出厂合格证及相关检验证明文件。

(2)交通标志基础施工。

①施工单位应根据批准的施工组织设计,按图纸要求及实际地形、地物的情况进行施工放样,测量人员在放线定位完毕后,在基坑开挖前通知监理工程师以便查看或检测标志位置。基坑挖到图纸规定的深度和大小,混凝土应紧靠未松动的开挖面浇筑,每个底座顶部的地面外露部分要立无缝钢模或竹胶板,如有超挖采用混凝土回填。

②开挖的基坑要防止雨水进入,经监理工程师校核后立模或设置基础钢筋,设置的预埋连接螺栓和定位法兰盘经监理工程师校对核认后浇筑混凝土,混凝土浇筑在基坑开挖后24h内完成;混凝土振捣密实并注意定位法兰盘、基础对中、顶面水平、地脚螺栓外露长度、油纸保护;底座顶面要抹平,所有外露边缘要修抹整齐、混凝土颜色一致。回填土分层夯实,填到与基坑四周地面或坡面相平。基坑挖出的土石要及时清理,回填土应充分压实。

(3)支柱的施工。

①标志牌的支柱按技术规范和图纸的规定制作和安装。

②每个标志的位置、桩号及其与路面边缘的偏距应由监理工程师现场确定。

(4)标志的制作、安装。

①标志牌的形状、尺寸符合图纸要求。标志板的裁剪、切割、卷边,应保证边缘光洁、方正,并按《道路交通标志和标线》(GB 5768—1999)中附录E和图纸所示的要求进行加固。在制作标志前,应向监理工程师提供标志样品及装配图以获得监理工程师认可。

②标志板正面要经过清洁、脱脂及防腐处理,表面应光滑平整,背面应进行防锈处理,应喷涂不反光的银灰色油漆。

③所有连接件及配件均应进行热镀锌处理。

④标志板表面应采用图纸规定的反光薄膜，其表面平整，不产生任何隆起或损坏。标志板面的颜色、图案、文字要符合图纸要求，并符合《道路交通标志和标线》(GB 5768—1999)附录A和附录E的规定。

⑤标志板面无面积大于1mm^2的气泡，且在任何一处面积为10cm×10cm的范围内，无两个(含两个)以上的气泡。

⑥路侧式标志的装设要按《道路交通标志和标线》(GB 5768—1999)第13.6条和第13.7条进行。

(5)锥形交通路标的制作。锥形交通路标为按《道路交通标志和标线》(GB 5768—1999)所示尺寸制成的硬塑料锥体，白色采用高亮度定向反光材料制成。

(6)里程碑、百米桩和公路界碑。

①里程碑、百米桩和公路界碑的制作要符合图纸要求，并按图纸规定或监理工程师指示的位置正确定位安装。

②公路界碑如设置在松软的田地或取土坑边，安装时要保证牢固稳定。

③公路里程碑上的数字为等宽的阿拉伯数字。里程碑和界碑上的文字为等宽实体汉字，所有的字形及颜色要符合图纸和《道路交通标志和标线》(GB 5768—1999)的规定。

2. 交通标线工程监理

1)进场材料检查

(1)提供和使用的材料，必须符合技术规范要求和有关规定。

(2)涂料应以密封金属容器供货。每只容器应清楚地标明制造厂的名称、出厂日期、反光性能、颜色、结合料种类及加热时最高安全温度和溶剂种类等，并附有产品出厂合格证书等。

(3)热熔标线涂料，应符合《路面标线涂料》(JTJ/T 280—1995)的规定。涂料应采用冬季施工用品中的北方用品。

(4)原材料进场后，监理人员应对进场的各种原材料进行检查，检验时填写《进场材料检验单》。

2)开工报告

分部工程开工报告应说明工程名称、位置桩号、开工条件、施工人员和机械配备情况、施工方案、工艺流程图、质量保证体系、安全生产及环保措施、工期安排、工地项目负责人及其他相关负责人，将其报总监代表审批。

3)施工监理

(1)路面标线。

①标线作业开始前，承包人应按监理工程师的指令喷涂或涂刷一段试验标线，以此检验施工设备和方法是否合适，经监理工程师批准后，试验用涂料、施工设备和方法方可用于所有的标线。

②喷涂或涂刷标线前，应清扫路面。不仅是路面上的灰尘要清除，而且还要注意到是否有水分存在，或路面是否潮湿，必要时应用燃气火焰加热干燥后再施工。

③画标准线要根据设计要求进行施工，备好皮尺、粉袋等工具。标准粉最好采用氧化锌或立德粉。

④下涂剂要采用混凝土路面专用渗透型，下涂剂干燥后才能进行涂覆施工，如果路面凹凸

严重，深凹中的下涂剂不容易干燥，可喷涂两次，效果较好。

⑤涂覆作业应在白天进行，气候潮湿、灰尘过大或温度低于4℃时应停止作业。热熔涂料只有当路面干燥、路面温度等于或大于13℃时才能进行作业。施工过程中，施工机中的涂料要经常搅拌，以防止沉淀分层；反光标线应使用热熔反光标线涂料，按要求加入玻璃珠。玻璃珠的用量应控制在涂料量的15% ~20%，加入方法应经监理工程师批准。玻璃珠一半嵌入、一半露出，其反光效果最理想；风力较大时，反光玻璃珠被吹向一侧，影响标线的正常反光；撒珠机械分为可调式的压力喷涂和定量进给两种。

⑥涂料在釜内加热时，温度应控制在180 ~230℃，同时进行充分搅拌。一般涂料完全融化后，搅拌5 ~10min即可进行涂覆，涂层厚度一般掌握在1.2 ~2.0mm为宜。

(2)突起路标施工。

①突起路标的类型与位置应符合图纸要求。

②突起路标应用环氧树脂固定在干燥清洁而无杂屑路面上。设置时将环氧树脂均匀覆于突起路标底部，厚度约8mm，将突起路标压在路面的正确位置上，轻微转动，直至四周出现挤浆。在黏结剂凝固前，突起路标不得扰动。

③在安放突起路标时，应先在路表面用硬毛刷刷10%的盐酸溶液，再用清水冲洗干净，安装时路面应干燥。

④安装后的突起路标，顶部不得高于路面22mm。

三、隔离栅工程监理

1. 进场材料检查

1)隔离栅进场检查

隔离栅进场后，由监理、安装单位共同交验，现场主要依据合同文件和相关技术规范对到场材料进行外观质量、结构尺寸、镀膜防腐层质量、材质证明文件、出厂标志和数量检查。业主代表和监理代表则随机抽取某一批次样品送相关部门检测。抽检方法可按交货的每种材料从每500件中任意挑选1件进行检验，若1件未能通过检验，则加倍抽检；若不合格，则由该试件代表的所有材料均应被拒收。检验时填写《隔离栅进场材料检验单》。

2)原材料进场复查

原材料进场后，监理人员应对进场的各种材料进行检查，检查内容如下：

①检查水泥强度等级、出厂日期及合格证等，工程施工中不得使用过期的水泥。

②工程用砂和石料应符合图纸和技术规范的规定。

2. 开工报告

分部工程开工报告应说明工程名称、位置桩号、开工条件、施工人员和机械配备情况、施工方案、工艺流程图、质量保证体系、安全生产及环保措施、工期安排、工地项目负责人及其他相关负责人，同时提交水泥混凝土配合比报告、水泥混凝土抗压试验记录、砂石试验报告等试验记录，将其报总监代表审批。

3. 施工监理

(1)施工单位应根据批准的施工组织设计，按图纸要求及实际地形、地物的情况进行施工放样，定出立柱中心线，进行必要的清场和挖除树根，以便按规定的坡度和线形修建隔离栅。

(2)施工单位根据放线位置开挖基坑,开挖完毕后,质检人员应首先全面自检,检查基坑尺寸是否符合图纸要求,坑内是否有其他杂物或浮土,检查合格后,报监理人员检验。监理检验认可后,方可埋设立柱。立柱的埋设应分段进行,先埋两端的立柱,然后拉线埋设中间立柱,从纵向看,立柱的轴线应在一条直线上,不得出现参差不齐的现象;从高度看,柱顶应平顺,不得出现高低不平的情况。在低洼地区,当地面纵坡面发生突变,无法保持规定的离地净高时,可使用较长的立柱,然后拉上多股刺铁丝。刺铁丝之间的垂直净空不大于15 mm。在开挖或钻孔之后,所有立柱应按批准的方法埋设。立柱一般每隔100m应在其两侧加斜撑,以保证其稳定;隔离栅在改变方向的地方,立柱应设三向斜撑。

立柱混凝土浇筑施工时,在浇筑地点或拌和地点要分别随机制取试件,试件上要标记制作日期,待标准养护28d时,做抗压试验,并向监理人员提交试验报告。混凝土在拌和或运输中,不得污染路面。混凝土浇筑时,要充分振捣,振捣密实后,基础表面要做修整、收光处理,立柱混凝土应密实平整,无裂缝、翘曲、蜂窝、麻面等表面缺陷。立柱、支撑或锚头埋入混凝土基础中时,施工单位应设置必要的临时拉索或支撑,以把立柱固定于适当位置,直到混凝土硬化为止。在混凝土养生7d期间,不应在立柱和支撑上安装任何材料或部件。所有立柱均应按图纸要求和线形垂直埋设。

(3)尺寸和型号符合要求的隔离栅网片,应按图纸规定的方式从立柱端部开始牢固安装到立柱的挂钩上,或将网片安装在框架内,框架与立柱连接牢固,所有的网片及铁丝均应绷紧而不变形,网面不得有锈蚀、擦伤等表面缺陷,其安装高度应符合图纸规定。隔离栅安装完毕后,立柱基础均需进行最后压实处理。其他设置、安装要求及特殊地形处理方法依照合同文件和相关技术规范执行。桥上防护网按图纸要求安装,牢固地安装在立柱或支撑上;金属网应伸展拉紧,整个结构不得扭曲。

施工单位人员在完工后全面自检,自检合格后,填写《隔离栅现场质量检验记录单》(记录此报验段对隔离栅网片安装后的检验结果)报监理人员检验复核,填写《施工记录》(记录此报验段内具体位置、施工情况、隔离栅的总长度)、《检验申请批复单》(此报验段各工序经现场监理检验签任后,填写此表,报监理组长签认,其余各表附后)。

分项工程完工后监理对已完工程进行检验评定,同时填写《隔离栅工程质量检验评定表》。分部工程完工后监理对已完工程进行检验评定,同时填写《分部工程质量检验评定表》。

四、绿化工程监理

1. 进场材料检查

进场材料检查内容主要有:

(1)表土、肥料、水等应符合规范的规定。

(2)所有植物应选择适合于当地气候条件、易于生长的并有丰满干支体系和茁壮的根系。植物应无缺损树节、檫破树皮或其他损伤。植物外观应显示出正常健康状态,能承受上部及根部适当的修剪,如无特殊规定或图纸标明的特别要求,所有植物应在苗圃采集。

(3)乔木必须具有挺直的树干、良好发育的枝杈,根据其自然习性对称生长。不应有直径大于20mm未愈合的伤痕。进场的乔木高度至少为2m,其胸径(树高出地面1.3m处)应不小于30mm。按图纸所示,种在坡脚或沿边沟的灌木高度不小于1.0m。

(4)在室内生长后适应于室外条件的,在盆内或其他容器提供的草皮及其他种植物,经过监理工程师同意后可以移植,但必须和野外植物一样。种植草皮应具有耐旱、耐涝、容易生长、蔓面大、根部发达、茎低矮强壮和多年生长的特性。

(5)不允许采用代替品种,除非证实在承包期内的正常种植季节采集不到规定的植物,只有经监理工程师同意后,才允许种植代替品种。

(6)承包人应在种植前14d向监理工程师提供有关植物供应来源的全部资料,监理工程师可随时前来检查。所有种植应符合现行关于植物病虫害及昆虫传染防疫的法规,承包人应送交监理工程师必要的全部检疫证明。从苗圃或采集地运出前不少于7d,承包人应以书面形式通知监理工程师,在苗圃或采集地挖移以前检查所有种植物。监理工程师同意挖移的植物,并不意味着最后验收。在运出前,应由园艺人员按起苗、调运等技术要求负责将植物挖出、包扎、打捆,以备运输;任何时候,植物根系应保持潮湿,防浆,防止过热。运到工地及种植前,土球应结实,草包应完好,树冠应仔细捆扎以防止枝杈折断。草皮、多年生植物以及其他植物应在合适的容器内运输,保护好根系;这些植物发育充分并有足够根系,从容器中移出时应裹有泥土。

(7)进场后,首先应由施工单位自检,自检合格后,报请监理人员到现场对主要指标进行抽检。现场主要依据合同文件和相关技术规范对到场材料进行外观、检疫证明文件和数量检查。承包人应严格按合同文件和技术规范中所列技术指标和要求进行进货,不允许低于指标和要求的植物进场,否则全部退货,由此产生的一切损失由承包商负责,且因此耽误的工期不予顺延。若在施工过程中发现未经监理检验的植物或不合格植物(如植物高度、胸径和病虫害等),施工单位必须无条件返工更换,如属大批量,则要追究责任。植物以单板株、成捆、大包或容器内装有一株或多株植物运到工地时,均应分别系有清楚的标签,植物名称、尺寸、树龄或其他详细资料,这对鉴别植物是否符合规定是必要的。当不能对各单株植物分别标明时,标签内应说明成捆、成包以及容器内的各种规格植物的数量。检验时填写《植物进场材料检验单》。

(8)在运到工地后1d内种不完的植物,应存放在阴凉潮湿处,以防日晒风吹,或暂进行假植。棵根树种应将包打开,放在沟内,根部暂盖壅土,并保持湿润。带有土球及草袋包装的植物,应用土、稻草或其他适当材料加以保护,并保持土、稻草等潮湿,以防根系干燥。

2. 开工报告

分部工程开工报告应说明工程名称、位置桩号、开工条件、施工人员和机械配备情况、施工方案、工艺流程图、质保体系、安全生产及环保措施、工期安排、工地项目负责人及其他相关负责人,将其报总监代表审批。

3. 施工监理

1)种植准备

(1)承包人应按绿化工程布置的图纸标出种植地段、种植位置及品种的轮廓,并进行放样;在种植前这些布置应得到监理工程师的检查认可。

(2)种植地段应修整到监理工程师指示的线形和坡度,并具有舒顺的外形。在种植中,所有大土块、石块、硬土及其他杂物和不适于种植的材料,均应由承包人自工地移走。处理好的表土和底土应分开,并得到监理工程师认可。

(3)乔木坑应比土球直径或比根系展开范围大约400mm。乔木坑至少深800mm,或比放在合理深度的根部土球或根系底部距坑底深200mm,坑壁应垂直,底部应水平。

(4)灌木坑应比土球直径根系展开范围大约300mm。灌木坑应有足够的深度,灌木土球或根系底部应距坑底至少有150mm。

(5)在种植时,先在坑底松填约150mm厚的表土。

2)种植

(1)应由有经验的工人按照正常做法进行种植和回填土。植物应垂直地栽好,比在苗圃的种植深度加深20~30mm。种植前的乔木和灌木应经监理人员检查认可。

(2)对棵根植物,先将表土放在坑底,其松散厚度约150mm。随即撒布2.5kg有机肥(视表土性质而定)。在肥料上覆盖50~100mm回填土层,使根系不接触肥料。随后将棵根植物放在树坑中央,以自然形态散开根系,所有折断或损坏的根系应予截去,使根部有良好的生长条件。在树坑四周及其上回填土并捣固和恰当压紧。当回填到根系一半深度时,将植物稍提起,随即再按每层厚150mm回填土并压实。植物四周应由土围成与树坑大小相同的浅盆形凹穴的蓄水,深约150mm。

(3)根部带有土球的植物,应和上述(2)一样进行处理,并将表土及肥料放在穴内。随即将乔木或灌木垂直栽在坑底放稳,栽种深度应比在苗圃时深25mm。回填土随即填在植物土球周围并捣实。土球上部的麻(草)袋应割开并移去,将土球上部的土松开并摊平,然后将其余回填下去,还应做好浅土盆的蓄水池。

(4)在种植后应按图纸要求,对乔木或灌木浇水并要浇透,半月之内,再浇透水2~3次。其后每周一般浇水1次,视气候情况而定,直到植物成活为止。

(5)当需铺草皮时,在铺植地表准备工作完成以后,即可铺植草皮,或铺成条状方格。除平铺外,在边坡较高较陡之处也可铺植。即自坡脚处向上钉铺,用小尖木桩或竹签将草皮钉固于边坡上;铺植的形式可按图纸要求或根据具体情况,采用叠铺或方格式铺植。铺植后应进行喷灌浇水。

3)植物管理

(1)种植前和种植后应进行修剪,以保持各植物的自然状态。修剪工作应由有经验的人员按照正常的园艺惯例进行,应将有病的、损坏的或枯萎的及不平衡细枝和枝杈去掉。

(2)在对植物生长有妨害的种植区,承包人应设置标志或立支柱牵索,或设临时篱笆等警告、防护措施,以保证植物的成活及下沉生长。

(3)种植区内应保持整洁,不得堆放杂物或用临时用地。

•第十一节　交工验收及缺陷责任期的质量监理•

合同工程交工验收申请受理之日至缺陷责任终止证书签发之日为交工验收与缺陷责任期阶段,一般为24个月。缺陷责任期内的质量检测及营运中的维护监理,也是监理工程师的重要职责。《公路工程竣(交)工验收办法》自2004年10月1日起施行。

一、交工验收

交工验收是检查施工合同的执行情况,评价工程质量是否符合技术标准及设计要求,是否可以移交下一阶段施工或是否满足通车要求,对各个建设单位工作进行初步评价。

1. 交工验收应具备的条件

(1)合同约定的各项内容已完成。

(2)施工单位按《公路工程质量检验评定标准》(土建工程)(JTG F80/1—2004)及相关规定的要求对工程质量自检合格。

(3)监理工程师对工程质量的评定合格。

(4)质量监督机构按部规定的公路工程质量鉴定办法对工程质量进行检测(必要时可委托有相应资质的检测机构承担检测任务),并出具检测意见。

(5)竣工文件已按部规定的内容编制完成。

(6)施工单位、监理单位已完成本合同段的工作总结。

2. 交工验收的主要工作内容

(1)检查合同执行情况。

(2)检查施工自检报告、施工总结报告及施工资料。

(3)检查监理单位独立抽检资料、监理工作报告及质量评定资料。

(4)检查工程实体,审查有关资料,包括主要产品质量的抽(检)测报告。

(5)核查工程完工数量是否与批准的设计文件相符,是否与工程计量数量一致。

(6)对合同是否全面执行、工程质量是否合格作出结论,按交通主管部门规定的格式签署合同段交工验收证书。

(7)按部规定的办法对设计单位、监理单位、施工单位的工作进行初步评价。

3. 交工验收质量评定

(1)项目法人组织监理单位按《公路工程质量检验评定标准》(土建工程)(JTG F80/1—2004)的要求对各合同段的工程质量进行评定。

监理单位根据独立抽检资料对工程质量进行评定,当监理按规定完成的独立抽检资料不能满足评定要求时,可以采用经监理确认的施工自检资料。

项目法人根据对工程质量的检查及平时掌握的情况,对监理单位所作的工程质量评定进行审定。

(2)各合同段工程质量评分采用所含各单位工程质量评分的加权平均值。即

合同段工程质量评分值

= ∑(单位工程质量评分值×该单位工程投资额)/合同段总投资额

工程各合同段交工验收结束后,由项目法人对整个项目进行工程质量评定,工程质量评分采用各合同段工程质量评分的加权平均值,即

工程项目质量评分值

= ∑(合同段工程质量评分值×该合同段投资额)/∑施工合同段投资额

二、竣 工 验 收

竣工验收是综合评价工程建设成果,对工程质量、参建单位和建设项目进行综合评价的过程。

1. 竣工验收应具备的条件

(1)通车试运营两年后。

(2)交工验收提出的工程质量缺陷等遗留问题已处理完毕,并经过项目法人验收合格。

(3)工程决算已按部规定的办法编制完成,竣工决算已经审计,并经过交通主管部门或其授权单位认定。

(4)竣工文件已按部规定的内容完成。

(5)对档案、环保等需进行单项验收的项目已经过有关部门验收合格。

(6)各参建单位已按部规定的内容完成各自的工作报告。

(7)质量监督机构已按部规定的公路工程质量鉴定办法对工程质量检测鉴定合格,并形成工程质量鉴定报告。

2. 竣工验收的主要工作内容

(1)成立竣工验收委员会。

(2)听取项目法人、设计单位、施工单位、监理单位的工作报告。

(3)听取质量监督机构的工作报告及工程质量鉴定报告。

(4)检查工程实体质量、审查有关资料。

(5)按部规定的办法对工程质量进行评分,并确定工程质量等级。

(6)按部规定的办法对参建单位进行综合评价。

(7)对建设项目进行综合评价。

(8)通过竣工验收并形成鉴定书。

3. 竣工验收评定办法

(1)竣工验收工程质量评分采取加权平均法计算,其中交工验收工程质量得分权值为0.2,质量监督机构工程质量鉴定得分权值为0.6,竣工验收委员会对工程质量评定得分权值为0.2。

工程质量评定得分大于等于90分为优良,小于90分且大于等于75分为合格,小于75分为不合格。

(2)竣工验收委员会按部规定的办法对参建单位的工作进行综合评价。

评定得分大于等于90分且工程质量等级优良的为好,大于等于75分为中,小于75分为差。

(3)竣工验收建设项目综合评分采取加权平均法计算,其中竣工验收工程质量得分权值为0.7,参建单位工作评价得分权值为0.3(项目法人占0.15,设计、施工、监理各占0.05)。

评定得分大于等于90分且工程质量等级优良的为优良,大于等于75分为合格,小于75分为不合格。

复习思考题

1. 阐述公路工程质量监理的任务、依据。
2. 公路工程单位工程、分部工程及分项工程划分的标准是什么?

3. 路基工程施工质量监理要点有哪些?

4. 不同等级公路对路基压实度有哪些要求?

5. 阐述路面基层施工质量监理要点。

6. 水泥混凝土路面和沥青混凝土路面质量监控要点有哪些?

7. 沥青混凝土材料有何要求?

8. 简述水泥稳定碎石基层的施工工艺。

9. 公路沥青路面施工技术规范对施工温度有何规定?

10. 交工验收和竣工验收有何区别?

第三章

建设工程施工阶段的进度监理

教学要求

1. 明确工程进度监理的作用、任务、职责和权限；
2. 描述施工进度监理的基本方法；
3. 描述工程进度计划的基本内容和编制要求以及审批程序和步骤；
4. 进行施工进度计划的控制和调整。

●第一节　概　　述●

一、进度监理的作用和任务

公路建设项目的施工活动，是根据工程承包合同所规定的工期要求来安排的，且整个施工过程必须在限定的工期内，按照施工技术规范、设计图纸等有关要求完成。因工程进度涉及到业主和承包人的重大利益，是合同能否顺利执行的关键，也是履行工程承包合同的重要内容。因此，在工程进度监理中，一定要把计划进度与实际进度之间的差距作为进度控制的关键环节，除满足工期要求外，还应满足合同规定的工程质量及费用要求，从而达到高效、经济的施工目的。

公路工程施工过程中，工程进度监理不仅仅对时间计划进行管理和控制，同时还需要考虑劳动力、材料、机械设备等所需要的资源能否最有效、合埋、经济地配置和使用，使工程在预定的工期内完成，并争取早日使工程投入使用而获得最佳投资效益。所以实行工程进度监理的作用主要表现在：

(1)合理控制工期、质量和费用，使项目管理达到综合优化。

(2)通过审查施工进度计划及控制实际进度与计划进度的差异，从而完善施工进度计划管理。

(3)除充分考虑时间控制问题外，同时还需要考虑劳动力、材料、施工机具设备等所必需的施工资源问题，使其最有效、合理、经济地配置与利用。

(4)通过计划、组织、协调、检查与调整等手段，调动施工活动中的一切积极因素，努力实现施工过程中各个阶段的进度目标，以确保工程施工全过程总工期目标的实现。

监理工程师在工程进度监理方面的主要任务是：要求承包人在工程开工前或施工中根据招标合同文件和施工进展情况，编制出清楚、明了、真实、可靠，能表达施工中全部活动及其他的相关联系，反映施工组织及施工方法，符合实际且便于管理的施工组织计划；审批承包人编制的施工组织计划;督促承包人执行已审批的施工组织计划,并在执行过程中通过计划进度与实际进度的比较,定期地、经常地检查和调整进度计划;协调业主和承包人、承包人与分包人、材料设备供货、交通通信、电力供应、消防治安、地方政府、当地群众等各方面、各部门之间的关系,使方方面面不致产生矛盾,以便工程能按预期进度进行。

二、进度监理的控制目标

施工过程一般包括三个阶段,即编制计划、执行检查、调整计划;各个阶段进度控制的目标分别为:确定合理的计划工期、控制进度偏差情况、调整进度计划。

编制施工进度计划阶段,进度控制的目标是确定一个合理的计划工期。在承包人编制及监理工程师审批施工进度计划时,计划工期的确定应依据以下资料:

(1)本工程项目承包合同中有关工期的规定,是确定计划工期的基本依据;合同规定的工程开工、竣工日期,必须通过进度计划落到实处。

(2)材料和设备的供应计划。如果已经编制了材料和设备的供应计划,那么施工进度计划必须与其相协调。

(3)已建成的同类工程或相似项目的实际工程进度情况是编制本项目施工进度计划的重要参考资料。

(4)投标书中确定的项目施工方案及工程进度计划。

(5)承包人的施工人员技术素质及其机具设备能力。

(6)施工现场的特殊环境及其气候条件等。

具体制订施工进度计划时,应根据上述资料编制并对其进行优化后,方可予以实施。

在实施施工进度计划的过程中,总是希望实际进度按计划进度执行,直到工程项目按计划工期完成。但工程实践中,计划的不变是相对的,实际进度的改变是绝对的。因为在拟订施工进度计划时,不可能把施工中所有可能出现的情况都考虑进去,而且施工过程中由于自然条件等因素的影响,打破原有施工进度计划是司空见惯的事情,尤其是公路工程建设项目的施工在露天进行,受气候影响严重。因此,公路工程施工过程中,施工进度不可能完全按原计划执行,其实际进度与计划进度经常出现差距。监理工程师在实施进度监理时,就是控制实际值与进度值的偏差情况,并作出合理的施工进度计划调整。

在施工进度计划开始实施以后,监理工程师必须经常评估和监督进度计划的实际执行情况,如果出现工期延误及实际进度的其他变化,则应将执行中的进度计划予以部分或全部地修改与调整。调整的工作内容及其调整期限,应依据工程项目实际情况确定。调整进度计划的目的是使其符合变化了的实际情况,以保证施工进度计划的顺利实现。

三、监理工程师在进度监理中的职责与权限

监理工程师的职责与权限应严格按照业主与监理单位签订的监理服务合同所授予的职权范围以及按业主和承包商签订的合同文件明确规定的各项内容执行。

1. 监理工程师在进度监理中的主要职责

根据《公路工程施工监理规范》(JTG G10—2006)的规定,监理工程师在工程进度监理方面的主要职责应包括下列内容:

1)计划编制

监理工程师应要求施工单位在合同规定的期限内编制并提交进度计划,进度计划应有文字说明、进度图表和保证措施等。总体进度计划中宜绘制网络图,标注关键路线和时间参数。总体进度计划和月进度计划中应绘制资金流量S曲线图。

2)计划审批

监理工程师应在合同规定的期限内审批施工单位提交的进度计划。总体进度计划应由总监理工程师审批;月进度计划等应由驻地监理工程师审核并报总监办。经批准的进度计划作为进度监理的依据。

3)计划检查

监理工程师应根据进度计划检查工程实际进度,并通过实际进度与计划进度的比较,对每月的工程进度进行分析和评价。评价结论写入工程监理月报。

4)计划调整

(1)对总体工程进度起控制作用的分项工程的实际工程进度明显滞后于计划进度且施工单位未获得延期批准时,监理工程师必须签发监理指令,要求施工单位采取措施加快工程进度。需要调整进度计划的,调整后的工程进度计划必须报监理工程师重新审核。

(2)施工单位获得延期批准后,监理工程师应要求施工单位根据延期批复调整工程进度计划。调整后的工程进度计划应报监理工程师审批。

(3)由于施工单位自身原因造成工程进度延误,在监理工程师签发监理指令后施工单位未有明显改进,致使合同工程在合同工期内难以完成时,监理工程师应及时向建设单位提交书面报告,并按合同规定处理。

(4)建设单位或施工单位提出工程进度重大调整时,应按合同或签订的补充合同执行。

2. 监理工程师在进度监理中的权限

根据FIDIC合同条件和我国公路工程施工监理规范的要求,监理工程师在工程进度监理中具有以下权限:

(1)审查施工进度计划的权限。当监理工程师认为施工进度计划不符合要求时,则有权要求承包商修改,符合要求时应予以批准执行。

(2)监控工程进度执行的权限。当承包商实施批准的施工进度计划时,监理工程师应监督检查施工进度执行情况,并控制实际进度与计划进度的偏差。

(3)承包商无正当理由延期又不采取加快施工进度措施时,监理工程师有权向业主报告,由业主决策是否终止施工合同。

(4)根据实施控制的偏差情况发出实际进度快慢信息及施工现场计划调度令。

(5)协调与进度有关的各单位,解决影响施工进度的各种问题,确保施工进度总目标的实现。

• 第二节 施工进度监理的基本方法 •

一、横道图法

横道图法是以时间为横坐标,以各分项工程或施工工序为纵坐标,按一定的先后施工顺序和工艺流程,用带时间比例的水平横线表示对应项目或工序持续时间的施工进度计划图表。

1. 横道图常用格式

横道图的常用格式如图 3-1 所示。它一般由左边的主要表格和右边的指示图表两大部分组成:左边的表格部分其内容主要包括编号、工程名称(施工工序)、施工方法、工程量或工作量单位及数量等。右边的指示图表部分是由左边的数据经计算得到的。在指示图表中用水平横道线条形象地表示出分项工程或施工工序的施工进度,其线条长度代表施工持续时间长短,线条的位置表示施工过程,线条上方的数字表示该项目所需要的劳动力数量,有时也可采用不同线条符号表示施工作业班组或施工段。

编号	工程名称	施工方法	工程量		20××年(月份)										起止时间	
			单位	数量	1	2	3	4	5	6	7	8	9	10	开工	结束
1	临时通信线路	人工为主	km	80	6										1月初	7月底
2	沥青混凝土基地	人工安装	处	1	35										1月上旬	5月上旬
3	清除路基	机械	m^3	700 000			4								3月初	7月底
4	路用房屋	人工	m^2	1 300	60				40						1月初	6月底
5	大桥	半机械化	座	1						94					5月中旬	9月中旬
6	中桥	半机械化	座	5				53			38				3月15日	8月底
7	集中性土方	机械	m^3	430 000						20					4月上旬	9月底
8	小型构造物	半机械化	座	23					30						5月初	
9	沿线土方	机械为主	m^3	89 000					36						5月初	10月底
10	基层	半机械化	m^2	560 000						48					5月上旬	10月上旬
11	面层	半机械化	m^2	560 000						18					5月上旬	10月上旬
12	整修工程	人工为主	km	80						10					5月上旬	10月上旬

图 3-1　施工进度横道图

由图 3-1 可知,横道图可以方便地表达出施工计划的总工期和各分项工程或施工工序的持续时间;每项工作何时开始、何时完成一目了然;便于计算完成施工计划所需要的劳动力、材料、机械设备及资金等各种资源用量。但是分项工程或施工工序之间的逻辑关系不明确,施工期限与地点关系无法表达,无法寻找施工计划的潜力。

2. 横道图的特点

用横道图法编制施工进度计划的优点为:简单、形象、明了、直观、易懂,且便于检查和计算资金用量。它的不足表现在:

(1)不容易看出工作之间相互依赖、相互制约的关系,仅反映工作之间的前后衔接关系。

(2)无法反映工作的机动使用时间,反映不出关键工作及哪些工作决定总工期。

(3)不能实现定量分析,因而无法采用计算机计算。

(4)在计划执行过程中,如果实施计划偏离原计划,只能进行局部简单的调整。

(5)无法进行施工组织及施工技术方案的比较与优化。

因此,横道图只适宜于编制集中性工程进度计划、材料供应计划或者简单的工程进度计划。横道图作为一种施工进度监理的工具,不仅可用于编制施工进度计划,而且还可用于工程进度实施中的监控。在进度计划实施中，计划进度横道线下方可同时标出各分项工程或施工工序的实际进度。根据实际进度与计划进度比较，可对进度计划进行必要的修改与调整。

二、S 曲 线 法

S 曲线即工程进度曲线，又称为现金流动曲线。它是针对横道图监控工程进度时，计划进度与实际进度的比较只能在各个分项工程或工作（工序）之间进行，无法对整个工程进度情况进行全局性的管理这一不足而提出的。S 曲线是以工期为横轴，以累计完成工程费用的百分比或累计完成工程量的百分比为纵轴的图表化曲线，如图 3-2 所示。

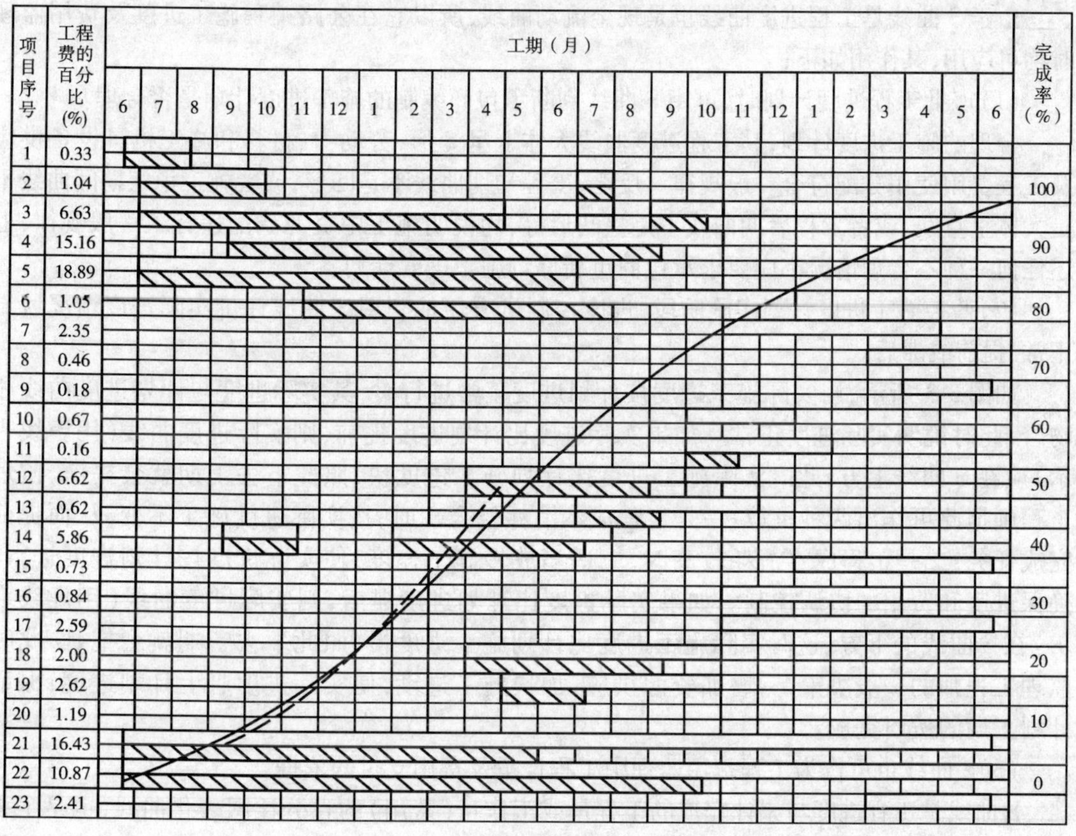

图 3-2　工程进度曲线（S 曲线）

1. S 曲线的形状特点

假设工程进度曲线用函数 $C = f(T)$ 表示，则 $V = dC/dT$ 表示工程在点 T 处的施工进度，也就是该点处曲线的切线方向即为曲线的斜率。

如果工程项目施工中投入相同数量的劳动力和施工机械，每天保持完成相等的工作量，则工程按相同的施工速度进行，工程进度曲线就是一条直线。这种情况在项目施工中很少出现。

一般情况下，项目施工初期应进行临时工程建设和各项施工准备工作，劳动力、施工机械和资金的投入较小。随着工程的进展,各项投入逐渐增多,每天完成的工作量也逐渐增加,所以施工速度逐渐加快,即工程进度曲线的斜率逐渐增大,此阶段的曲线呈凹形;在项目施工稳定期间,施工机械和劳动力投入最大且保持不变时,若不出现作业时间损失的意外,且施工效率正常,则每天完成的工作量大致相等,这时施工速度近似为常数,工程进度曲线的斜率几乎不变,故该阶段的曲线接近为直线;项目施工后期,主体工程项目已完成,剩下修理加工和清理场地等收尾工作,劳动力和施工机械逐渐退场,每天完成的工作量逐渐减少,此时施工速度逐渐放慢即工程进度曲线的斜率逐步减小,此阶段的曲线呈凸形。

由此可见,一般工程进度曲线大体上呈 S 形(图 3-2),所以该曲线又称为 S 曲线。

2. S 曲线在公路工程施工监理中的应用

由于 S 曲线是工程进度曲线也是现金流动曲线,所以它在公路工程施工进度及费用监理时均可应用,其作用如下:

(1)审批工程进度计划时,可用 S 曲线判断承包商编制的施工进度计划是否合理。

合理的施工进度计划,其工程进度曲线大体上呈 S 形,劳动力、材料和施工机具设备供应及工程费用使用分配符合一般规律。反之,工程初期曲线不是凹形,或者施工稳定期间曲线不是大体呈直线,或者工程后期曲线不是呈凸形等,均说明施工中资源调配违背了一般规律,上述任何一种不合理情况都应要求承包商重新修订施工进度计划。

(2)监控施工进度计划实施阶段,进度控制可方便地利用 S 曲线评价实际进度情况属于正常、提前或滞后。

如图 3-3 所示,当实际施工进度按计划进度正常进行时,其实际进度与计划进度曲线相吻合,此时说明实际进度正常。如果实际进度比计划进度提前,则实际进度曲线(用虚线表示)应在 S 曲线上方,此时实际施工进度比计划施工进度快,照此下去工期就会提前,监理工程师据此可作出两种决策:一是工程成本消耗较合理时,按实际进度施工不变,从而提前完成任务;二是工程成本消耗较高时,应适当放慢施工速度,使实际进度按计划进度进行,确保进度和费用的协调控制。如果实际进度比计划进度滞后,则实际进度曲线(用虚线表示)在 S 曲线的下方,这时实际施工进度比计划施工进度慢,照此下去工期就会拖延,此时监理工程师的一般决策是:增加资源供应,加快施工进度,使实际进度赶上计划进度,保证计划工期的按时完成。

(3)S 曲线也可作为工程费用监理中工程计量及费用支付的依据。

S 曲线是工程进度与累计完成的工程量或工作量(费用)的百分比图表化曲线,也是工程项目实施中进度与现金流动关系曲线。项目实施期间实际完成了多少工程量或工作量(工程费用),在实际进度曲线上一目了然,据此可方便地进行中期工程量的计量与支付。

3. 进度管理曲线

在项目施工进度计划实施过程中,实际工程进度曲线将因施工条件及管理条件的变化而变化,所以实际进度曲线往往与计划进度曲线不一致。如果二者的偏差太大时,将使工程陷入难以恢复的状态,因此应使实际进度始终处在一个安全的区域内,这样才能确保工程项目按时交工。为此,可以用进度管理曲线来明确这个安全区域的范围。

进度管理曲线实际上是由两条 S 形曲线组合而成。由于该曲线其形如香蕉,故而亦称谓“香蕉”曲线。如图 3-4 所示。

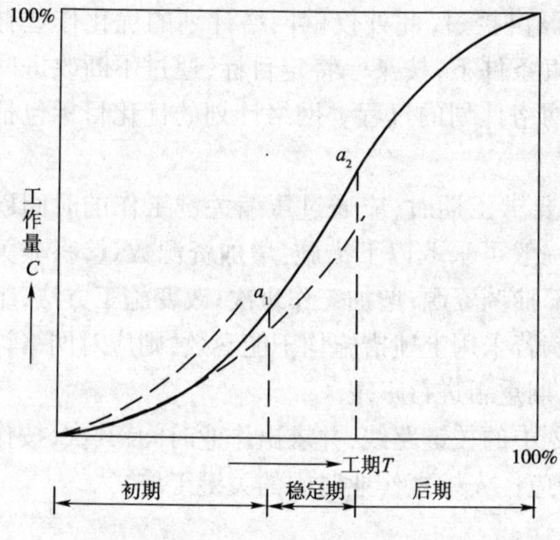

图 3-3 工程进度曲线形状

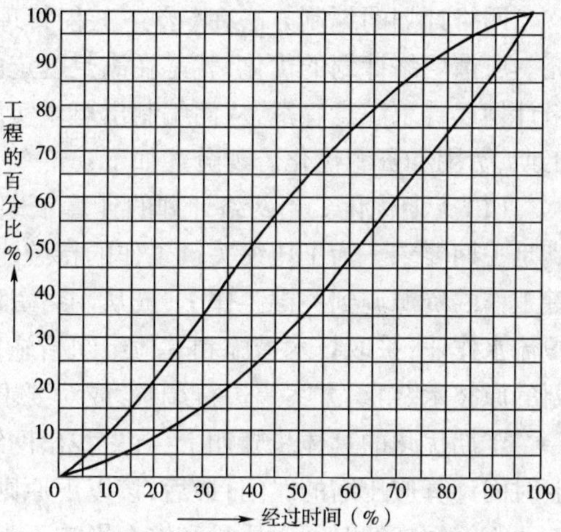

图 3-4 公路工程进度管理曲线（香蕉曲线）

从图 3-4 可以看出，工程管理曲线是由两条具有同一开始时间和同一结束时间的曲线组成，其中一条是以各项工作均按最早开始时间安排进度所绘制的 S 形曲线，简称为 ES 曲线；而另一条则是以各项工作均按最迟开始时间安排进度所绘制的 S 形曲线，简称为 LS 曲线。很显然，上述两条曲线除开始和结束点重合外，某时刻两条曲线对应完成的工作量是不同的，ES 曲线上各点均落在 LS 曲线的上方。

因此，进度管理曲线明确指出了施工进度允许偏差范围所应满足的工程进度曲线变动区域。虽然组织突击赶工也可按期交工，但这样一来将会影响工程质量和经济效益，而进度管理曲线指出的安全区，不是组织突击赶工，而是在保证质量、工期和经济性的条件下，施工进度曲线规定的允许变动范围。

使用工程进度曲线和进度管理曲线，能够把工程进度的偏差控制在适当的范围之内来进行计划和管理，可将它们作为判断工程全局进度情况的工具。但由于它们是建立在横道图的基础之上，因而仍不能弥补横道图所具有的缺点。

三、网络计划图法

网络计划图是用加注工作持续时间的箭线和节点组成的网状流程图来表示施工进度计划的。其基本原理是：首先根据工作间的相互关系及其工作先后顺序流程绘制工程项目施工进度计划网络图；其次通过计算找出计划中的关键工作及关键线路；最后通过不断调整、改善网络计划，选择最优的方案付诸实施。在网络计划实施过程中进行有效的监督与控制，确保工程项目按合同条件顺利完成。

网络计划的主要特点是：能够反映各项工作之间的相互制约、相互依赖的关系；可以区分关键工作和非关键工作，并能找出关键线路，反映出各项工作的机动时间，因而可以更好地调配和使用工料机等各种资源；能够进行计划的优选比较，从而选择最佳方案；网络计划不仅可用于控制项目施工进度，还可用于控制工程费用，如一定费用下工期最短及一定工期内费用最低等的网络计划优化，尤其是对于大型且复杂的工程进度网络计划更是如此。

网络计划的编制方法在《公路工程管理》中已讲授过，此处仅就网络计划的优化作些补充。所谓网络计划的优化，就是在满足既定的约束条件下，按某一特定目标，通过不断改进网络计划以寻求满意答案，从而编制出可供实施的网络计划的过程。网络计划的优化目标包括工期、费用和资源优化。现分述如下：

(1)工期优化。当网络计划的计算工期大于要求工期时，应通过压缩关键工作的时间以满足工期要求。为了压缩关键工作的持续时间，一般可采取以下措施：增加资源数量，将非关键工作的资源调到关键工作上，或从网络资源外部抽调资源；增加工作班次；改变施工方法；组织流水作业；采取技术措施和其他组织措施等。倘若采用上述措施均不能奏效，则应对网络计划的原技术、组织方案等进行调整，或对要求的工期重新进行审定。

工期优化的具体步骤如下：首先找出网络计划中的关键路线，并求出作业时间；其次，按作业时间计算应压缩的时间；最后，按以下原则选择应优先缩短作业时间的关键工作。

①缩短持续时间对质量和安全影响不大的工作；

②缩短有充足备用资源的工作；

③缩短持续时间所需增加的费用最少的工作；

④缩短应优先压缩的关键工作的持续时间，其缩短值应符合所在关键线路不变成非关键线路，及缩短后的持续时间不小于最短持续时间的原则，同时，还需考虑不超过按作业时间计算出的应缩短的时间；

⑤若计算工期仍超过要求工期，则重复以上步骤，直到满足工期要求或工期不能再缩短为止。

(2)费用优化。费用优化又叫时间成本优化，就是根据最低成本的要求，寻求最佳工期。其基本思想是：不断从网络计划中关键线路上关键工作的持续时间和费用关系中，找出能使计划工期缩短而又能使直接费用增加额为最少的工作，同时，还应考虑间接费随工期缩短而减少的情况。当把不同工期的直接费和间接费分别加以叠加，即可求出工程成本最低时相应的最优工期或工期指定时相应的最低工程成本。

费用优化可按下列步骤进行：

①绘制正常时间下的网络计划；

②求出网络计划中各项工作采用可行的方案后可加快的时间；

③求出工作在正常时间和加快时间下的直接费和费用变化率；

④按照它是一项关键工作或是一项可压缩的工作、或其费用变化率在可压缩的关键工作中是最低的等标准寻求可以加快的工作；

⑤确定本周期可以加快的时间和增加的费用；

⑥按确定的加快时间，逐个加快所选的关键工作，每加快一次都要重新计算时间参数，用以确定下次加快的幅度；

⑦求出优化后的总工期、总成本，绘制优化后的网络计划，并付诸实施。

(3)资源优化。资源是为完成任务所需的工料机和资金等的统称。完成一项工程任务所需的资源量基本上是不变的，不可能通过优化将其减少。资源优化是通过改变工作的开始时间，使资源按时间的分布符合优化目标。即“资源有限，工期最短”和“工期固定，资源均衡”两种优化情况。

“资源有限,工期最短”的优化过程就是调整计划安排,以满足资源限制条件,并使工期拖延最少的过程。其优化可按下述步骤进行:按工作最早开始时间绘制时标网络计划和资源需用量曲线;从开始日期起,逐日检查每日资源需用量是否超过资源限量,如所有时间内均满足资源限量要求,则可施行的优化方案即编制完成,否则,必须进行计划调整;对超过资源限量的时段,如该时段内有几项工作同时平行进行,则采取将一项工作安排在与之平行的另一项工作之后进行的方法,以减少该时段的资源需用量,即对有资源冲突的时段中的工作量进行排序,选择其中最小的(即延长其最短的),将一项工作移到另一项工作之后进行;每调整一次,都要重新绘制时标网络图及资源需用量曲线,再逐日检查,如有资源冲突时再进行调整,如此循环,直至所有时间内均满足资源限量要求,得到可行方案为止。

“工期固定,资源均衡”的优化步骤如下:按工作最早开始时间绘制时标网络计划和资源需用量曲线;从网络计划的终点节点开始,按工作的结束节点编号值从大到小的顺序进行调整,当一个节点同时为几项工作的结束节点时则应优先调整开始时间较晚的工作;当所有工作都按上述顺序自右向左进行一次或多次调整,直到所有工作都不能右移,获得最优方案为止。

• 第三节　施工进度计划的编制与审批 •

公路工程施工进度计划是工程实施进度监理的前提,没有进度计划,也就谈不上对工程项目的进度监理。因此,在工程开始施工之前,承包商应向监理工程师提供一份科学、合理的工程施工进度计划。

一、施工进度计划的编制

工程施工进度计划是表示施工项目中各个单位工程或分项工程的施工顺序,开工、竣工时间以及相互衔接关系的计划,它是工程施工项目实施阶段进行进度控制的行为标准,也是监理工程师实施进度监理的基本条件。因此,监理工程师应要求承包人在编制施工进度计划时必须贯彻合同条款及技术规范;施工进度计划应真实、可靠并符合实际,清楚、明了,便于管理,能阐明施工中的全部活动及其相互关系,反映施工组织及施工方法,合理使用人力和设备资源,预料可能出现的施工障碍及变化。

1. 施工进度计划的基本内容

公路工程项目的总工期由工程准备期、主体工程施工期和竣工后的缺陷责任期三阶段组成。工程施工进度计划,就是对上述诸阶段的总的规划。因此,承包人应在工程开工前,向监理工程师提供格式和内容符合监理工程师合理规定的工程进度计划,以及为完成该计划而采用的施工方案说明。使其可按该进度计划来确定监理工作的实施方案和施工要求;督促承包人做好具体工程开工之前的准备工作;根据进度计划的安排协调施工图纸的供应,以满足现场施工的需要;依据进度计划,在施工过程中协调人力、物力,监督实际进度及评价由于各种管理失误、恶劣气候或由于业主的主观因素等变化而对工程进度产生的影响。另外,当监理工程师进行费用或成本控制时,亦需依据具体的进度计划来审定和批准有关的单价和工程费用的支付。

根据工程项目实施的不同阶段,其进度计划可分为总体进度计划,年、月进度计划和每周进度计划;对于某些起控制作用的关键工程项目(如桥梁、隧道、立交等),还应单独编制工程进度计划。

(1)总体进度计划的内容。总体进度计划是从工程开工起,一直到竣工为止的这段时间内,各个主要施工环节的总的进度安排。其内容包括:工程项目的合同工期;完成各单项工程及各施工阶段所需要的工期、最早开始和最迟结束时间;各单位工程及各施工阶段需要完成的工程量及现金流动估算;各单位工程及各施工阶段所需配备的人力和机械数量;各单位工程或分部工程的施工方案和施工方法;施工组织机构的设置及质量保证体系,包括人员配备,工地试验室等内容。

(2)年度进度计划的内容。由于公路工程项目的建设周期较长,当工程项目比较大时,除需编制工程的总体计划外,还需编制年度和月进度计划。年度进度计划可按路基、路面、基础、墩台和桥面等分项工程划分工程项目,根据年度季节、气候的变化,确定各项年度生产指标,合理安排施工进度。其内容包括:本年度计划完成的单项工程及施工阶段的工程项目内容,工程数量及投资指标;施工队伍和主要施工设备的数量及调配顺序;不同季节及气温条件下各项工程的时间安排;在总体进度计划下对各分项工程进行局部调整或修改的详细说明等。

(3)月(季)进度计划的内容。月(季)进度计划主要是确定月(季)施工任务,具体指导施工作业,进行月(季)施工中各项指标的平衡、汇总,以便综合衡量完成的工程数量和工程投资,作为考核月(季)施工进度情况的依据。其内容包括:本月(季)计划完成的分项工程内容及顺序安排;完成本月(季)及各分项工程的工程数量及投资额;完成各分项工程的施工队伍及人力和主要机械设备的配额;在年度计划下对各单位工程或分项工程进行局部调整和修改的详细说明等。

(4)关键工程进度计划的内容。桥梁、隧道、立交等关键工程,其施工工期常关系到整个工程项目施工总工期的长短。因此,需单独编制服从于工程总体进度计划的单项关键工程进度计划。具体内容包括:具体的施工内容和施工方法;总体进度计划及各道工序的控制日期;各施工阶段的人员和机械设备的配额及其运转安排;现金流动估算;施工准备及结束后清场的时间安排;对总体进度计划及其他相关工程的控制、依赖关系和说明等。

2. 施工进度计划的表示方式

一般的公路工程建设项目,其总体进度计划及关键项目的工程进度计划,常采用横道图、斜道图或进度曲线等方式表示;对于大型项目,还应用网络图表示;年度、月(季)进度计划可采用横道图、进度曲线及有关形象进度图表示。

3. 施工进度计划的编制

根据通用合同条款第 14 条规定,承包人在收到中标通知书后,应在合同专用条件规定的时间内,向监理工程师提交一份格式和细节都符合要求的工程总体进度计划及必要的各项关键工程的进度计划,以取得监理工程师的同意。

(1)总体进度计划的编制。承包人编制的施工阶段的总体进度计划,其内容与施工组织计划的内容相似。它是按施工组织设计的编制要求编制的,即在投标文件施工组织设计的基础上,根据评标和合同谈判期间提出的一些问题而增列的合同补充条款、施工现场更为精确的基础资料和承包人能进厂的主要施工机械设备,再按需增编:材料供应图;运输组织计划图;附属企业或自办料场施工组织设计图表;供水、供电计划图表;重点项目的技术组织措施或工艺设计;网络设计图;各种管理制度等。

承包人在编制实施性的施工组织设计时,还应注意以下问题:

①施工条件,包括工程条件和自然条件,虽在工程的合同文件及业主提供的参考资料中已有叙述,但在施工组织设计的第一章中还是应再摘抄一下,使文件前后呼应,给阅读者提供方便,不需要临时去查找这些资料。

②施工方法是施工总进度表编制的基础,也是施工总体布置及投资单价分析的主要依据,它是在料场、施工设备及施工工期一定的前提下决定的。由于招标文件中已明确了料场的地点、分布范围、储量和质量等,所以,只应阐述料场的施工布置、开采工艺、质量控制、施工设备及开采进度计划等。

③招标文件中的平面总体施工布置图仅表明可供承包人使用的施工用地,而承包人提交的施工总布置图中需标明临时工程设施和生活设施的位置、面积和规模,临时施工道路等。

④编制施工总进度时,必须满足合同文件中已规定的工程进度控制时间,并应注意协调好年度进度计划及各单项合同之间的衔接关系。

(2)年度、月(季)进度计划的编制。年度进度计划可按路基、路面、基础、墩台和桥面等分项工程划分工程项目,并根据年度季节、气候的不同,确定各项年度生产指标,合理安排施工进度,编制出能反映本年度施工的各单项工程形象进度控制指标的切实可行的年度施工进度计划。

在安排年度进度计划时,应首先安排重点、大型、复杂、周期长、占劳动力多和施工机械设备多的工程,优先安排主要工种或经常处于短线状态的工种的施工任务,使其连续作业。同时,还应重点突出组织顺序上的联系,如大型机械的转移顺序及主要施工队伍的转移顺序等,以达到减少人工、机械设备的窝工浪费,节省工程费用的目的。

月(季)工程进度计划的编制,除根据年度进度计划要求外,还应按监理工程师的要求,确定月(季)施工任务,指导施工作业;进行月(季)施工各项指标的平衡、汇总,以便综合衡量完成的工程数量和工程投资,作为月(季)工程施工进度情况考核的依据。因此,在月(季)工程进度计划中应对本月(季)计划施工的分项工程,各分项工程在本月(季)计划完成的工程数量及工程投资额等加以反映。

应注意,在安排年度及月(季)进度计划时,要理顺下列关系:一般工程受重点工程的制约;配套项目受主体项目的制约;下级计划受上级计划的制约;计划内短期安排受总工期计划安排的制约。在调整计划时,应尽量不改变年度计划的指标,以便于考核计划的执行情况。

(3)关键工程进度计划的编制。关键工程的施工工期常关系到整个工程项目施工总工期的长短,因此该施工进度计划应单独编制并服从于工程总进度计划的重点单项工程进度计划,且以满足指导施工作业为准。关键工程进度计划应包括以下内容:工程概况(名称、位置、结构、施工要求等);工程的前期准备工作(如施工组织机构的设置,劳动力、材料、机械设备等);施工工艺设计(包括计算书及施工图纸);施工进度安排(如作业进度图等);施工现场平面布置图设计;质量控制及安排措施等。

二、监理工程师对进度计划的审批

公路工程施工是一项科学性很强、涉及面十分广泛的系统工程。施工进度计划与施工组织设计是完成这个系统工程,指导施工准备工作和组织工程施工的纲要,也是控制工程质量的关键性文件。因此,监理工程师在接到承包人提交的工程进度计划之后,应对其进行认真的审核,并签署审批意见。

监理工程师对进度计划审批的目的是:全面分析和检查承包人所制订的工程进度计划;了解计划中所采取的施工方案和技术措施等是否符合工程的现场情况和实际条件;确认所制订的工程进度计划中实现合同工期的目标是否合理可行。

监理工程师在收到承包人提交的各项进度计划后,应组织有关人员在合同规定或满足施工需要的合理时间内将其审查完毕。审查工作可按以下步骤进行:

①阅读文件、列出问题、进行调查了解;

②提出问题与承包人进行讨论或澄清;

③对有问题的部分进行分析,向承包人提出修改意见;

④审查批准承包人修改后的进度计划。

进度计划审批的内容如下:

1. 工期和施工时间安排的合理性

施工总工期的安排应符合合同规定的工期;各施工阶段或单位工程(包括分部、分项工程)的施工顺序和时间安排与材料和设备的进场计划相协调;易受低温、冰冻、炎热、雨季等气候影响的工程,施工的时间安排和有效的预防保护措施应得当;对动员、清场、节假日及受天气影响的时间,应留有充分的余地。

2. 施工准备的可靠性

承包人的主要施工骨干人员(施工队伍)的进场日期已经落实;施工测量放样、材料检测及标准试验的工作已经安排;驻地建设、进场道路、施工便道和便桥、供电、供水、通信等已经解决或已有可靠的解决方案;施工所需的主要材料和设备的运送日期已有保证。

3. 计划目标和施工能力的适应性

应审查承包人各阶段或单项工程计划完成的工程数量及投资额是否与承包人的设备和人力实际状况相适应;各项工程的施工方案和施工方法是否与承包人的施工经验和技术水平相适应;关键线路上安排的施工力量与非关键线路上安排的施工力量是否合适。

根据通用条件第 14 条规定,当监理工程师通过调查研究,如确认承包人为完成本合同工程而提供的工程进度计划是合理的,且是切实可行的时,应在合理的时间内同意承包人编制的进度计划,并通知承包人按计划安排施工。若认为承包人提交的工程进度计划与其实际的技术装备能力不相适应,尤其是在计划中关键线路上的工作安排不合理时,则应要求承包人修订工程进度计划。重新修订的工程进度计划,亦应报监理工程师审批。

通常情况下,工程项目进度计划由监理工程师审批;单项工程进度计划则由驻地监理工程师负责审批,并向监理工程师负责。在工程开工后,驻地监理工程师应建立单项工程的月、旬、周进度报表及进度控制图表,以便对分项施工的工程进行更为具体的控制。

监理工程师对施工进度计划的审批意见一般是建议性的,承包人可以采纳,也可以不采纳。若不采纳,承包人应说明其理由。一般情况下,监理工程师亦应尽量尊重承包人的意见,尤其是对一些重大问题,在作出书面审批意见之前,最好先和承包人交换意见,沟通思想,以避免双方产生重大的意见分歧或审批意见不够确切的情况出现。

●第四节 施工进度计划的控制和调整●

一、工程进度控制

进度控制是指在既定的工期内，由承包商编制出合理的工程施工进度计划，报经监理工程师审批后，承包商按计划进行施工。在施工过程中，监理工程师经常检查施工实际进度情况，并将其与计划进度相比较。若出现偏差，应分析产生偏差的原因和对工程工期的影响程度，采取一定的措施或要求承包商加强进度管理、调整后续进度计划。如此不断循环，直到工程竣工。

进度控制与质量和费用控制一样是工程施工监理的重点之一。监理工程师在进行进度控制时，要明确进度计划的不变是相对的，而进度计划的改变是绝对的；平衡是相对的，不平衡是绝对的；实际进度与计划进度完全一致几乎是不可能的。作为监理工程师，在施工监理过程中应分清主次，即密切关注关键工作，避免造成工作盲目和被动；多观察、多记录，尽快发现影响进度的不利因素，及时采取措施和对策，或督促承包商调整后续进度计划，使进度符合目标要求。

二、影响进度的主要原因

影响公路工程施工进度的因素很多，按照 FIDIC 管理模式可分为承包商的原因、业主的原因、监理工程师的原因和特殊原因。

1. 承包商的原因

(1)承包商在合同规定的时间内，未按时向监理工程师提交符合监理工程师要求的施工进度计划。

(2)工程施工过程中，各种原因使得工程进度不符合工程施工进度时，承包商未按监理工程师的要求，在规定时间内提交修订的工程施工进度计划，使后续工作无章可循。

(3)承包商技术力量及其设备、材料的变化，工程承包合同以及施工工艺等不熟悉，造成承包商违约而引起的停工或缓慢施工，也是影响工程施工进度的原因之一。

(4)承包商的质检系统不完善和质量意识不强，将对工程施工进度造成严重影响。

2. 业主的原因

在工程施工过程中，除承包商的原因外，业主未能按工程承包合同的规定履行义务，也将影响工程施工进度，甚至造成承包商终止合同。

(1)监理工程师同意承包商提交的工程施工进度计划后，业主未能按施工进度计划随工程进展向承包商提供施工所需的现场和通道。承包商的施工进度计划难以实现，容易导致工程延期和索赔事件的发生。

(2)由于业主的原因，监理工程师未能在合理的时间内向承包商提供图纸和指令，给工程施工带来困难；或承包商已进入施工现场并开始施工，而设计发生变更，变更设计图纸无法按时提交给承包商，这都将严重影响工程施工的进度。

(3)工程施工过程中,业主未能按合同规定的期限支付承包商应得的款项,造成承包商暂停施工或缓慢施工,也是影响工程施工进度的一个主要因素。

3. 监理工程师的原因

由于监理工程师的失职、判断或指令错误以及未按程序办事等原因影响工程施工进度。

4. 其他特殊原因

(1)额外或附加工程的工程量增加。如土石方数量增加;土石比例发生较大变化;涵洞改为桥梁等,均会影响工程施工的进度。

(2)工程施工中,承包商碰到异常恶劣的气候条件。

(3)人们无法预测和防范的任何自然力的作用以及特殊风险的出现,诸如战争、地震、暴乱等。

三、进度检查

进度计划的检查是执行信息的主要来源,是施工进度调整和分析的依据,也是进度控制的关键步骤。进度计划检查的方法主要是对比,即实际进度与计划进度进行对比,从而发现偏差,以便调整或修改计划。

偏差不外乎有三种可能:实际进度比计划进度提前、按时(正常)或拖延(延误)。在进度检查时所谈及的偏离往往是针对正在检查的内容(工作或分项工程)。因此还应分析这些偏差对工程项目或合同段工期有何影响,即工程总体进度状况发展的趋势。

在整个施工监理过程中,监理工程师应做好以下工作:

(1)在工程项目的施工中,专业监理工程师应要求承包商每日按单位工程、分项工程或工点对实际进度进行记录,并予以检查,以作为掌握工程进度和进行决策的依据。每日进度检查记录应包括以下基本内容:当日实际完成及累计完成的工程量;实际参加施工的人力、机械数量及生产效率;施工停滞的人力、机械数量及其原因;承包商的主管及技术人员到达现场的情况;当日发生的影响工程进度的特殊原因和时间;当日的天气情况等。

(2)高级驻地监理工程师应要求承包商根据现场提供的每日施工进度记录,及时进行统计和标记,并通过分析和整理,每月向总监理工程师及其代表和业主提交一份每月工程进度报告。该报告应包括以下主要内容:工程进度概况或说明,应以记事方式对计划进度执行情况提出分析;编制出工程进度累计曲线和完成投资的进度累计曲线;显示关键线路(或主要工程项目)上一些施工活动及进展情况的工程图片;反映承包商的现金流动、工程变更、价格调整、索赔、工程支付及其他财务支出情况的财务状况;影响工程进度或造成延误的其他特殊事项、因素及解决措施。

(3)监理工程师应编制和建立各种用于记录、统计、标记,反映实际工程进度与计划工程进度的差距的进度控制图及进度统计表,以便随时对工程进度进行分析和评价,并作为要求承包商加快工程进度、调整进度计划或采取其他合同措施的依据。

在工程实施过程中,如果实际进度(尤其是关键线路上的实际进度)与计划进度基本相符时,监理工程师不应干预承包商对进度计划的执行;但应及时掌握影响和妨碍工程进度的不利因素,督促工程按计划进行。

四、进度延误处理

监理工程师在进度监理过程中,若发现有较大进度延误的事件,应及时、认真地进行处理。首先进行进度检查,判断其延误是否造成误期影响,工期有可能拖延多长时间。对于无误期影响的延误事件一般无需处理,但对延误较大虽然还未造成误期影响的一些准关键工作(已接近关键工作的工作)要极为关注,其次应通过现场记录和有关文件或资料分析这些延误事件的原因或责任,如图 3-5 所示。延误原因或责任有两类,与之相对应的也有两种不同处理方式。

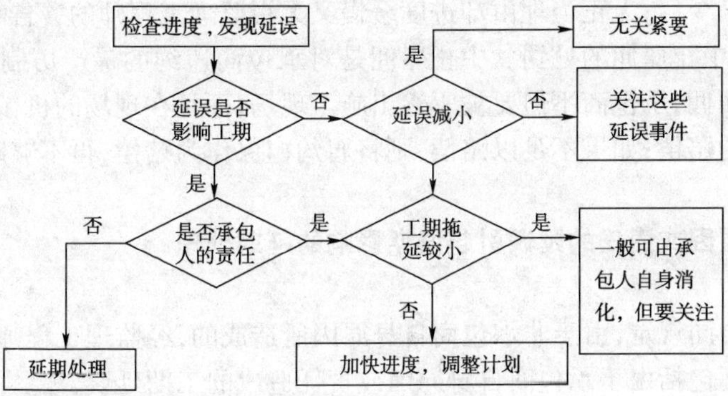

图 3-5 工程延误处理方式

1. 承包商自身原因或责任的延误引起误期影响的处理

1)工期拖延影响不大的处理

承包商自身原因的延误引起工期拖延不大,没超过一定百分比,承包商一般可通过内部管理来自身消化。作为监理工程师应及时提醒或告诫承包商延误工期将受到的处罚,以提高承包商如期完成工程的自觉性,促使承包商自觉地加强内部管理、优化资源调配,在后续的施工中抢回失去的时间。

2)工期影响较大的处理

从进度计划的检查,反映出承包商自身原因的延误引起工期拖延的影响较大,达到或超过危险的百分比时,监理工程师可根据合同规定的程序和权力采取以下两种处理方法。

(1)加快工程进度,调整进度计划。在承包商无权决定延期的情况下,监理工程师认为实际工程进度过于缓慢,将不能按照进度计划预定的工期完成工程时,应指示或通知承包商采取加快措施,以赶上工程进度中的阶段目标和总目标。承包商提出和采取的加快工程进度的措施必须经过监理工程师批准。监理工程师应从工地掌握第一手资料,以便对承包商提供的加快进度的措施审批。批准时应注意以下事项:

①只要承包商提出的加快工程进度的措施符合施工程序并能确保工程质量,监理工程师应予以批准;

②因采用加快工程进度措施而增加的施工费用应由承包商自负;

③因增加夜间施工或法定节假日施工而涉及业主的附加监督管理(包括监理)费用,应由承包商负担,费用数额及支付方式由业主、监理工程师及承包商协商确定。

调整进度计划是承包商的任务,当承包商无视监理工程师对过于缓慢进度发出的警告时,可按照合同规定采取相应的制约手段。

(2)监理工程师为控制进度而采取对承包商制约的手段。

①误期赔偿费。误期赔偿费是合同竣工时间已到时承包商未能按时竣工而受到的处罚。按照 FIDIC 合同条件第 47 条规定,如果承包商未能按期竣工,则应向业主支付标书附件中规定金额的误期赔偿费。目前大部分工程按每拖延工期一天赔偿合同总价的 0.05% 计,累计不超过合同总价的 10%。

②中止对承包商的雇佣。为了保证合同工期,FIDIC 合同条件第 63 条规定,如果承包商严重违反合同,而不采取改正措施,经监理工程师证实后,业主有权中止对承包商的雇佣。例如承包商接到开工令后,无正当理由却进度缓慢又无视监理工程师的警告等,这些都属于严重违约,有可能受到中止雇佣的处罚。中止雇佣是对承包商违约的最严厉制裁。因为一旦业主中止对承包商的雇佣,承包商不但要被驱逐出施工现场,而且在现场的机械设备和材料应留下作为对业主损失的赔偿;如果不足以赔偿,则将履约担保作为赔偿,再不够时,就作为承包商对业主的债务。

2. 非承包商原因或责任的延误引起误期影响的延期处理

1)延期

延期是指按合同规定,由于非承包商自身原因所造成的,经监理工程师书面批准的合同竣工期限延长。它不包括由于承包商自身原因或责任造成的工期延误。

2)延期的审批原则

延期直接影响到业主投资效益的发挥,使业主多承担了投资所付出的利息,推迟了项目运营的资金回收。但是对于非承包商责任的延误所引起的工期拖延,即工程不能按原定工期完工的情况,合同规定在申请手续齐备并符合合同条件下由业主承担这部分损失,给予承包商竣工时间的顺延。延期是维护承包商正当利益的体现,作为监理工程师应该公正地处理工期延期。延期审批应遵循以下这些原则:

(1)符合合同规定。

①非承包商原因或责任。

②符合合同规定的手续。合同中规定,在申请延期之前,承包商必须提交意向通知书并报告详情。这体现了公平合理的原则,既考虑到承包商的利益也考虑到业主的利益,避免给业主造成损失扩大的机会。定期提交事件发生的详细报告是确定延期天数的依据,同时便于监理工程师了解事情的经过,以利于采取措施减少损失。

(2)延误的时间发生在关键线路上,即延误会造成误期。对于非承包商责任的延误事件要给予延期补偿的主要理由是当非承包商原因的延误造成将来承包商不能按原定工期完工时,如果不顺延竣工期限,就将视为承包商违约,承包商因此将受到误期赔偿的处罚。在这种情况下对承包商进行这样的处罚是毫无道理的,因此应给予承包商竣工期限的顺延。所以,是否给予延期还必须判断延误有无造成工期拖延。只有造成工期拖延的非承包商责任的延误才能延期,否则不必给予延期。延误发生在关键线路上,则一定造成工期拖延。因此我们常常强调延误必须在关键线路上是延期的重要条件。如果延误的时间是非关键工作并且延误未超过其总时差,即使符合合同规定也不能批准延期。

应注意关键线路是相对的,不是绝对的。工程项目或合同段工程的关键线路并非固定不变，它随着工程的进展和情况的变化会变化或转移，原来的关键线路会变成非关键线路，而原来的非关键线路会变成关键线路。因此，我们在关注关键线路的同时，还应该注意准关键线路上非关键工作的延误，这些延误事件容易转变成关键工作。所以监理工程师应经常检查和跟踪进度情况，随时了解进度计划变化的情况，为公正地处理延期提供依据。

(3)符合实际情况。批准延期必须符合实际情况，为此，承包商应对可获得延期事件发生后的各类有关细节进行详细的记载，并及时向监理工程师提交详细报告。与此同时监理工程师也应对现场进行详细考察和分析，并做好有关记录，从而为合理确定延期天数提供可靠依据。

五、进度计划的调整

工程施工过程中，由于承包商机械和人力的变化、管理失误以及恶劣的气候、地质条件或业主的原因等因素的影响，都将给施工进度计划的实现带来困难。因此，如果监理工程师发现工程现场的组织安排、施工顺序或人力和设备与进度计划上的方案有较大不一致时，应要求承包商对原工程进度计划及现金流动计划予以调整，以符合实际需要，并保证满足合同工期的要求。

1. 关键线路的调整

当关键线路上某项工程的施工时间比计划增加，将意味着整个工期将延长。在这种情况下，监理工程师应要求承包商先把注意力集中在非关键线路上，看非关键线路上的工程是否有机动时间，能否把非关键线路上的机械、人员调整到关键线路上的关键工序中去，以改变关键线路的时间；如果不能，为了满足关键线路上的工程按计划完成，承包商则可能延长工作时间，或者重新增加新的机械和人员来完成进度计划的调整。

2. 非关键线路的调整

调整工程进度计划，主要是调整关键线路上的施工安排。对非关键线路，如果实际进度与计划进度的差距并不对关键线路上的实际进度造成不利影响时，监理工程师可不必要求承包商对整个工程进度计划进行调整，只需对机动和富余时间予以局部调整安排。如果工程进度比原计划的进度拖延时差较大，并影响到合同工期的关键线路时，承包商必须及时对工程进度计划作整体修订与调整。

3. 加快工程进度

在承包商没有取得合理延期的情况下，监理工程师认为实际工程进度过慢，将不能按照工程进度计划预定的竣工时间完成工程时，应要求承包商采取加快进度的措施，以赶上工程进度计划中的阶段目标或总体目标。承包商提出和采取的加快工程进度的措施必须经过监理工程师批准，承包商无权要求为采取这些措施支付任何附加费用。

本 章 小 结

工程进度监理应在确保质量和安全的基础上，以计划控制为主线进行。监理工程师要求施工单位按时提交进度计划，严格进行计划审批，及时收集、整理、分析进度信息，发现问题及时按照合同规定纠正，努力实现施工过程中的各个阶段目标，从而确保总工期的实现。

复习思考题

1. 什么叫进度监理？进度监理的作用和任务是什么？
2. 进度监理的主要方法有哪些？
3. 如何用横道图法进行进度控制？
4. 如何用S曲线评价进度情况？
5. 监理工程师在进度监理中的作用是什么？它具有哪些权限？
6. 施工进度计划应包含哪些基本内容？
7. 监理工程师在进度监理中应注意哪些问题？

第四章

施工安全监理与环境保护监理

教学要求

1. 解释施工安全监理和环境保护监理的概念；
2. 明确施工安全监理和环境保护监理的法律依据和工作内容；
3. 明确哪些工程项目需报安全专项施工技术方案；
4. 描述公路工程安全监理和环境保护监理的程序和监理要点。

安全监理与环境保护监理是新的历史时期赋予工程监理工作的两项新内容，也是工程监理工作的重要组成部分。《公路工程施工监理规范》(JTG G10—2006)明确规定了施工安全监理和环境保护监理的监理工作内容、监理依据、监理程序等内容。

• 第一节 施工安全监理的依据、范围及工作内容 •

公路工程施工安全监理是指工程监理单位受建设单位(或业主)的委托，依据国家有关的法律、法规和工程建设强制性标准及合同文件，对公路工程安全生产实施的监督检查。贯彻"安全第一、预防为主、综合治理"的安全生产方针。

一、工程安全监理的依据

交通安全建设工程安全监理的依据包括有关安全生产、劳动保护、环境保护、消防等的法律法规和标准规范，建设工程批准文件和设计文件，建设单位委托监理合同有关的建设工程合同等。

1. 有关安全生产、劳动保护等的法律法规和标准规范

有关建设工程安全生产、劳动保护等的法律法规和标准规范包括：《中华人民共和国安全生产法》、《中华人民共和国公路法》、《中华人民共和国港口法》、《建设工程安全生产管理条例》、《中华人民共和国劳动法》、《中华人民共和国环境保护法》、《中华人民共和国消防法》等法律法规，《公路建设市场管理办法》、《水运建设市场管理办法》、《公路建设监督管理办法》等部门规章，以及地方性法规等，也包括《工程建设标准强制性条文》、《公路工程施工监理规范》(JTG G10—2006)、《水运工程施工监理规范》(JTJ 216—2000)以及有关的工程安全技术标准、规范、规程等。

2. 建设工程批准文件

建设工程批准文件包括：批准的可行性研究报告、建设项目选址意见书、建设用地规划许可证、建设工程规划许可证以及初步设计文件、施工图设计文件等。

3. 委托监理合同和有关的建设工程合同

工程监理单位应根据两类合同进行安全监理。这两类合同包括：工程监理单位与建设单位签订的建设工程委托监理合同，建设单位与施工单位签订的有关建设工程合同。

二、工程安全监理的范围

监理单位应当按照法律、法规和工程建设强制性标准进行监理，对工程安全生产承担监理责任。应当编制安全生产监理计划，明确监理人员的岗位职责、监理内容和方法等。对危险较大的工程作业应当加强巡视检查。

监理单位应当审查施工组织设计中的安全技术措施或者专项施工方案是否符合工程建设强制性标准。监理单位在实施监理过程中，发现存在安全事故隐患的，应当要求施工单位整改，必要时，可下达施工暂停指令并向建设单位和有关部门报告。

监理单位应当填报安全监理日志和监理月报。

以下是工程安全监理的工作范围：

(1)审核施工组织设计中安全技术措施或专项施工方案。

(2)在实施监理过程中，发现存在安全事故隐患的，应当要求施工单位整改。

(3)情况严重的，应当要求施工单位暂时停止施工，并及时报告建设单位。

(4)施工单位拒不整改或者不停止施工的，应当及时向有关主管部门报告。

(5)应当按照法律、法规和工程建设强制性标准实施监理。

三、工程安全监理的工作内容

监理人员的安全管理工作是消除安全事故因素的外部力量。工程的安全事故与工程施工生产密切相关，为了真正能够预防工程安全事故，必须消除施工生产过程中的人的不安全行为和物的不安全状态。然而监理人员的管理活动属于外部管理，是安全管理工作中的外部原因，外部原因必须通过施工单位的内因方能发挥作用。监理人员的安全管理必须通过施工管理人员的贯彻才能成为有效的措施。

(1)工程开工前，监理工程师应审查施工单位编制的施工组织设计中的安全技术措施或专项施工方案是否符合强制性标准，审查合格后方可同意工程开工。审查重点有以下几点：

①安全管理和安全保证体系的组织机构，包括项目负责人、专职安全管理人员、特种作业人员及其配备的数量及安全资格培训持证上岗情况。

②施工单位是否在其内部各种管理制度的基础上，有针对性地建立了施工安全生产管理体系和运行机制，是否制订了安全管理规章制度和安全操作规程。

③施工单位的安全防护用具、机械设备、施工机具是否符合有关安全规定。

④是否制订了施工现场临时用电方案的安全技术措施和电气防火措施。

⑤施工场地布置是否符合有关安全要求。

⑥生产安全事故应急救援方案的制订情况，针对重点部位和重点环节制订的工程项目危

险源监控措施和应急方案。

⑦施工人员安全教育计划、安全交底安排。

⑧安全技术措施费用的使用计划。

⑨监理工程师,特别是监理机构负责人必须结合对施工单位的施工组织审查工作,重点审查其质量保证体系、安全生产各保证体系的建立和实施计划,发出相应的修改完善的监理指令。同时应把对施工组织计划的审查意见以正式的文件形式向监理公司本部报告。

⑩监理公司技术负责人和职能管理部门,应当将现场监理机构负责人书面报回的施工组织审查意见,作为考核监理机构和人员的工作水平及能力的重要依据,及时组织相关人员检查、反馈监理机构所上报的审查意见,适时组织学习交流,不断提高监理人员的安全管理水平。

(2)监理工程师应审查分包合同中是否明确了施工单位与分包单位各自在安全生产方面的责任。

(3)监理工程师在巡视过程中应监督施工单位按专项安全施工方案组织施工,若发现施工单位未按有关安全、法律、法规和工程强制性标准施工,违规作业时,应予制止。

对危险性较大的工程作业等要定期巡视检查,如发现安全事故隐患,应立即书面指令施工单位整改;情况严重的应签发《工程暂停令》要求施工单位暂停施工,并及时报告建设单位。施工单位拒不整改或者不停止施工的,监理工程师应及时向有关主管部门报告。

(4)督促施工单位进行安全生产自查工作、落实施工生产安全技术措施,参加施工现场的安全生产检查。

(5)建立施工安全监理台账。监理机构应建立施工安全监理台账,由专人负责。监理人员每次巡视、检查工作对涉及施工安全的情况、发现的问题、监理的指令及施工单位处理的措施和结果应及时记入台账。总监理工程师和驻地监理工程师应定期检查施工安全监理台账记录情况。

●第二节　施工安全监理的程序和主要内容●

一、施工准备阶段

1. 安全监理的工作准备

(1)组织监理人员开启安全教育,确定工作内容。

(2)编制安全监理方案及其实施细则。

①编制安全监理方案应包括以下内容:

a. 安全监理工作依据;

b. 安全监理工作目标;

c. 安全监理工作内容;

d. 项目监理机构安全监理岗位、人员及工作任务;

e. 安全监理工作制度;

f. 初步认定的危险性较低的分部分项工程一览表;

g. 初步认定需经监理复核安全许可验收手续的大中型施工机械和安全设施一览表;

h. 初步确定需编制的专项安全监理细则一览表；

i. 初步选定的新材料、新技术、新工艺及特殊结构防止安全事故的监督控制措施；

j. 必要的安全防护用品。

②编制专项安全监理细则内容：

a. 危险性较大的分部、分项工程安全监理工作的特点和施工现场环境、状况；

b. 安全监理人员的安排与分工；

c. 安全监理工作的方法及措施；

d. 针对性的安全监理检查、控制要点；

e. 相关过程的检查记录(表)和资料目录。

2. 审查施工单位的安全生产管理体系

(1)检查施工单位安全管理体系中的管理机构，总、分包现场项目经理和专职安全生产管理人员持证上岗及安全员数量配备情况。

(2)检查施工单位的安全生产责任制度、安全生产教育培训制度、安全生产规章制度和操作规程、消防安全责任制度、安全生产事故应急救援预案、安全施工技术交底制度以及设备的租赁、安装拆卸、运行维护保养、自检验收管理制度等是否健全和完善。

(3)检查施工现场各种安全标志和临时设施的设置。

(4)检查、督促施工单位与分包单位之间签订施工安全生产协议书。

(5)检查施工单位安全技术措施或文明施工措施费用的使用计划。

(6)督促施工单位制订安全事故应急救援预案，监控对重点部位和重点环节制订的工程项目危险源监控措施和应急救援方案的实施。

(7)对有关施工单位安全生产管理体系的检查项目，由项目监理机构在第一次工地会议上，书面向施工单位告知。

(8)明确本项目工程安全事故上报与处理程序，要求事故单位在第一时间内，按预定程序上报建设单位、所在地安全生产监督管理部门、交通主管部门、公安部门、工会等相关部门，不得隐瞒和拖延上报。

3. 审查施工单位的安全设施、设备、特种作业人员的配备情况

对施工单位的安全设施、设备和特种作业人员的配备情况进行审查，并履行现场的的报验手续。

4. 审查施工现场平面布置

(1)施工现场的生活生产房屋、变电所、发电机房、临时油库等均应设在干燥地基上，并应符合防火、防烘、防风、防爆、防震的要求。

(2)施工现场要设置有足够的消防设备。

(3)生产生活房屋按规定保持必要的安全净距，一般情况下活动板房不小于7m，铁皮板房不小于5m，临时的锅炉房、发电机房、变电房、变电室、铁工房、厨房等与其他房屋的间距不小于15m。

(4)易燃易爆的仓库、发电机房、变电所，应采取必要的安全防护措施，严禁用易燃材料修建。炸药库的设置应符合国家有关规定，工地的小型油库应远离生活区50m以外，并外设围栏。

(5)工地上较高的建(构)筑物、临时设施及重要库房,如炸药房、油库、发(变)电房、塔架、龙门吊架等,均加设避雷装置。

(6)对环境有污染的设施和材料应设置在远离人员居住的空旷地点。污染严重的工程场所应配有防污染设施。

(7)场内道路应保持畅通。通过载货车辆较多的道路,其弯道半径一般不小于15m,特殊情况不得小于10m。手推车道路的宽度不小于1.5m。急弯与陡坡段应设置明显交通标志。与铁路交叉处应有专人照管,并设信号装置和落杆。靠近河流和陡壁处的道路,应设置护栏和明显的警告标志。场内行驶的有轨斗车、平车的轨道应平坦顺直,纵坡不得大于3%。车辆装制动闸,线路终点应设置倒坡和车挡。

(8)施工现场的临时设施,必须避开泥沼、悬崖、陡坡、泥石流、雪崩等危险区域,选择在水文、地质良好的地段。

5. 审查安全技术措施或者专项施工方案

安全技术措施包括:防火、防毒、防爆、防洪、防尘、防雷击、防触电、防坍塌、防物体打击、防机械伤害、防溜车、防高空坠落、防交通事故、防寒、防暑、防疫、防环境污染等方面的措施。

1)施工组织设计中的安全技术措施

施工安全技术措施是针对每项工程在施工过程中可能发生的事故隐患和可能发生安全问题的环节进行预测,从而在技术上和管理上采取措施,消除或控制施工过程中的危险因素,防范安全事故的发生。

监理工程师在审查施工单位编制的施工组织设计时,应根据工程项目的特点制订相应的安全监理措施。因此,施工安全技术措施是工程施工安全生产的指令性文件,是施工现场安全管理和监理的重要依据。施工安全技术措施主要包括:

(1)进入施工现场的安全规定。

(2)地面、深坑、隧道施工作业的防护。

(3)水上、高处及立体交叉施工作业的防护。

(4)施工用电安全技术措施。

(5)机械、机具使用过程中的安全防护及夜间施工安全防护。

(6)为确保安全,对于采用新工艺、新材料、新技术的工程制订的专项安全技术措施。

(7)预防自然灾害(台风、雷击、洪水、地震、高温、寒冻、泥石流等)的措施。

2)专项安全施工方案

监理工程师应依据《公路工程水运安全生产监督管理办法》第二十三条所指的九项分部、分项工程,督促施工单位在施工前单独编制专项安全施工方案,如不良地质条件下有潜在危险的土方、石方开挖,滑坡及高边坡处理,桩基础,挡墙基础,深水基础及围堰工程等。同时对交通建设工程中特有的、危险性较大的工程,如预应力结构张拉施工、特种设备施工、爆破施工,隧道施工中的不良地质隧道、高瓦斯隧道施工,采用新技术、新工艺、新材料的工程,以及可能影响建设工程质量、安全,已经行政许可但尚无技术标准的施工,也必须督促施工单位编制专项安全方案。另外根据《施工现场临时用电安全技术规范》(JTJ 46—2005),对于施工现场临时用电设备在5台及5台以上的或设备容量在50kW及50kW以上的,应督促施工单位编制临时用电专项安全方案。

依据部《公路水运工程安全生产监督管理办法》，施工单位应当在施工组织设计中编制安全技术措施和施工现场临时用电方案，对危险性较大的工程应当编制专项施工方案并附安全验算结果，需施工单位技术负责人、监理工程师审查同意并签字后实施，由安全生产管理人员进行现场监督。

6. 对施工单位事故应急救援预案的审查

《公路水运工程安全生产监督管理办法》第三十三条规定："建设单位、施工单位应当针对本工程项目特点制订生产安全事故应急预案，定期组织演练。"

二、施工阶段

在施工阶段，监理单位应派专人对施工现场安全情况进行巡查，对发现的各类安全隐患，应书面通知施工单位，并督促其立即整改；情况严重的，监理单位应及时下达工程暂时停工令，要求施工单位停工整改，并同时报告建设单位。消除隐患后，监理单位应检查整改结果，签署复查或复工意见。施工单位拒不整改的，监理单位应当及时向建设单位或工程所在地交通主管部门报告。施工阶段监理工程师安全监理的工作程序如图 4-1 所示。

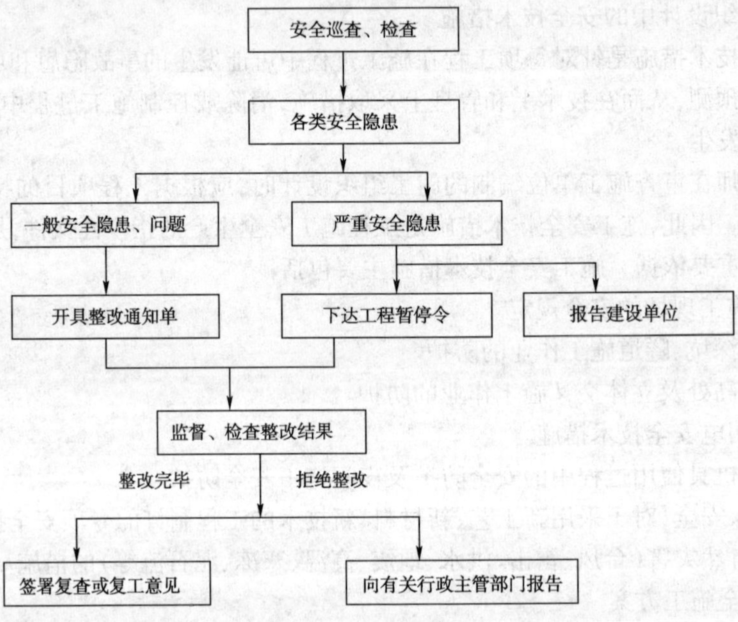

图 4-1　施工阶段监理工程师安全监理工作程序图

1. 施工现场日常安全监理的工作和程序

1）日常安全监理

（1）加强督促。

（2）巡视检查。

（3）监理会议。

2）日常安全监理实施程序

（1）发出口头通知，开具整改通知单。

（2）召开专题监理例会。

(3)签发“工程暂停令”。

(4)向建设主管部门报告。

2. 监督施工单位的施工作业

监督施工单位按已批准的施工方案组织施工，及时制止违规施工作业。

3. 巡视检查

监理工程师应每天对施工过程中的危险性较大工程作业情况进行巡视检查，发现未按施工方案组织施工或违规作业行为应及时制止，巡视检查的重点包括以下几个方面：

1)高处作业

(1)从事登高作业的人员，必须经过专业技术培训及专业考试合格，持证上岗，并定期进行体格检查。经医生诊断，凡患高血压、心脏病、贫血病、癫痫病以及其他不适于高空作业的人员，不得从事高空作业。

(2)对高处作业的安全技术设施，发现有缺陷和隐患时，必须及时解决；危及人身安全时，必须停止作业。

(3)雨天和雪天进行高处作业时，必须采取可靠的防滑、防寒和防冻措施。凡水、冰、霜、雪均应及时清除。对有高处作业的高耸建筑物，应事先设置避雷设施。遇有六级以上强风、浓雾等恶劣气候，不得进行露天攀登与悬空高处作业。暴风雪及台风暴雨后，应对高空处作业安全设施逐一加以检查，发现有松动、变形、损坏或脱落等现象，应立即修理完善。

(4)防护棚搭设与拆除时，应设立警戒区，并派专人监护，严禁上、下同时拆除。

(5)高处作业时材料堆放应平稳，工具应随手放入工具袋(套)内，上、下传递物件禁止抛掷。

(6)在没有安全防护设施时，禁止在屋架上的上弦、支撑、桁条、挑架或未固定的构件上行走或作业。高空作业与地面的联系，应采用通信装置，并设专人负责。

(7)乘人的外用电梯、吊笼，应有可靠的安全装置，禁止利用起重臂和绳索攀登，禁止随同运料的吊篮、吊装物上下。

2)机电设备使用必须满足的要求

(1)已建立机电设备操作手册和操作规程。

(2)机电设备运行状态应完好，并有可靠、有效的安全防护装置。

(3)机电设备定人操作，操作人员经培训、考核合格。

(4)机电设备定期保养并记录。

(5)操作人员严格按照操作手册和操作规程进行操作。

(6)特种机械设备(如电梯、塔吊、架桥机、龙门吊等)进场后使用前必须经过有资质的单位鉴定，并出具鉴定证书。

3)场内车辆驾驶

(1)未经专业、职业培训部门培训合格的持证人员和不熟悉车辆性能者，禁止驾驶车辆。

(2)车辆制动器、喇叭、转向系统、灯光等影响安全的部件必须良好。

(3)严禁翻斗车、自卸车车厢乘人；严禁人、货混装；车辆载货严禁超载、超高、超宽；捆扎必须牢固可靠。

(4)车辆进出施工现场，在场内掉头、倒车，在狭窄场地内行驶时，必须设专人指挥。

(5)现场行车、进出场要减速,并做到“四慢”,即:道路情况不明要慢;行走线路不良、照明度差时要慢;起步、交会车、倒车、停车要慢;在狭路、桥梁弯路、坡路、岔路、行人密集处及出入大门要慢。

(6)临近机动车道的作业区和脚手架等设施,以及道路中的障碍应设安全标志并有防护设施,夜间应设警示灯并有足够的照明。

(7)装卸车作业时,若车辆停放在坡道上,应采取有效措施防止车辆溜坡。

(8)在场内机动车道行走的人员,不应并排结队行走有碍交通。

(9)机动车不得牵引无制动装置的车辆;牵引物体时,物体上不得有人,人员不得进入正在牵引的物和车之间;在坡道牵引时,车和被牵引物下方不得有人作业、停留或通过。

4)气割、电焊作业

(1)所有焊接工具及防护用品应完整无损,安全有效。

(2)要正确使用焊接设备、焊具及防护用品,高空作业应系安全带,并应佩戴安全帽。

(3)现场周围有易燃、易爆物品时应及时清理或采取防护措施。

(4)必须在禁火区进行明火作业时,应严格执行“动用明火”审批制度,办妥“动火证”手续。施工现场严格执行三级动火制度。

5)起重作业

(1)起重指挥、起重司机必须持证上岗。指挥人员作业时应执行规定的指挥信号;起重机司机应熟悉起重机技术性能。

(2)起重机各限位保险应齐全,各机构的工作应正常,制动器应灵敏可靠。

(3)起重作业所需的用具、设备应可靠完好,钢丝绳无断丝、露芯、扭结、变形等异常情形。

(4)起重指挥、起重机司机、起重工等操作人员应严格执行起重作业安全操作规程,正确佩戴防护用品。

(5)在垂直运输、不同层面吊装时应设二级指挥人员,指挥作业应站在能够照顾全部作业面的地点。

(6)在吊装区域内严禁站人。

(7)根据起重物件、设备的质量、体积、形状,采用适当的搬运方法,按规范要求,正确使用好各种起重用具。

(8)起重机回转范围50cm内无障碍物。

(9)吊起满载荷重物时,应先吊起离地面20~50cm,检查起重机的稳定性,制动器的可靠性及重物绑扎的牢固性等,确认可靠后,才能继续起吊。

(10)起重臂最大仰角不得超过制造厂规定。

(11)吊起重物时,应严格注意起吊重物的升降,不使起吊钩到达顶点。

(12)起重机必须置于坚硬平整的地面上,起吊时的一切动作要以缓慢速度进行,严禁同时进行两个动作。

(13)工作完毕后起重臂停在约45°处,离开作业面,停在坚硬可靠的地基上,发动机熄火关闭电门,操纵杆推进空挡位置,制动器处于制动状态。

(14)如遇重大构件必须使用两台起重机同时起吊,构件质量不得超过两台起重机所允许起重量总和的3/4，每台起重机分担的负荷不得超过该机允许负荷的80%。在起吊时必须对两台起重机进行统一指挥。在整个吊装过程中，两台起重机的吊钩滑车组都应基本保持垂直状态。

6）钢筋加工、绑扎作业

（1）断料、配料、弯料等工作应在地面进行，不准在高空操作。

（2）搬运钢筋注意避免与附近的架空线和临时电线发生碰撞。

（3）现场高处绑扎作业时，必须搭设符合规定的施工脚手架并配备其他安全设施。

（4）冷拉钢筋时，当钢筋拉直时人员必须离开，禁止横跨或碰触钢筋。

（5）切断机在剪切钢筋时，刀口要与钢筋成垂直。切断机不准剪切短于30cm的钢筋。

（6）人工断料，敲锤与持钢筋者应立成斜角。

（7）现场绑扎悬空大梁钢筋时，不得站在模板上操作。

（8）绑扎独立柱头钢筋时，不准站在钢箍筋上绑扎，也不准将木料、管子、钢模板穿在钢箍筋内作为立人板支撑。

（9）起吊钢筋时，下方禁止站人，必须待骨架降到距模板1m以下才能靠近，就位支撑好方可摘钩。

（10）起吊钢筋时，规格、尺寸必须统一，不准一点一吊，吊点必须扎紧。

（11）切割机电源线须接漏电开关，切割机后方不准堆放易燃物品。

（12）钢筋头子应及时清理，成品堆放要整齐，工作台要稳固，钢筋工作棚照明灯必须加网罩保护。

（13）高空作业时，不得将钢筋集中堆放在模板和脚手板上，也不准把工具、钢箍、短钢筋随意放在脚手架上。

（14）在雷雨时必须停止露天操作，预防雷击。

（15）不得在钢筋骨架上行走，禁止从柱子上的钢箍筋上下。

7）混凝土浇筑

（1）使用平板振动器或振捣棒的作业人员，要穿胶鞋、戴绝缘手套；振捣设备用电应通过三级配电箱，并装有漏电保护器，电源线不得有破皮漏电；夜间施工时，照明要良好。

（2）混凝土使用推车向料斗倒料时，要有挡车措施。

（3）浇筑高度在2m以上，应搭设操作平台，浇筑混凝土时，不准直接站在溜槽上或站在横板及支撑上操作；操作人员必须系好安全带，并扣好保险钩。

（4）串搭车道板时，两头须搁置平稳，并用钉子固定，在车道板下面每隔1.5m需加一横楞、顶撑；高空串搭，必须装有防护栏杆。

（5）车道板单车行走不小于1.4m宽，双车来回不小于2.8m宽，在运料时，前后应保持一定车距，不准奔走、抢道或超车。

（6）用塔吊、料斗浇捣混凝土时，指挥扶斗人员与塔吊司机应密切配合。

（7）使用振动机前应进行安全检查。振动机移动时，不能硬拉电线，更不能在钢筋和其他锐利物上拖拉。

（8）井架吊篮起吊或放下时，必须关好井架双重安全门，人员头、手不准伸入井架内，待吊篮停稳，方能进入吊篮内工作。

(9)无可靠安全防护时,作业人员必须系好安全带并挂好保险钩,或架设安全网。

8)张拉作业

(1)张拉人员必须严格遵守各项技术操作规程。

(2)张拉机具、千斤顶等机具使用前必须经有资质的单位鉴定和标定,压力表、持压阀、油管等部件的联接必须牢固。

(3)张拉开始时,必须保持楔槽的清洁卫生,不得有油腻、杂物。

(4)张拉时非工作人员不得进入工作区。压力表指针在一定压力量,禁止拧动油泵和千斤顶每个受力螺钉或撬打千斤顶。

(5)千斤顶与油泵在稳压时,工作人员必须在安全的位置。

(6)退楔时所有人员必须远离千斤顶,禁止对着楔块退出和钢丝绳的斜度位置站立。

(7)拆除千斤顶时,必须先取出千斤顶两侧的楔块。

(8)悬空张拉时,必须先搭设工作平台,工作平台上应有栏杆、保险绳等安全设施。

(9)应搭设满足操作人员和张拉设备荷载牢固可靠的脚手架,并搭设防雨篷。

(10)预应力张拉区域应设明显的安全标志,非操作人员禁止进入。

(11)张拉钢索的两端必须设置挡板,挡板应距离所张拉钢索端部1.5~2m,且应高出最上一组张拉钢索0.5m,其宽度应距张拉钢索两侧各1m以上。

9)脚手架搭设与拆除作业

从事脚手架搭设和拆除的人员,必须是经过按现行国家标准《特种作业人员安全技术培训考核管理规则》(GB 5036—85)考核合格的专业架子工,经体检合格,方可持证上岗,并配备必需的个人安全防护用品。

(1)脚手架或模板支架必须与邻近高压架空线路保持安全距离,特殊情况下不能保持安全距离时,应搭设外电防护隔离设施;若遇无法保持安全距离又无法建立外电防护设施的情况,必须在外电线路停电后方可进行搭设。

(2)脚手架的基础应根据脚手架及模板支架的搭设高度、承载要求、土质情况及现行国家标准《建筑地基基础工程施工质量验收规范》(GB 50202—2002),按专项施工方案的要求,进行加固处理和验收,场内不得有积水。

(3)对脚手架及模板支架所使用的材料,应进行检查验收,不合格的产品不得使用。脚手钢管应采用现行国家标准《直缝电焊钢管》(GB/T 13793—1992)或《低压流体输送用焊接钢管》(GB/T 3091—2001)中规定的3号普通钢管,其质量应符合现行国家标准《碳素钢结构》(GB/T 700—2006)中Q235—A级钢的规定,宜采用ϕ48mm×3.5mm的钢管。新扣件应有生产许可证,法定检测单位的测试报告和产品质量合格证,并按现行国家标准《钢管脚手架扣件》(GB 15831—2006)的规定进行抽样检测。

(4)脚手架及模板支架基础验收合格后,应按专项施工方案的要求进行放线定位。

(5)脚手架和模板支架在搭设过程中,应设立作业警戒区,并派专人进行监控,严禁非操作人员入内。

(6)脚手架和模板支架在搭设过程中,应进行分步验收,全部验收合格并挂牌后方可投入使用。

(7)在脚手架和模板支架的使用期间,严禁拆除主接点处的纵、横向水平杆及纵、横向扫地杆、连墙件。

(8)在脚手架及模板支架上进行电、气焊作业时,必须有防火措施并设专人监护。

(9)脚手架作业层上的施工荷载应符合设计要求,不得超载;不得将模板支架、缆风绳、泵送混凝土和砂浆的输送管等固定在脚手架上。

(10)脚手架及模板支架应按现行行业标准《施工现场临时用电安全技术规范》(JGJ 46—2005)采取接地防雷措施。

(11)不得在脚手架、模板支架基础及邻近处进行挖掘作业。

(12)当有六级以上大风和雾、雨、雪天气时应停止脚手架搭设和拆除作业,雨、雪后上架作业应有防滑措施,并应扫除积雪。

(13)支架施工前,应进行详细的结构计算,满足支架承重的要求,确保支架结构安全,并报监理工程师批准后实施。

10)大模板堆放、安装、拆除作业

(1)平模存放应满足地区条件要求的自稳角,两块大模板应采取板面对板面的存放方法,长期存放模板,应将模板连成整体。大模板存放在高处,必须有可靠的防倾倒措施,不得沿外墙围边放置,并垂直于外墙存放。

(2)没有支撑或自稳角不足的大模板,要存放在专用的堆放架上,或者平堆放,不得靠在其他模板或物件上。

(3)模板起吊前,应检查吊装用绳索、卡具及每块模板上的吊环是否完整可靠,并应先拆除一切临时支撑,经检查无误后方可起吊。模板起吊前,应将吊车的位置调整适当,做到稳起稳落,就位准确。

(4)筒模可手拖车整体运输,也可拆成平模用拖车水平叠放运输,平模叠放时,垫木必须上下对齐,绑扎牢固,用拖车运输,车上严禁坐人。

(5)在大模板拆装区域周围,应设置围栏,并挂明显的标志牌,禁止非作业人员入内。组装平模时,应及时用卡具或花篮螺钉将相邻模板连接好。

(6)现浇结构安装模板时,必须将悬挑担固定,位置调整准确后,方可摘钩,外模安装后,要立即穿好销杆,紧固螺栓。安装外模板的操作人员必须系好安全带。

(7)在模板组装或拆除时,指挥、拆除和挂钩人员,必须站在安全可靠的地方操作,严禁人员随模板起吊。

(8)大模板必须有操作平台、上下梯道、走道和防护栏杆等附属设施。

(9)拆模起吊前,应拆除穿墙销杆。拆除外墙模板时,应先挂好吊钩,紧绳索,再拆除销杆。吊钩应垂直模板,不得斜吊。摘钩时手不离钩,待吊钩吊起超过头部方可松手。吊钩超过障碍物以上的允许高度,才能行车或转臂。模板就位和拆除时,必须设置缆风绳。

(10)在大风情况下,不得做高空运输。

(11)模板安装就位后,要采取防止触电的保护措施,要设专人将大模板串连起来,并同避雷网接通。

4. 核查现场机械和安全设施的验收手续,并签署意见

施工单位采购、租赁的安全防护用具、机械设备、施工机具及配件,应当具有生产(制造)许可证、产品合格证,并在进入施工现场前由使用单位或承租单位、出售单位或出租单位、安装单位共同进行检查验收,验收合格的方可使用。验收合格后30d内,应当向当地交通主管部门登记。

5. 检查现场安全防护设施等是否符合规范要求,并签认所发生的费用

1)检查施工单位现场安全防护用品的提供及使用情况

施工单位应当向作业人员提供安全防护用具和安全防护服装,并书面告知危险岗位的操作规程和违章操作的危害。作业人员应当遵守安全施工的强制性标准、规章制度和操作规程,正确使用安全防护用具、机械设备。

2)安全标志

施工单位应当在施工现场出入口或者沿线各交叉口、施工起重机械、拌和场、临时用电设施处、爆破物及有害危险气体和液体存放处,以及洞口、隧道口、基坑边沿、脚手架、码头边沿、桥梁边沿等危险部位,设置明显的安全警示标志或者必要的安全防护设施。

3)安全防护设施

(1)高处作业防护。

(2)临边作业防护。

(3)洞口作业防护。

(4)攀登作业防护。

(5)悬空作业防护。

(6)移动式操作平台防护。

(7)特殊季节、气候条件施工防护。

(8)专项防护。

4)临时用电防护

5)安全施工措施费用的使用

监理工程师应依据国家有关法律、法规、规章的规定,及通过审核后的施工组织设计中的施工安全技术措施,对列入建设工程概算的安全作业环境及安全施工措施所需费用的使用情况进行审核签认。列入建设工程概算的安全作业环境及施工措施所需费用,应当用于施工安全防护用具及设施的采购和更新、安全施工措施的落实、安全生产条件的改善,不得挪作他用。

6. 督促施工单位安全自检,进行抽查及参与安全生产专项检查

1)督促施工单位进行安全自检

工程项目安全检查的目的是为了消除隐患、防止事故,是安全控制工作的一项重要内容。通过安全检查可以发现工程危险因素,以便有计划地采取措施,保证安全生产。施工项目的安全自检应由项目经理定期进行,安全自检可分为日常性检查、专业性检查、季节性检查、节假日前后的检查和不定期检查等。

2)对施工单位自查情况进行抽查

监理工程师对施工单位自查情况进行抽查,抽查后应编制安全检查报告,对施工单位自检情况进行综合评价。

3)参加建设单位组织的安全生产专项检查

监理工程师参加建设单位组织的各种安全生产专项检查,配合做好对施工现场安全管理、安全制度落实、安全防护、文明施工、危险作业环境防护、施工用电等专项检查工作,对检查中发现的问题，积极落实施工单位整改，复查整改情况，并及时向建设单位上报。

三、交工验收阶段

交工验收阶段监理工程师的主要工作内容包括：

(1)协助建设单位落实工程建设项目"三同时"规定。

(2)审查安全设施等是否按设计要求与主体工程同时建成交付使用。

(3)承担交工验收至竣工验收阶段质量缺陷和问题修复施工作业安全管理责任。

• 第三节 道路工程施工安全监理要点 •

1. 土方工程

(1)土方工程的开挖和填筑必须按照经审批的施工组织设计或者专项施工方案组织实施并采取安全技术措施。

(2)施工前必须清除地上障碍物和勘察地下工程、管线的准确位置，做好标识，并采取有效的保护措施。严禁使用机械对地下管线进行探察。

(3)土方工程开挖应符合下列规定：

①从上而下开挖，人工挖土 2 人操作间距横向不得小于 2m，纵向不得小于 3m。禁止采用挖空底脚法开挖土方或者不良地质岩石。

②明挖放坡宽度必须大于土质自然破裂线宽度；开挖深度 1.5m 以上，且无条件放坡的必须设置固壁支撑。固壁支撑应经过安全验算并随时挖深增加。

③坑、槽、沟边缘 1m 以内不得堆放弃土、机械或者其他杂物，并在距边缘 1m 设置截水沟。

④机械开挖应设专人指挥。机械放置平台保持稳定，挖掘前要先发出信号。严禁人员进入机械旋转范围。

多台机械开挖，挖土间距应大于 10m 以上。多台阶开挖应验算边坡稳定，确定挖土机离台阶边坡底脚安全距离。

⑤基坑、沟槽、坑井边缘必须设置不低于 1.2m 高度的防护栏杆和夜间警示灯。人员上下应走马道或梯子，严禁蹬踏固壁支撑上下。

⑥基坑内应有良好的排水设施。当开挖深度超过邻近建筑物(构筑物)基础深度时，应采取加固固壁支撑，控制好降水，对建筑物进行沉降和位移观测。一旦发现异常应立即通知人员撤离现场，并组织群众撤离危险建筑。

⑦深基、深井、深沟内的开挖必须具备良好的通风条件，并经常检测有毒、有害气体的浓度，不得在有毒、有害气体超标情况下施工。遇有文物或者不可辨认的物品即向上级报告，并做好现场保护。严禁随意敲打、玩弄或丢弃。

(4)土方填筑应符合下列规定：

①从硬实地面向软土地面逐步填筑，并随填随压实。

②设专人指挥，具有回转车道。

③倾倒前应先发出信号，检查倾倒位置是否有人或机械、物资；严禁在填筑坡脚下站人。

④划定危险区域，并设专人监控。

⑤夜间或者视线不良条件下施工，应增加照明。

⑥大量土方的开挖及填筑除符合以上规定外，尚应符合有关强制性标准的规定。

(5)土方工程常用机械(推土机、铲运机、正铲挖土机、拉铲挖土机、抓铲挖土机、装载机、自卸汽车、压实机械)等监理工作要点如下：

①作业前，应查明施工场地明、暗设置物，地下敷设管道(包括电线、电缆、给水、排水、煤气、通信、供暖等管道)，地下坑道等的地点及走向，并采用明显记号标示。严禁在离电缆1m距离以内作业。

②机械不得靠近架空输电线路作业，并应与架空输电导线的安全距离不得小于表4-1的规定。

机械作业与架空输电导线的安全距离　　表4-1

电压(kV) / 安全距离(m)	<1	1~15	20~40	60~110	220
沿垂直方向	1.5	3.0	4.0	5.0	6.0
沿水平方向	1.0	1.5	2.0	4.0	6.0

③在施工中遇到下列情况之一时应立即停工，待符合作业安全条件时，方可继续施工。

a. 填挖区土体不稳定，有发生坍塌危险时；

b. 气候突变，发生暴雨、水位暴涨或山洪暴发时；

c. 在爆破警戒区内发出爆破信号时；

d. 地面涌水冒泥，出现陷车或因雨发生坡道打滑时；

e. 工作面净空不足以保证安全作业时；

f. 施工标志、防护设施损毁失效时；

g. 配合机械作业的清底、平地、修坡等人员，应在机械回转半径以外工作。当必须在回转半径内工作时，应停止机械回转并制动好后，方可作业；

h. 雨季施工，机械作业完毕后，应停放在较高的坚实地面上。

2. 石方工程

(1)石方爆破作业。

①爆破相关手续是否齐全；

②审核爆破施工单位的资质；

③检查爆破影响范围内的安全防范措施是否符合施工组织设计的要求，爆破前是否已落实；

④检查爆破器材出厂合格证、质量检验报告；

⑤检查爆破模拟试验结果；

⑥检查爆破孔位置、数量、孔深是否符合设计要求；

⑦检查炸药埋置品种、质量、深度和孔口及塞实情况；

⑧检查雷管线路网络是否达到了设计要求；

⑨检查爆破结果是否达到了设计要求。

(2)石方爆破作业，以及爆破器材的管理、运输、检验和销毁等工作应按国家现行的《爆破安全规程》(GB 6722—2003)执行。

(3)爆破器材应按规定要求进行检验,对失效及不符合技术条件要求的不得使用。

(4)爆破工作必须有专人指挥。确定的危险区边界应有明显的标志、警戒区四周必须派设警戒人员。警戒区内的人、畜必须撤离,施工机具应妥善安置。预告、起爆、解除警戒等信号应有明确的规定。

(5)石方地段爆破后,必须确认已经解除警戒,作业面上的悬岩石也经检查处理后,清理石方人员方准许进入现场。

3. 防护工程

(1)边坡防护作业,必须搭设牢固的脚手架。

(2)砌石工程必须自上而下砌筑。片石改小,不得在脚手架上进行。护墙砌筑时,墙下严禁站人。抬运石块上架,跳板应坚固,并设防滑条。

(3)抹面、勾缝作业必须先上后下。严禁在砌筑好的坡面上行走,上下必须用爬梯。架上作业时,架下不准有人操作或停留,不得上面砌筑、下面勾缝。

(4)砂浆拌和机、砂浆喷射机等有关施工机械必须按照国家有关规定及操作规程进行作业。

(5)挡墙挖基应视土质、湿度和挖掘的深度设放安全边坡(表4-2),否则应设置相适应的围壁支撑。

基坑坡度表 表4-2

坑壁土质	坑壁坡度		
	基坑顶缘无载重	基坑顶缘有静载	基坑顶缘有动载
砂类土	1:1	1:1.25	1:1.5
碎卵石类土	1:0.75	1:1	1:1.25
轻亚黏土	1:0.67	1:0.75	1:1
亚黏土	1:0.33	1:0.5	1:0.75
极软岩	1:0.25	1:0.33	1:0.67
软质岩	1:0	1:0.1	1:0.25
硬质岩	1:0	1:0	1:0

(6)人工挖基作业时,从基坑内抛上的土应边挖边运。用土台分层抛掷传运出土时,台阶宽度不得小于0.7m,高度不得大于1.5m。基坑上边缘暂时堆放的土方至少应距坑边0.8m以外,堆放高度不得超过1.5m。

4. 基层施工

(1)消解石灰,不得浸水的同时边投料、边翻拌,人员应远避,以防烫伤。

(2)装卸、撒铺及翻动粉状材料时,操作人员应站在上风侧,轻拌轻翻减少粉尘。散装粉状材料宜使用运输车运输,否则车厢上应采用篷布遮盖。装饰尽量避免在大风天气下进行。

(3)稳定土拌和机作业的拌和过程中,不能急转或原地转向,严禁使用倒挡进行拌和作业。遇到底层有障碍物时,应及时提起转子,进行检查处理。

(4)碎石撒布机作业。

①自卸汽车与撒布机联合作业，应紧密配合，以防碰撞。

②作业时无关人员不得进入现场，以防碎石伤人。

(5)洒水车在上下坡道及弯道运行中，不得高速行驶，并避免紧急制动。

(6)洒水车驾驶室外不得载人。

5. 沥青路面

(1)沥青的加热及混合料拌制，宜设在人员较少，场地空旷的地段。产量较大的拌和设备，有条件的应增设防尘设施。

(2)沥青的预热与熬制可采用蒸气、导热油、太阳能及远红外等加工工艺。

(3)洒布车(机)工作地段应有专人警戒。施工现场的障碍物应清除干净，洒油车作业范围内不得有人。施工现场严禁使用明火。

(4)沥青洒布车作业。

①检查机械、洒布装置及防护装置是否齐全。

②采用固定式喷灯向沥青箱的火管加热时，应先打开沥青箱上的烟囱口，并在液态沥青淹没火管后，方可点燃喷灯。

(5)沥青混合料拌和站的各种机电(包括使用微电脑控制进料的)设备，在运转前均需由机工、电工、电脑操作人员进行详细检查。确认正常完好后才能合闸运转。

(6)机组投入正常运行后，各部门、各工种都要随时监视各部位运转情况，不得擅离岗位。

(7)搅拌机运行中，不得使用工具伸入滚筒内掏或清理，需要清理时必须停机。如需人员进入搅拌鼓内工作时，鼓外要有人监护。

(8)料斗升起时，严禁有人在斗下工作或通过，检查料斗时应将保险链挂好。

(9)沥青混合料摊铺机摊铺作业，驾驶台及作业现场要视野开阔，清除一切有碍工作的障碍物。作业时无关人员不得在驾驶台上逗留。驾驶员不得擅离岗位；运料车向摊铺机卸料时，应协调动作，同步行进，防止互撞；慰平板预热时，应控制热量，防止因局部过热而变形，加热过程中，必须有专人看管；用柴油清洗摊铺机时，不得接近明火。

6. 水泥混凝土路面

1)人工摊铺

(1)装卸钢模时，必须逐片轻抬轻放，不得随意抛掷。

(2)混凝土振捣器(含插入式、附着式、平板式振动器)使用应遵守下列规定：

①插入式振捣器电源上，应安装漏电保护装置，接地或接零应安全可靠。

②附着式、平板式振捣器轴承不应承受轴向力，在使用时，电动机轴应保持水平状态。装置振捣器的构件模板应坚固可靠，其面积应与振捣器额定振捣面积相适应。

③操作人员应经过用电知识培训，作业时应穿戴绝缘手套。

④电缆线应满足操作所需的长度。电缆线上不得堆压物品或让车辆挤压，严禁用电缆线拖拉或吊挂振捣器。

⑤振捣器不得在初凝的混凝土、地板、脚手架和干硬的地面上进行试振，在检修或作业间断时应断开电源。

⑥作业停止需移动振捣器时，应先关闭电动机，再切断电源。不得用软管拖拉电动机。

2)切缝、养生

(1)切缝机锯缝时,刀片夹板的螺母应紧固,各连接部位和安全防护罩应完好正常。切缝前应先打开冷却水,冷却水中断时应停止切缝。

切缝时刀片要缓缓切入,并注意割切深度指示器,当遇到有较大切割阻力时应立即升起刀片检查。停止切缝时应先将刀片提离板面才可停止运转。

(2)薄膜养护的溶剂,一般具有毒性、易燃等特性,应做好储运装卸的安全工作。喷洒时应站在上风,穿戴安全防护用品。

第四节 公路施工环境保护监理概述

一、施工环境保护监理的概述

施工环境保护监理,是指监理单位受建设单位的委托,依法对施工单位在施工过程中影响环境的活动进行监督管理,确保各项环保措施满足公路施工环境保护的要求。

公路施工环境保护监理是针对施工过程环境保护的全方位、全过程的监理,其主要任务,一是根据《中华人民共和国环境保护法》及相关法律、法规,对工程建设过程中污染环境、破坏生态的行为进行监督管理,如噪声、废气、污水等污染物排放应达标,减少水土流失和生态环境破坏,也称为"环保达标监理";二是对建设项目配套的环保工程进行施工监理,确保"三同时"的实施,如对水处理设施、声屏障、绿化工程、自然保护区、水源保护区以及风景名胜保护区的保护等设施进行监理,也称为"环保工程监理"。

二、施工环境保护监理依据

1. 国家有关的法律、法规

《中华人民共和国宪法》、《中华人民共和国环境保护法》、《中华人民共和国海洋环境保护法》、《中华人民共和国水法》、《中华人民共和国文物保护法》、《中华人民共和国水污染防治法》、《中华人民共和国大气污染防治法》、《中华人民共和国环境噪声污染防治法》、《中华人民共和国野生动物保护法》、《中华人民共和国野生植物保护条例》、《中华人民共和国固体废物污染环境保护法》、《中华人民共和国公路法》、《中华人民共和国环境影响评价法》等,都有环境保护的明确条款。

2. 国家有关的条例、办法、规定

如《建设项目环境保护管理条例》、《建设项目环境保护设施竣工验收管理规定》、《关于开展交通工程环境监理工作的通知》、《关于加强自然资源开发建设项目的生态环境管理的通知》、《关于涉及自然保护区的开发建设项目环境管理工作有关问题的通知》等。

3. 地方性法规、文件

根据国家规定,可以立法的地方人民代表大会及其常务委员会可以颁发地方性环境保护法规。

4. 国家标准

如噪声标准、空气标准、水质标准、振动标准等。

5. 项目环境

建设项目的环境影响评价和水土保持报告及其批复，是施工环境保护监理工作最重要的依据之一，其中针对施工期提出的环境保护重点区域、污染防治措施、水土保持措施，是施工环境保护监理工作关注的重点，也是必须达到的底线。

6. 项目环境行动计划

利用世界银行或亚洲开发银行贷款修建的公路项目，均有此类文件，这也是施工过程环境保护监理工作的依据之一。

7. 工程设计文件

公路建设的设计阶段，往往已经考虑到了一些重大的环境保护问题，并在设计文件中有所反映，例如水土保持措施、绿化等，可以作为环境保护监理工作的依据。

8. 监理合同、施工合同以及有关补充协议

建设单位委托开展环境保护监理的合同以及有关的补充协议，都明确规定了环境保护监理单位的权利、责任和义务，是监理单位开展工作的直接依据。

9. 施工过程的会议纪要、文件

在施工过程中根据实际情况形成的有关环保问题的会议纪要、有关文件，可以作为环境保护监理的依据。

三、环境保护法律的基本原则

1. 经济建设与环境保护协调发展的原则

根据经济规律和生态规律的要求，环境保护必须认真贯彻"经济建设、城市建设、环境建设同步规划、同步实施、同步发展"的三同步方针和"经济效益、环境效益、社会效益"的三统一方针。

2. 预防为主、防治结合的原则

预防为主的原则，就是"防患于未然"。环境保护中预防污染不仅可以提高原材料、能源的利用率，而且可以大大减少污染物的产生量和排放量，减少二次污染的风险，减少末端治理负荷，节省环保投资和运行费用。"预防"是环境保护第一位的工作。然而，根据目前的技术、经济条件，工业企业做到"零排放"也是很困难的，所以还必须与治理相结合。

3. 污染者付费的原则

污染者付费的原则，通常也称为"谁污染，谁治理"，"谁开发，谁保护"的原则，其基本思想是明确治理污染、保护环境的经济责任。

4. 政府对环境质量负责的原则

环境保护是一项涉及政治、经济、技术、社会各个方面的复杂又艰巨的任务，是我国的基本国策，关系到国家和人民的长远利益，解决这种综合性很强的问题，是政府的重要职责之一。

5. 依靠群众保护环境的原则

环境质量的好坏关系广大群众的切身利益，因此保护环境不仅是公民的义务，也是公民的权利。

●第五节　施工环境保护监理的工作程序和工作内容●

1. 施工环境保护监理工作的程序

(1)依据监理合同、设计文件、环评报告、水土保持方案以及施工合同、施工组织设计等编制施工环境保护监理规划。

(2)按照施工环境保护监理规划、工程建设进度、各项环保对策措施编制施工环境保护监理实施细则。

(3)依据编制的施工环境保护监理规划和实施细则,开展施工期环境保护监理。

(4)工程交工后编写施工环境保护监理总结报告,整理监理档案资料,提交建设单位。

(5)参与工程竣工环保验收。

2. 施工环境保护监理工作内容

施工期的环境保护监理,应体现出事前控制和主动控制的要求,结合公路施工的特点,注重监理实效。施工环境保护监理工作程序图见图4-2,其监理工作内容如下:

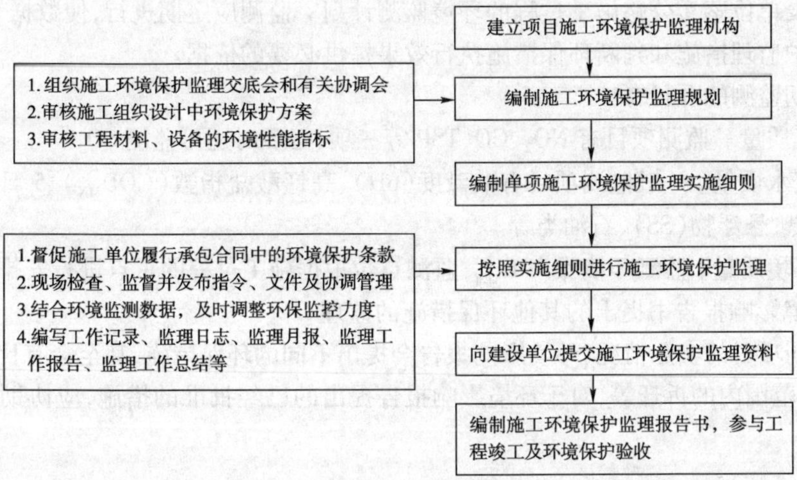

图4-2　施工环境保护监理工作程序图

1)施工准备阶段的环境保护监理工作

(1)参加设计交底,熟悉环评报告和设计文件,掌握沿线重要的环境保护对象,了解建设过程的具体环保目标,对敏感的保护目标作出标识。

(2)审查施工单位提交的施工组织设计和开工报告,对施工方案中环保目标和环保措施提出审查意见。

(3)审查施工单位的临时用地方案是否符合环保要求,临时用地的恢复计划是否可行。

(4)审查施工单位的环保管理体系是否责任明确,切实可行。

(5)参加第一次工地会议,提出环保监理目标和环保监理措施和要求。

2)施工阶段的环境保护监理工作

(1)审查施工单位编制的分部(分项)工程施工方案中的环保措施是否可行。

(2)对施工现场、施工作业进行巡视或旁站监理,检查环境保护措施的落实情况。

(3)监测各项环境指标,出具监测报告或成果。

(4)向施工单位发出环境保护工作指示,并检查指令的执行情况。

(5)编写环境监理月报。

(6)参加工地例会。

(7)建立、保管环境保护监理资料档案。

(8)处理或协助主管部门和建设单位处理突发环保事件。

3)交工缺陷责任期的环境保护监理工作

(1)参加交工检查,确认现场清理工作、临时用地的恢复等是否达到环保要求。

(2)检查施工单位的环保资料是否达到要求。

(3)评估环保任务或环保目标的完成情况,对尚存的主要环境问题提出继续监测或处理的方案和建议。

(4)完成缺陷责任期环境保护监理工作。

4)环境监测

协助建设单位落实公路施工过程的环境监测计划。监测应定期进行,使数据有可比性,为制订环境保护监理措施和判断环保措施执行效果提供必要的依据。

一般定期监测的项目有:

(1)空气质量。监测项目有 NO_2、CO、TSP 等三项,必要时还可监测 SO_2。

(2)地表水质量。一般监测项目有酸碱度(pH)、高锰酸盐指数(COD_{MN})、5 日生化需氧量(BOD_5)、氨氮、悬浮物(SS)、石油类等。

(3)声环境质量。监测环境噪声 L_{AEq},监测点位根据施工过程的重点进行安排。

5)对环境影响报告书提出的其他环保措施的监理

根据不同项目的实际情况,环境影响报告会提出不同的环保措施,甚至会有比较特殊的措施,例如指定范围内的拆迁等,对于环境影响报告提出的已经批准的措施,应协助建设单位有效地实施。

• 第六节　公路施工环境保护监理要点 •

一、施工准备阶段

(1)熟悉工程资料,掌握工程整体情况(包括工程环境影响区域)。环境保护监理人员应掌握项目对环境影响的评价和对水土保持方案提出的环保要求和措施,熟悉环评和水保批复的内容,对照工程设计文件、图纸以及现场环境,对施工期的环保情况形成一个整体的概念,并对敏感的保护目标作出标识。

(2)编制施工环境保护监理计划。

(3)根据施工环境保护监理规划,编制各单位工程的环境保护监理实施细则。

(4)根据工程情况,配置必需的环境监测设备和仪器。

(5)建立环保工作网络,要求施工单位建立环境保护管理体系。

(6)审查施工单位编制的《施工组织设计》,对不符合工程环保要求的环节和内容提出改正要求,对遗漏的环节和内容要求增补。

(7)审查取(弃)土场、采石场的选址,对生态敏感点和取(弃)土场、采石场进行必要的实地踏勘。

(8)审查施工单位的临时用地方案,所有便道、便桥、便隧,必须经监理工程师审批同意后才能使用。

(9)参加第一次工地会议,对施工单位实行环境保护监理交底。

(10)对现场试验室放射源的处置,监理工程师应全过程旁站监理,保证放射源得到妥善处置。

(11)施工场地和便道附近有敏感保护对象时,对施工车辆作出限速行驶的规定,并对执行情况进行巡查。

(12)对营地、办公区、试验室、材料堆场、拌和场、预制场以及取(弃)土场的环保措施执行情况、环保设施运行维护情况进行巡查。

二、施工阶段环境保护监理要点

1. 路基工程环境保护监理要点

(1)在路基开工前,监理工程师应审批施工单位编制的施工方案,对其环保措施提出审查意见。对特殊区域的路基工程,监理工程师应及时提醒施工单位注意可能出现的环保问题。

(2)监理工程师应根据工程情况,确定本阶段环保监理巡视、旁站计划,对施工单位环保措施的执行效果进行检查。

(3)挖除地表土,并将表土搬运到经监理工程师同意的储料堆。

(4)地表清理遇到古树、名木或珍稀植物,采取移植等异地保护措施时,监理工程师应审查其移植方案,并对移植过程全程旁站监理。

(5)监理工程师应严格控制路基开挖在用地范围内分段进行,同时配合挡土墙、边坡防护的修筑。

(6)弃土弃渣的堆放地点应事先经监理工程师同意。监理工程师应督促施工单位在堆放地点预先采取排水和挡土墙措施,防止水土流失或对水源和灌溉渠道造成污染和淤塞。

(7)对施工过程中不符合环保要求的行为,监理工程师可以发出监理指令,责令改正。

(8)施工过程中监理工程师应关注扬尘、噪声、废水中的悬浮物、石油类等环境监测指标,必要时可根据需要进行现场监测。

2. 路面工程环境保护监理要点

(1)在路面工程开工前,监理工程师应审批施工方案的环保措施,尤其是对沥青拌和场选址方案的审批。要求沥青拌和场布置在远离人群活动的地点,并配置除尘设备。

(2)监理工程师根据工程情况,确定本阶段环保监理的巡视、旁站计划,对施工单位环保措施的执行效果进行复核。

(3)监理工程师应规定沥青拌和料废料的处置方法,并随时对执行情况进行巡检。

(4)监理工程师应特别注意沥青烟气的污染防治,在靠近水源的地区施工时,还应注意到水源保护问题。施工中应有重点地对沥青洒布过程进行旁站检查,防止沥青污染。

(5)对施工过程中不符合环保要求的行为,监理工程师可以发出监理指令,责令改正。

3. 桥涵工程环境保护监理要点

(1)在桥涵工程开工前,监理工程师应审批施工方案的环保措施。要求施工单位对基础开挖、围堰、钻孔桩施工过程,采取周密的水环境保护措施。

(2)监理工程师根据工程情况,确定本阶段环保监理的巡视、旁站计划,对施工单位环保措施的执行效果进行检查。

(3)基坑开挖的弃土堆放地点应事先经监理工程师同意。监理工程师应督促施工单位在堆放地点预先采取排水的挡土墙措施。

(4)监理工程师应经常巡视、检查钻孔桩泥浆水的处理效果,对发生泄漏或任意排放的,应当场责令施工单位改正,并旁站监督整改过程。

(5)需要围堰施工的,应事先取得当地水利部门的许可,手续完备并经监理工程师审查后才能施工。对进行水产养殖的河道进行围堰时,监理工程师应要求施工单位根据上下游的污染情况,提出合理的围堰方案,以免影响养殖,造成纠纷。

(6)对施工过程中不符合环保要求的行为,监理工程师可以发出监理指令,责令改正。

(7)监理工程师在本阶段应注意水环境质量的色度、悬浮物(SS)、石油类等监测指标,避免施工对水体造成影响,必要时可进行现场监测。

4. 隧道工程环境保护监理要点

(1)在隧道工程开工前,监理工程师应审批施工方案的环保措施,特别注意对当地生态环境的保护,落实好珍稀物种保护、弃渣和废水处理以及施工现场劳动防护等措施。

(2)对洞口临时堆放弃渣或就近设置轧石场的方案,应要求施工单位同时提出环保措施和环境恢复方案。

(3)对爆破方案的审批,监理工程师应明确提出防治噪声和扬尘的要求。在距离居住区较近的地区施工,还应要求施工单位注意防止振动造成影响。

(4)监理工程师根据工程情况,确定本阶段环保监理的巡视、旁站计划,对施工单位环保措施的执行效果进行复核。

(5)施工区域如果发现国家保护的珍稀物种,监理工程师应全过程参与物种保护,做好过程的监督。

(6)对施工过程中不符合环保要求的行为,监理工程师可以发出监理指令,责令改正。

(7)监理工程师在本阶段应关注扬尘、悬浮物(SS)、噪声环境监测指标,必要时可进行施工现场监测。

5. 环保工程监理要点

公路建设项目涉及到环保工程,主要包括隔声屏障、绿化工程、污水处理工程、护坡、拦渣工程等。

1)声屏障工程监理要点

(1)降噪效果符合设计要求;其与路肩边线位置的偏移、高程、竖直度允许偏差应符合有关质量标准;厚度不小于设计。

(2)砌块体声屏障墙外观平整美观,无表面破损;砌筑灰缝应用砌筑砂浆充实。

(3)金属或合成材料声屏障屏体颜色均匀一致,无裂纹;基础外观平整美观,不得造成路面污染及构筑物破损;屏体与立柱及屏体间的缝隙必须密实。

2)绿化工程监理要点

(1)质量要求。

①中央分隔带的苗木修剪后的高度应为1.4~4.6m,栽植的株、行距合理,应满足防眩功能的要求,不得影响交通安全。

②苗木、草坪无明显病害。

(2)施工质量控制要点。

①施工前准备。

a. 施工前,设计单位应向施工单位进行设计交底,施工单位应按设计图进行现场核对。如有不符之处,应及时提交设计单位做变更设计。

b. 工程开工前,施工单位应根据工程实际情况编写施工组织设计,并报监理工程师审查同意。

②施工期监理。

a. 整地。

b. 定点、放线。

c. 种植穴、槽的开挖。

d. 种植材料和播种材料的选择。

e. 苗木种植前的修剪。

f. 树木的种植。

g. 草坪、花卉的种植。

h. 上边坡生态防护的种植。

i. 树木养护。

(3)工程验收。乔、灌木的成活率应达到95%以上;珍贵树种和孤植树应保证成活。

种植的植物材料的整形、修剪应符合设计要求。花卉种植地应无杂草、无枯黄,各种花卉生长茂盛,种植成活率达到95%。草坪无杂草、无枯黄,种植覆盖率应达到95%。绿地表面平整,排水良好。

(4)污水处理设施监理要点。公路沿线的附属设施排放的污水,按排出的位置可分为收费区、管理区、服务区三种。收费区和管理区排放的污水主要为生活污水;服务区污水主要由粪便污水、餐饮洗涤废水、洗车废水、机修废水、加油站清洗废水组成。汽车维修站、加油站废水及车辆冲洗废水,常含有泥沙和油类物质。服务区污水一般考虑的主要污染因子有COD、石油类和悬浮物(SS)。

公路工程实际使用过程中广泛采用的污水处理工艺是好氧生物处理法,也有采用化粪池和稳定塘处理方法的。好氧生物处理法按主要工艺流程可分为A/O法、A^2/O法、SBR法三种。公路附属设施所排放的加油、洗车、修车废水数量较少,目前一般经隔油池等工艺预处理后与生活污水混合进入后续处理设施。出水水质应满足《农田灌溉水质标准》(GB 5084—92)中的要求。

三、交(竣)工及缺陷责任期的环境保护监理

公路施工环境保护监理在交工及缺陷责任期主要有两方面的工作内容,即环保达标监理和环保工程监理两个方面。对于环保工程监理,其工作内容和方式与施工监理是相同的,以下主要介绍环境保护监理工程师在这一时期环保达标监理的工作内容。

1. 环境保护初步验收的程序与内容

(1)工程完工、环保资料编制完成后,施工单位向监理工程师提交初验申请。

(2)监理工程师审查初验申请。

(3)监理工程师会同建设单位,组织施工单位、设计单位对工程现场和相关资料进行检查。

(4)建设单位组织召开环保初验会议,由监理工程师主持,对施工单位执行环境保护合同条款与落实各项环境保护措施的情况与效果进行综合评估;审查环保遗留问题整改措施和计划;讨论决定是否通过初验。会后,由监理工程师向建设单位提出工程环境保护初验报告。

2. 施工单位应具备的环境保护资料

(1)工程资料。包括施工内容、施工工艺、大型船舶机械设备、施工平面图、施工周期、施工人数及污染物排放等基本工程概况。

(2)环保制度与措施。包括生活区、施工现场及船舶机械设备环保管理措施与制度。

(3)环保自查记录、整改措施与环境保护月报。

(4)与监理单位往来文件。包括环境保护监理备忘录、环境保护监理检验报告表、环保事故报告表、环境保护监理业务联系单及回复单等。

(5)环境恢复措施,主要包括:

①临时设施处置计划。主要包括建筑物、构筑物(包括沉淀池、化粪池等)的处置计划。

②生态恢复及生态补偿措施等。主要包括取(弃)土场整治、道路(便道、便桥)及预制(拌和)场地、生活及建筑垃圾的处置,边坡整治、绿化等生态恢复和补偿措施。

3. 缺陷责任期的环境保护监理

缺陷责任期的环境保护监理工作内容主要包括:

(1)监理工程师定期检查施工单位对环保遗留问题整改计划的实施,并根据工程具体情况,建议施工单位对整改计划进行调整。

(2)监理工程师检查已实施的环保达标工程和环保工程,对交工验收后发生的环保问题或工程质量缺陷及时进行调查和记录,并指示施工单位进行环境恢复或工程修复。

(3)监理工程师督促施工单位按合同及有关规定完成环保施工资料。

4. 协助建设单位组织竣工环保验收

在工程竣工环保阶段,环境保护监理单位应负责做好以下工作:

(1)整理施工单位环境保护监理竣工资料,主要内容有:

①施工环境保护监理规划;

②施工环境保护监理实施细则;

③与建设单位、施工单位、设计单位来往的环保监理文件;

④监理通知单及回复；

⑤因环保问题签发的停(复)工通知单；

⑥与环境保护有关的会议记录和纪要；

⑦施工环境保护监理月报；

(2)编制工程环境保护监理总结报告。

(3)提出工程试运行前所需的环保部门的各种批件,并予以协助办理。

(4)收集保存竣工环保验收时所需的资料。

(5)完成竣工验收小组交办的工作。

本 章 小 结

本章通过对公路工程安全监理与环境保护监理的概念的介绍,了解实施安全监理和环保监理的依据和工作内容,掌握公路工程中实施安全、环保监理的程序和监理要点。

复习思考题

1. 简述施工安全监理的概念。
2. 施工安全监理的依据是什么?
3. 监理单位的施工安全监理工作的责任有哪些?
4. 施工各阶段安全监理的程序和内容有哪些?
5. 简述道路工程施工安全监理要点。
6. 公路工程中哪些方面需做专项安全施工方案?
7. 施工安全三类人员如何分类?
8. 简述环境保护监理的概念。
9. 环境保护监理的依据是什么?
10. 施工环境保护监理工作内容有哪些?
11. 简述环保工程监理的工作要点。

第五章 建设工程施工阶段的费用监理

教学要求

1. 描述工程费用监理的特点、组成及主要影响因素；
2. 明确监理工程师在费用监理和费用支付中的职责和权限；
3. 明确工程计量的规定、原则和程序，会进行工程计量；
4. 识别工程费用的种类，明确工程费用的支付原则、支付项目和支付程序。

●第一节　费用监理概述●

一、工程费用的组成和特点

1. 工程费用的组成

工程费用是指通过施工生产活动而形成的建筑安装工程所具备的工程价值的货币表现。它是工程造价的主要组成部分，分为预算工程费用和实际工程费用两类。

公路工程费用是由直接工程费、间接工程费、施工技术装备费、计划利润和税金等几部分组成的。

1）直接成本

是指完成该建设项目的施工任务而直接用于工程上的费用。

包括消耗在施工中的人工费、材料费、机械费和其他相关费用。

2）间接成本

是指在完成工程任务时间接为工程服务而发生的费用。

由施工管理费（包括现场管理费及上级管理费）和其他间接成本组成。其中，其他间接成本包括各种分摊费用，如投标费、合同公证费、各种保险和保函手续费、临时设施费、各种税金、办公费和试验费等。

3）利润

工程费用中承包人所获利润的多少，取决于承包人施工管理水平及合同价格。一般情况下，业主在进行标底的编制时是按平均利润率来确定工程费用的利润的，而承包人在投标报价时，则是按自己的投标策略来确定利润的。因此，工程价值的大小已在合同中预先定价，承包人实际能获得利润的多少，则取决于他对工程实际成本的控制能力。

2. 工程费用的特点

(1)预先定价,主要由承包人使用。

(2)以工程成本为基础,分阶段支付。

(3)必须经监理工程师确认并由业主支付。

3. 影响工程费用的因素

公路工程线长面广,受各种自然因素和社会因素影响大,在整个施工周期都会受到以上各种因素的干扰,从而使工程费用发生变化。影响工程费用的因素归纳起来有如下几种:设计因素,施工因素,社会因素,自然因素,监理因素,业主因素等。

二、工程费用监理的意义与作用

费用监理是对施工承包合同价进行监督和管理,实现施工合同造价的合法性和公平性,并有效地进行动态造价控制的造价管理过程。在造价管理过程中,费用监理具有如下意义与作用:

1. 费用监理是控制施工合同造价的核心环节

在施工承包合同履行过程中,施工合同造价是业主和承包人关注的焦点。业主、承包人从各自的利益出发,对造价的大小及费用的支付会产生各种各样的矛盾和冲突,从而影响合同的正常履行。通过费用监理,可以及时处理承包人在造价结算中存在的高估冒算现象,有效控制工程变更的发生,积极预防违约所产生的索赔费用,解决造价结算中的各种矛盾和纠纷,保证造价结算的合法性、公平性、合理性和及时性,达到动态控制工程造价的目的。当造价出现超支现象时,通过费用监理,可以有效利用投资控制的理论和方法,认真分析产生费用偏差的原因,并采取积极的纠偏措施予以控制。

2. 费用监理是质量控制的重要手段

质量合格是办理造价结算及支付施工费用的前提。在费用监理过程中,可以通过拒付、扣款等方式有利地制约承包人履行质量义务,保证施工质量。

3. 费用监理是进度控制的基础

一方面,可以通过费用监理中的计量、支付数据动态反映施工合同的进度实施情况,为实施施工合同的动态进度控制提供有力的依据;另一方面,可以通过扣除误期损害赔偿费的方式,制约承包人履行进度义务。

4. 费用监理是保护承包人合法权益的重要途径

按时得到根据施工合同有权得到的各种款项是承包人的合法权益,也是费用监理的义务。通过费用监理,可以及时办理计量支付签证,及时处理工程变更及施工索赔,从而保护承包人的合法权益。

三、费用监理的工作内容

为了搞好费用监理,监理工程师应该认真做好以下工作:

1. 熟悉法律法规

与费用监理直接相关的法律法规有《中华人民共和国合同法》、《中华人民共和国价格法》、《中华人民共和国银行结算法》等,除此之外,还包括其他相关经济法规。

2. 认真研究招标文件,明确业主、承包人之间的权利与义务

费用监理的对象是施工承包合同造价,费用监理的任务是合法、科学、公正地协调和处理业主和承包人之间的收支行为。因此,认真研究招标文件,明确业主、承包人之间的权利与义务,是搞好费用监理工作,保证费用监理的合法性、科学性和公正性的基础。

3. 调查收集价格信息,及时掌握市场价格动态

在费用监理过程中,经常要处理价格调整、工程变更、费用索赔等的造价管理问题,要搞好这些造价管理工作,必须认真调查收集价格信息,及时掌握市场价格动态,保证处理结果的相对准确性与公正性。

4. 熟悉和掌握合同规定

费用监理人员应重点掌握如下内容:

(1)费用监理的文件依据。根据投标人须知、合同条件、技术规范、工程量清单、补遗书和设计文件等合同组成部分执行的先后顺序,查证有关工程计量支付的工程范围、内容、方法、支付单价等规定的一致性,合理解释和处理合同文件中的差错、遗漏、含糊不清的问题,明确计量与支付的文件依据。

(2)计量与支付项目的工作范围、内容、计量方法、支付单价和只有项目无数量的单价以及未报单价的规定。

(3)有关指定分包、指定采购的计量与支付的规定。

(4)有关风险责任的规定。

(5)关于监理工程师费用监理职责权限的规定。

5. 全面复核工程量

监理工程师应在准备阶段根据设计文件和现场资料复核全部工程的工程数量。

(1)所有工程量应与工程量清单所列工程细目编号、项目名称、计量单位等保证一致。

(2)所复核的工程量除复核全部工程计算费用控制限界外,还应按工程项目的进度计划确定其费用控制限界,以进行阶段性费用支付校核。

(3)与工程量清单对比,如有差异,则应查明原因,送业主备案并澄清。

(4)复核工程量时应注意:

①路基土石方的工程量审核,应重点审查承包人的原始测量成果的准确性、真实性、完整性。

②桥涵工程数量计算前应先复核设计图纸,重点纠正结构尺寸、材料数量表中的错误。

③按照技术规范有关条款计算数量,注意某些已分摊或不再扣除等部位的数量计算。

④在计量限界计算过程中,要与规范中有关计量支付的规定结合,应注意有关附属材料、附属部位不予计量和小体积(面积)结构不予扣除或不予增加等规定。

⑤路基土石方、路基工程宜按整公里桩号分段计算,计量时应与之一致,以便控制计量。

⑥计量项目名称与计量内容的一致性。如土石方中填方量是指所有利用方、借方的总称,内容包括挖、运、压、整平等;而弃方才按挖方计量。

6. 现场调整

为了计量与支付工作更切合实际,避免或减少工作差错,监理人员应在准备阶段和计量工作中进行现场调查与核实。

(1)掌握现场水文、地质、地形等实际施工条件以便准确地复核工程量,确定费用支付。如地形复杂、地面零星附着物较多(坑塘、水渠、墓穴等)、对工程计量影响较大的路段应增设控制断面。地质条件复杂,应通过调查或勘探详细划分土质变化界面。

(2)了解施工条件发生的变化及其对支付费用的影响。如业主改变取土场位置引起施工便道运距或条件的改变、取土场土质情况变化(如不适宜土、清除数量及其表层土弃土运距、土石成分的改变)和勘测资料遗漏的地下文物、通信管线、电力设施、水利设施等均对工程计量与费用产生影响,需详细掌握并在计量支付中按合同规定予以处理。

(3)掌握业主为承包人进场施工完成拆迁、提供工程永久性和临时施工用地情况以及承包人人员、设备进场、施工准备情况,记录业主和承包人履约表现,以便处理索赔(或偿金)等有关费用支付事宜。

(4)现场调查应详细记录,并将其对工程量的影响通知业主和承包人,必要时应要求书面确认,作为监理工程师费用计量与支付时的补充依据。

●第二节 费用监理的方法与原则●

工程费用监理的方法很多,根据采取费用监理措施的时间划分,监理方法可分为事前监理、跟踪监理和事后监理三种方法。

一、事前监理

事前监理,也称为事前主动监理,是为防止工程费用超出合同价或防止工程变更后工程费用超出已批准工程概算总额而采取的一系列的措施,主要方法有:

(1)核对工程量清单和技术规范关于计量工程的内容和符合性,避免重复支付 。

(2)分析工程量清单中单价构成,据以采取措施,确定低造价的工程变更方案。

(3)核对合同文件的各组成部分中关于工程计量与支付规定的一致性和有效性,正确按合同规定的工程范围、内容、方法、支付单价办理计量与支付。

(4)掌握工程进展动态,在工程开始前或施工中预测或发现可能发生或正在影响工程进度的因素,及时通知业主或承包人采取措施,避免停工、返工、索赔等情况发生,如提示业主提供施工用地、筹措资金、变更设计等。

二、跟踪监理

跟踪监理是对施工过程中影响工程费用的施工活动的监理。其内容有:

(1)对已完的符合工程合同要求的工程进行计量。

(2)掌握并记录对工程费用有影响的一切情况。如工程地质情况,取土场土质及运距的变化,实际地形、地物(坑穴、沟塘、地下光电缆等)与设计图纸的差异,非承包人原因引起的停工等对工程正常进行所产生的影响。

(3)详细记录(必要时可绘图)隐蔽工程(如换填、回填、边坡开挖、原地面处理等)的施工情况。

(4)调查和记录意外事件对工程进展和工程费用的影响。

三、事后监理

事后监理是对已完工程进行计量与支付,核实实际发生的工程费用与计划合同价的差异,并对其进行对比分析。

(1)根据实际完成工程的费用与合同规定费用的差异及原因,分析或纠正合同理解和执行中存在的偏差。

(2)按施工阶段或工程项目复核工程量,分析工程继续进行时,实际完成工程费用与合同规定费用的差异进一步扩大的可能性及其对整个工程费用控制的影响,并报告业主。

(3)分析上述差异对合同的执行和承包人履约能力的影响。

跟踪监理同事前监理的区别在于,前者在工程费用发生的当时就在现场进行监理,而后者则是通过制订措施,明确合同价款等来进行监理,后者还有可能对现有施工条件进行改变,可从较远的时间和较好的施工条件出发来加以考虑,而跟踪监理就没有这些条件。

跟踪监理同事后监理的区别是,跟踪监理的反馈时间很短,几乎是瞬时反馈,采取的措施必须是当机立断,没有过多的时间来全盘考虑。而事后监理则不同,它可以把实际的工程费用与工程费用的目标值与合同价进行比较,把差异原因搞清楚,把差异责任查明白,并提出全面的处理措施和意见,作为下一步工作的依据,而跟踪监理就无此可能。

跟踪监理是一种日常的监理,事前监理与事后监理最后都要通过日常监理才能起作用。没有跟踪监理,事前监理和事后监理就没有意义。另一方面,跟踪监理能及时反馈信息,可以立即采取措施加以调整,监理效果立竿见影。

因此,费用监理事实上存在三种方法,只有将三者有机地结合起来,才能搞好费用监理,片面或单纯采用某一方法都无法有效地搞好费用监理工作。

四、监理人员配备

专职费用监理人员应掌握合同管理、工程技术、计划统计、概(预)算编制知识并具有综合协调能力。

费用监理人员的数量,应根据工程内容和合同数量来配备,与工作量相适应。因工程计量与支付和合同管理、计划统计工作关系十分密切,实际组织分工时,可把合同管理、计划统计与计量、支付工作组成一个专业组以精简人员,协调工作,提高效率。

五、工程费用监理的原则

工程费用监理是工程监理的主要调控手段和关键工作环节。在监理过程中,监理工程师利用自己的素养为工程服务,有多种不同的监理措施及方法可选择,为了搞好费用监理工作,必须在工程监理工作中遵守一些基本原则。

1. 法令性原则

费用监理是一项法律性、经济性和技术性很强的工作,必须首先根据国家的方针政策办事,要严格遵守国家的法律和有关制度,正确处理国家整体利益、业主利益和施工企业利益的关系,同时,还必须严格遵守工程项目本身内在规律的要求,处理好进度、质量与费用三者之间的辩证关系。监理工程师在进行工程费用监理时必须做到经其签认的每一笔工程费用符合国家有关政策的规定和要求。

2. 合同性原则

工程承包合同一方面体现了国家的经济政策和基本建设管理制度及法规,另一方面也全面概括了工程设计意图和要求,并综合考虑了施工中的各种因素,是有关工程施工的综合性文件。

监理工程师在进行工程费用监理时,必须在国家法规政策的范围内,以合同为依据,按合同要求和合同的基本精神处理好各类工程费用的签认与支付。虽然监理工程师对工程费用全权负责进行签认和监理,但费用监理工作必须符合合同要求,他无权超越合同所赋予的权力,必须保证每一笔工程款的支付都符合合同的要求。

3. 公正性原则

监理工程师是作为独立人参与工程管理的,工程费用支付权力的使用,直接涉及业主和承包人的利益,因此,监理工程师必须严守公平、公正的原则进行费用监理。FIDIC 合同条款中明确指出:监理工程师要行为公正。

在工程施工活动中,监理工程师处于主导地位,在合同中赋予了广泛的权力,承包人与业主的货币收支行为是否准确和合理,取决于监理工程师所签认的工程费用是否公正。要使工程费用既合理而又准确,只有监理工程师保持公正才有可能。保持公正立场,是监理工程师进行费用监理的基本原则和起码要求,如果监理工程师不公止,就无法准确地计量实际工作量,无法正确地作出判断;从而直接影响业主与承包人之间的公平交易。特别是当施工过程中发生工程变更、工程索赔和各种特殊风险等情况时,更要求计量监理工程师独立而公正地作出判断并对其进行估价,这一系列支付工作直接取决于计量监理工程师是否公正。

4. 责、权、利相结合的原则

要搞好工程费用监理的各项工作,同样必须贯彻责、权、利相结合的原则。"责"是要完成费用监理任务的责任;"权"是指监理工程师实施费用监理的权力,确切地说是监理工程师必须拥有工程计量与工程费用签认的权力。否则,计量支付监理工程师无法对工程费用进行计量;"利"是根据费用监理任务完成情况给予监理工程师适当的奖惩。

目前的许多项目监理中,由于对工程费用监理的理解不准确,业主往往认为监理工程师只要使实际支付的工程款少于承包合同价,就承认监理工程师在费用监理工作中是认真负责的,而一旦实际支付的工程款超过了原定的合同价格,就认为监理工程师没有搞好费用监理,其实这是一种片面的、不正确的看法。因为监理的中立立场决定了其行为的客观、科学性,费用监理的目标是使实际支付的工程费用合理,符合合同的要求,而并不是使实际支付的费用少于合同价。

目前,一些项目中业主往往赋予了监理工程师工程计量的权力,而没有给予费用支付的权力,这必然影响监理的调控力度。不仅如此,还可能要求监理工程师完全承担费用监理的责任。这就使工程费用监理工作无法有效地进行,并且还会影响质量和进度监理工作的开展。

因此,费用监理必须明确职责,否则无人负责,将导致费用失控。费用监理还必须有权,监理本身即是一种权力,没有权,就无法充分发挥监理职能。同时,还必须有利,有利才会促进责任的履行。只有责、权、利高度结合,才能有效地搞好费用监理工作。

责、权、利相结合的原则一方面是监理工程师自身开展费用监理工作的前提条件,另一方面,也是监理工程师在进行费用监理工作中必须遵守的基本原则。也就是说,监理工程师必须全面分析和理解业主、承包人各自所拥有的责任和权力,在此基础上确认他们各自的利益。只有分清了业主和承包人双方各自的权力和责任,才能准确地协调好双方的利益关系。

•第三节　工程费用监理的职责与权限•

监理工程师在工程费用监理中的职责与权限主要是从工程计量和工程费用支付两个方面来表现的,监理工程师只有对工程具有计量权和工程费用支付权,才能做好费用监理工作。监理工程师对工程费用的监理,是通过工程计量和支付工程费用两个环节来实施的。工程计量的范围不仅包括对工程量清单中已列的工程细目的实际工程量进行计量,也包括对施工过程中所有与费用支付有关的工作内容的计量,如自然因素影响导致的停工、窝工对承包人的实际影响等。在 FIDIC 合同通用条款的第 55 条 ~ 第 57 条中,对监理工程师的工程计量和工程费用支付的职责与权限作出了十分明确的解释。

一、工程计量的职责与权限

1. 计量的职责

按照合同文件的规定准确并测量、记录已完工程的实际完成量,是计量工作的基本职责。公路工程普遍采用的是单价合同,而工程量清单(报价单)中的工程数量,是一种按设计图纸估算的工程量。每一工程细目竣工后的实际工程量需由监理工程师按清单前言和技术规范中有关的计量规定在现场进行计量、确认,因此,计量是监理工程师的一项基本职责。

2. 计量的权力

在承包合同中,都明确规定了计量工作由监理工程师负责,无论采用监理工程师独自计量、承包人独自计量还是双方联合计量中的哪种方式,最终工程数量的确认权归监理工程师所有。同时,监理工程师有权审查和核实承包商的计量记录,删除其中不合理的部分。即删除那些工程质量虽然合格,但没有按计量规则和计量方法进行计量的部分;或大多数工程合格,但其中含有不合格的部分等。

3. 权力的限制

工程计量直接关系到付款,涉及到业主和承包人双方的直接经济利益。监理工程师对于计量又具有最终确认权,其权力是很大的。虽然在合同文件中没有对监理工程师的计量权加以具体限制,但合同对监理工程师的工作原则都进行了限定。即他不得损害业主的利益,必须公正独立地进行工作,认真地尽职和行使职权,这些原则无形间对监理工程师的计量权力起到了约束和限制的作用。同时,政府机关亦可对监理工程师的工作进行监督,从而在另一个方面对其权力加以限制。

二、工程费用支付的职责与权限

工程费用支付就是承包人提出付款申请后,经监理工程师审核,将付款证书送达业主,业主在规定的时间内向承包人付款的过程。它是工程费用监理的最后一个环节,是确认实际工程费用的过程,同时也是监理工程师进行合同管理的最后一个环节。

1. 工程费用支付的职责

监理工程师在工程费用支付中的职责主要表现在：

(1)向业主提供付款证明,使承包人及时获得各种应得的款项。进行审核和开具付款证书是监理工程师在费用支付中的主要职责,但这种审核必须按合同文件规定的原则和要求来进行,即为业主的每一笔资金支出把好关,也使承包人应得到的经济利益得到维护。

(2)审核承包人的付款要求,为业主提供付款凭证,保证业主对承包人的支付合理。

2. 工程费用支付中的权限

监理工程师在工程费用支付中的权限内容很广,通用条件几乎都和工程费用的支付有关,具体体现在以下几个方面：

(1)对不符合技术规范和合同文件要求的工程项目和施工活动,有权暂拒支付,直至上述工程项目和施工活动达到要求。

(2)合同价格调整的权力。在合同执行期间,由于后续法律、法令、法规等使用而使工程费用发生增减,或者由于资源价格的涨落而引起工程费用的变化,或当实际支付的总价与合同总价相差悬殊时,应对合同价格进行调整。

(3)审查、签发中期支付证书及合同终止后的任何款项的支付证书。

(4)其他支付方面的权力。如单价的变更权、索赔金额的确认权、计日工的使用权、保留金支付权等方面的权力。

第四节　计量与支付概述

一、计量与支付的概念

1. 计量的概念

计量是按照技术规范所规定的方法对承包人符合要求的已完工程的实际数量所进行的测量、计算、核查和确认的过程。计量是监理工程师的基本职责和基本权力,也是费用监理的基本环节。

计量的任务是确定实际工程数量的多少。工程量有预估工程量和实际工程量之分,工程量清单的工程量仅是估算工程量,不能作为承包人应予完成工程的实际和确切的工程量。这是因为工程量清单中的数量是在制订招标文件时,在图纸和规范的基础上估算出来的,与实际工程量相比存在或多或少的误差甚至计算错误。他只能作为投标报价的基础,而不能作为结算的依据。实际工程量的多少只有通过计量才能揭示和确定。

计量必须准确、真实、合法和及时。“准确”指计量结果是正确地按照规定的计量方法和工程量计算规则而得出的,方法正确、结果准确无误,使已完工程的实际数量得到正确的确定,没有漏计和错计。“真实”指被计量的工程内容真实可靠,没有虚假的部分,即被计量的工程中没有质量不符合要求的,也没有重复计量,隐蔽工程的数量没有弄虚作假,工程量中没有虚报成分。“合法”指计量是按规定的程序合法地进行的。因为计量结果是支付的直接基础和依据,直接关系到业主和承包人双方的经济利益。

2. 支付的概念

支付是指按合同规定对承包人的应付款项进行确认并办理付款手续的过程。支付是业主与承包人之间的一种货币收支活动，是施工合同中经济关系全面实现的一个主要环节，也是监理工程师控制工程的根本手段和制约合同双方（业主与承包人）的有力杠杆。

支付签认权是监理工程师三大权力（质量否决权、计量确认权和支付签认权）之一，是监理工程师控制工程的最后一个环节，是对承包人施工行为的最终评价，是监理工作的关键和核心。支付必须以合同为依据，计量为基础，质量为前提。只有符合合同规定的费用才能签认。对合同中规定不明确的，要依据合同精神，实事求是地去确认，如索赔金额、变更的估价等。支付金额的多少，必须以准确的计量为基础，对质量不合格的工程量一律不能支付，并且还要承包人自费返工使其达到合格要求。

二、计量与支付的原则

1. 合同原则

无论是计量还是支付，在合同文件中都有明确规定，监理工程师在进行计量和支付时，必须全面理解合同条件、技术规范、设计图纸和工程量清单等合同文件的各组成部分。如技术规范的每一章每一节都有计量支付的规定，详细说明了各工程细目的内容及要求，对哪些内容不单独计量和支付，其价值如何分摊，都作了具体规定。工程量清单中的单价是承包人按招标文件的要求和合同条件的规定填报的，是支付的单价依据。因此监理工程师必须严格遵守合同中的有关规定来进行计量与支付，使每一项工程的计量和支付都符合合同要求。监理工程师要始终牢记：他无权违反合同。

2. 公正性原则

监理工程师在计量与支付两个环节中拥有广泛的权力，承包人与业主的货币收支是否合理，取决于监理工程师签认的工程量和工程费用是否准确和真实。只有监理工程师保持公正的立场和公正的原则，才能便于在计量与支付工作中正确地使用权力，准确地计量，实事求是地处理好业主与承包人之间的有关纠纷，合理地确定工程费用。如果监理工程师不公正，他就无法正确地作出判断。特别是当施工过程中发生工程变更、工程索赔和各种特殊风险时，就更要求监理工程师公正而独立地作出判断和估价。因此，监理工程师在计量与支付中，必须认真负责，以实事求是的精神和客观公正的态度做好每一项工作，确保业主与承包人之间的交易公平。唯有公正，才能分清业主和承包人各自的权利和责任，才能准确地协调好双方之间的利益关系，才能保证计量与支付准确、真实和合法。

3. 时效性原则

计量与支付都具有严格的时间要求，时效性极强。计量不及时，会影响承包人的施工进度。支付不及时，直接产生合同纠纷。FIDIC 条款分别在第 56 条和第 60 条中对计量与支付规定了严格的时间限制，因此，监理工程师一定要按时进行计量和支付。

4. 程序性原则

为了保证计量与支付准确、真实和合法，合同条款和各项目的监理组织都规定了严格的程序。这些程序规定了各项工程细目和各项工程费用进行计量与支付的条件、办法以及计算、复核、审批的环节，是从合同上、组织上和技术上对计量与支付加以严格管理，以确保准确和公正。如计量必须以质量合格为前提，支付必须以计量为基础等。因此，计量与支付必须遵守程序，通过按程序办事来提高数据的准确性、真实性和合法性，以保证计量与支付准确、合理。

三、计量与支付的作用

1. 调节合同中的经济利益关系，促使合同的全面履行

计量与支付是施工合同的重要内容，是合同中各类经济关系的全面反映，同时，还揭示了施工活动的经济本质。通过计量与支付这两个经济杠杆，调节合同双方利益，制约承包人严格遵守合同，准确地按设计图纸和技术规范进行施工；促使业主履行其义务，及时向承包人支付，确保施工活动中资金运转与物质运动平衡地进行，使施工合同得到全面的履行。

2. 确保监理工程师的核心地位

FIDIC 条款的核心是在业主与承包人之间引入独立的第三方——监理工程师，由他对工程的质量、进度和费用进行全面控制。通过计量与支付来确保监理工程师的核心地位，对工程施工进行全面而有效的控制，对业主和承包人的合同行为进行有效的调控。计量与支付是监理工程师开展监理工作的最基本的手段。

监理工程师掌握了计量支付权，就抓住了主要矛盾，是控制施工活动和调控承包人施工行为的有效的基本手段。如果承包人的施工工艺不符合规范要求，监理工程师可要求其自费改正；如果所用材料不合格，监理可以对材料拒收；如果工程质量不合要求，监理将不予计量和支付，并要求承包人返工使其达到要求；如果承包人不执行有关指令，则将受到罚款或驱逐。计量支付权使监理工程师可以有效地从经济上制约承包人，严格按合同要求办，确保工程质量目标的实现。同样，如果承包人进度过慢，监理工程师将让他支付拖期违约损失赔偿金和延误罚款；如果进度严重落后，监理工程师还可以提议驱逐承包人，这就有效地保证了监理工程师对工期的控制。

四、计量与支付的基本程序

1. 计量程序

工程计量由承包人向监理工程师提出并附有必要的中间交工验收资料或质量合格证明。监理工程师对工程的任何部分进行计量时，应按照通用条款第 56 条规定，事先通知承包人或承包人的代表，承包人或承包人的代表应立即委派合格人员前往协助监理工程师进行计量工作，还应提供必要的人员、设备和交通工具。计量工作可以由监理工程师和承包人双方委派合格人员在现场进行，也可以采用记录和图纸在室内按计量规则进行计算，其结果都必须经监理工程师和承包人双方同意，签字认可。

如果承包人在收到监理工程师的计量通知后，不参加或未派人参加计量工作，根据通用条件第 56 条规定，由监理工程师派出人员单方面进行的工程计量，经监理工程师批准的应认为是正确的工程计量，可以用作支付的依据，承包人不可以对此种计量提出异议。

如果对永久工程采用记录和图纸的方式计量，则监理工程师应准备该项工程项目的图纸和记录。当承包人被通知要求参加此项计量时，应在通知发出 14d 内同监理工程师一道查阅和确认记录与图纸，并在双方取得同意时，在上面签字。如果承包人不参加或不委派参加上述记录和图纸的审查与确认，则应认为这些记录和图纸是正确无误的。除非承包人在上述计量后14d内向监理工程师提出申辩,说明承包人认为上述记录和图纸有不正确之处,要求监理工程师予以决断。监理工程师在收到承包人的申辩后应进一步检查记录和图纸,或者维持原议或者进行修改,并将复议后的结果通知承包人。

2. 支付的基本步骤

支付工程费用一般采用如下三个步骤:

1)承包人提出申请

支付工程费用一般由承包人先通过监理工程师向业主提出付款申请,承包人在付款申请时要出具一系列的有效报表,以说明申请金额的准确性。其主要工作就是填好月报或月结账单。

承包人的月报表应说明他在这个月应收取的金额。一般包括:已完成的永久性工程的价值;承包人的设备、临时工程、计日工等款额;材料和待安装工程装置的发票价值的分期付款数额,价格调整的款项(含物价与法规变更),按合同规定有权获得的其他金额(如索赔和延期付款利息)。并且月报表应按照监理工程师指定的格式填写。

以上各种款项,还应有一系列的附表以说明其价值。

2)监理工程师的审核与签认

其审查应满足公平性、及时性、准确性的要求。就其公平性而言,一方面应通过审查剔除承包人付款申请中不符合合同规定的付款要求,并扣除承包人的违约金或其他损害赔偿,保护业主的合法权益不受损害;另一方面,对承包人付款申请中符合合同规定的付款要求应及时予以确认并办理付款凭证以保护承包人的合法权益。就准确性而言,在审查过程中,应注意承包人的付款申请中原始凭据是否齐全,是否有合同依据。如承包人申请的工程款中其完成的工程量是否有相应的计量凭证;申请的计日工付款申请是否有监理工程师的计日工指示及确认资料;材料预付款申请是否符合合同规定,是否有监理工程师对到场材料的数量确认及相应的发票;变更工程的付款申请中是否有监理工程师的变更令及相应的完成工程量计量证书;其单价是否与工程量清单的单价相符等。另外,在审查过程中,还应复核计算过程的准确性;为保证支付结果的准确性,应坚持分级审批的监理制度,防止监理工程师滥用权力损害公平原则的现象发生。监理工程师在完成审查工作后及时签发付款证书。

监理工程师对承包人的月报表进行全面审核和计算,在逐项审核和计算的基础上签认应支付的工程费用。一般以支付证书的方式确认工程费用的数额。

3)业主付款

业主收到监理签认的支付证书后,按合同规定的时间向承包人支付费用。

3. 计量、支付的管理

除了职责分工明确、目标具体落实外,监理工程师还应加强对计量、支付的管理工作。计量、支付工作既重要,又需要大量资料和表格,工作很烦琐,因此,监理工程师必须建立起行之有效的管理办法,建立计量与支付档案,不断改进管理工作。

对于整个项目来说,计量、支付职责必须落实到人,专人分管,并加强对整个项目的计量与支付管理。总监理工程师、总监代表处、高级驻地监理等都应以计量、支付控制为指导思想,对计量、支付进行严格的管理。应建立计量支付的管理制度和各级人员的岗位责任制,并对计量、支付工作进行定期检查和考核,对违反计量、支付管理制度的人员给予处理。对工程费用的动态进行全面分析，及时发现问题，对各类工程费用进行专项分析，并在分析的基础上制订专门的管理办法，以保证支付工作的顺利进行。一个大型项目的计量支付工作极其复杂和烦琐，没有严格的管理程序，势必造成混乱。计量支付工作的混乱将导致监理工程师无法进行有效的监理，因此，总监理工程师及其高级代表必须引起足够重视。

计量支付是一项综合性极强的工作，必须在质量管理的基础上进行综合管理，涉及内容多，处理过程复杂，并且承包人在申请时要申报大量的报表和资料。另外，支付工作的计算和资料管理工作都很繁重。应推行表格和报表的标准化管理，尽量争取用计算机来处理报表，以提高计量支付工作的准确性和工作效率，使监理工程师从资料整理工作中解脱出来，更好地搞好计量支付工作。

第五节 计 量

一、计量组织的三种类型

工程计量一般有三种组织类型，即监理单独计量，承包人单独计量和监理与承包人联合计量。这三种计量各有特点，但无论如何，计量必须符合合同要求，其结果必须由监理工程师确认。

1. 监理独立计量

监理独立计量时，可以由监理工程师完全控制被计量的部位，质量不合格的工程肯定不会被计量，也很少出现多计的情况，能够确保记录结果的准确性。但监理的工作量较大，且容易引起承包人的异议而延误计量工作时间。

2. 承包人独立计量

这种方式可以减轻监理的工作，让监理工程师有时间进行计量分析和计量管理，但由于承包人是自行计量，往往会出现多计和冒计的问题，有时计量细节和计量方法甚至算术计算也有差错，并且一些质量不合格的工程也可能被计量。因此，在这种情况下，监理工程师一定要认真细致地审查计量结果，并定期派人对承包人的测量工作进行检查，最好派有经验的计量人员经常检验及控制承包人的计量工作，即当由承包人独立计量时，监理工程师一定要对计量结果的准确性和测量方法及计算规则进行严格审查。

3. 联合计量

这种方式有利于消除双方的疑虑，当场解决分歧，减少争议，又能较好地保证计量结果的公正性和准确性，简化程序，节约时间。因此公路工程合同中，较多地采用联合计量，即承包人和监理工程师共同进行计量工作。

二、计量管理

1. 落实计量职责

为使计量的责任分明，监理机构中一般设有专门负责计量的工作班子，并在每个驻地办事机构中设一名专职的计量工程师。驻地计量工程师主要负责的是各细目的工程计量。在组织计量工作时，采用按专业分工，分别进行计量的办法，做到计量职责分明。具体工程内容的计量应落实到人，以免重复计量和漏计。如果职责不明，势必造成计量混乱，因此，一定要注意计量工作由谁负责，并且为了保证计量的准确性，还必须有负责检查、复核的人员以及最终签认的人员，使计量工作按规定的程序进行。如有疑问，有权要求项目工程师提供资料和有关情况，经计量工程师审查后再交驻地监理工程师，通过对计量工作的分工，使工程计量责任到人，并通过对计量的复核、审定等程序和制订计量人员的岗位责任制，对计量工作进行有效管理。

2. 做好计量记录

计量记录与档案是计量管理中的一个重要内容，对于公路工程这样大型的复杂项目，要进行多次计量，将形成一系列的计量资料，只有在完善计量记录的基础上加强对计量的档案管理，才能使项目的计量工作顺利完成。

为了便于合同管理，正确评价工程和查询、交流计量工作，必须加强工程计量工作，特别是中间计量的档案管理。

计量应根据合同的要求做好记录。符合要求的记录应能说明哪些已经计量，哪些尚未计量，哪些已经签发支付证书，哪些尚未签发支付证书。计量时监理工程师还应完成以下工作：

(1)应有一套图纸(最好挂在墙上)，用彩笔将所进行工程的位置在图纸上标示出来，并在适当的位置作详细补充说明，如工程的开始、结束时间及几何尺寸数据等，这将有助于做好计量记录。

(2)应有一套档案。包括计量证书的号码及所计量的数量。所有计量证书必须是承包人和监理工程师共同签署的，只有这样才能作为支付的凭证。

(3)记录工程量清单中所列出的分类细目的数量与计量后数量的差异，及双方同意的进度支付证书应付的款额。

(4)对计日工应记录在有号码的计量证书上，并由承包人代表及监理工程师代表共同签名。计日工应详细记录如下内容：

①记录已获同意的计日工的估计数量和付款额度的指令，记录计日工已完成的数量及付款金额。

②如果计日工的时间超过一个月，应在暂时计量单上记账，并在计量证书上另立系列号码，这些记录应与累计账册一同归档；记录已同意的计日工单价，付款的金额，付款报表号码。

(5)工程变更应记录已下达的变更指令依据，已同意的单价和价格调整，增加费用的计量证书应另编系列号码分开存档。

(6)对于现场存放的材料应每月计量记录一次，其计量表中应记录已发到现场的材料的种类和数量及这些材料的发票面值；已计量的数量应记录每一次报表中的预付金额及回收金额，材料计量证应另编系列号码，并应与发票及所有材料的累计账册一同归档。

3. 计量分析

为了搞好计量的管理工作，除落实职责、加强记录与档案管理外，还应加强计量分析，一方面及时发现计量工作中的问题，另一方面及时掌握工程进度，为进度监理和费用支付提供基础。为了便于计量的分析与管理，对计量的表格应统一，使其标准化和规范化。监理工程师应设计好表格让承包人和具体从事计量的人员按此填写，这便于采用计算机辅助计量和进行计量分析。

计量分析时一方面应对照原工程量清单和设计图纸进行分析，将实际工程量与原设计的工程量进行对比,发现偏差并分析偏差的原因。另一方面以计量的工程量为依据,计算出实际进度,将实际进度与批准的进度比较,发现进度偏差,并找出原因从而采取措施改进。

计量分析也应对计量的方法是否恰当,计量的结果是否准确以及是否有质量不合格的工程等进行分析,通过分析找出是否有多计、错计的部分。

除以上所述三项内容外,计量管理还包括计量争端的协调与处理。因为计量是费用支付的直接基础,也是对承包人工作的一种基本评价,因此,在计量工作中难免发生争端与分歧,监理工程师必须协调各方,尽快解决争端。

三、计量依据

计量的依据一般有:质量合格证书,工程量清单前言,合同条件中的"计量支付"条款,技术规范中有关计量支付的内容(或独立的计量支付说明)和设计图纸及各种测量数据。也就是说,计量时必须以这些资料为依据。

1. 质量合格证书

计量的基本条件和前提是质量合格,质量不合格部分不予计量。因此,计量工程师进行计量时,一定要同质量工程师配合,只有通过了质量监理,经质量监理工程师签发了质量合格证书的工程内容,才能进行计量。

2. 工程量清单前言和技术规范

因为工程量清单前言和技术规范中的"计量支付"规定了工程量清单中每一项工程的计量方法,同时还规定了按规定的计量方法确定的单价。

3. 设计图纸

工程量清单的数量是该工程的估算工程量,但是被计量的工程数量,并不一定是承包人实际施工的数量,因为计量的几何尺寸应当以设计图纸为准。根据计量规定:对就地灌注桩的支付计量,应根据图纸所示由监理工程师确定的从设计基础表面到下方桩端间的长度考虑。

4. 测量数据

与计算有关的测量数据有原始地面线高程的测量数据、土石分界线的测量数据、基础高程的测量数据、竣工测量数据等。测量数据的准确性严重影响计量结果的准确性。

四、计量的内容、时间、方式与方法

1. 计量内容

理论上,所有工程事项均应加以计量,以便获得完整的记录;实际上,只是对所有需要支付的细目加以计量,这是计量工作范围的最低要求。这些细目由技术规范中每一节"计量与支付"条款及工程量清单的"前言"明确规定了计量方法与付款内容,除了对已完成的工程细目进行计量和记录外,监理工程师最好对那些涉及付款的工程细目进行详尽的施工记录,以便发生索赔时有据可查。

因此,计量工作的范围有最高与最低要求,具体达到什么样的要求,由具体工程项目的内容及施工情况而定。

公路工程计量的范围一般是技术规范和工程量清单所包含的内容。一般有:为监理工程师提供必要的办公、生活服务和交通运输设施的工作,土方工程,排水及小型构筑物工程,路基工程,路面工程,桥梁工程,通信监控系统,收费系统,路用房建工程和附属工程等。

2. 计量时间

根据合同规定,监理工程师应及时对已经完成且质量合格的工程细目进行计量,并且对一切进行中的工程,均需每月粗略计量一次,到该部分工程完工后,再根据规范的条款进行精细的计量。每月进行计量是以便掌握工程进度情况及核定月进度款(即期中支付证书),为此,监理工程师一般需填制"中间计量单"。

对于隐蔽工程,则须在工程覆盖之前进行计量。否则,在覆盖后再进行计量将使工作更复杂和更困难。

3. 计量单位与计量精度

计量单位分两类,一类是物理计量单位,一类是自然计量单位。物理计量单位以公制计量,自然单位通常采用十进位自然数计算。

对于物理计量单位长度常用米、延米、千米、公里;面积常用平方米、千平方米、公顷;体积常用立方米、千立方米;质量常用克、千克、吨;自然计量单位常用个、片、座、株;时间单位常用日、星期、月、年等。

对于精度,为方便起见,小数需四舍五入至小数点后恰当的位数。应对不同的细目分别作出统一规定。

虽然这是一简单问题,但实际工作中,常常出现计量名称、符号及取位错误和不规范。同时,还应该注意的是:各细目的计量单位必须与工程量清单中所用单位一致,同时还应注意,所有计量都以净值为准。

4. 计量方式

计量方式一般有如下三种:

(1)实地测量与实地勘察。如土方工程,一般对横断面宽度,挖方的边长等需实地测量和勘察;又如场地清理,也需按野外实地测得的数据,根据计算规则进行计算。

(2)室内按图纸计算。对于钢筋混凝土结构物以及多数永久工程,一般可按图纸计算工程量。

(3)根据现场记录进行计量。如计日工必须按现场记录来计算,又如灌注桩抽芯应按取芯时的钻探记录,又如打桩工程的施工记录等,还有100章的大部分内容为现场检查和记录。

一般工程量的计算由承包人负责,工程量审核由监理工程师负责。通常,一个工程项目的计量往往是三种方式综合运用。不论采用何种方式,其结果都须经监理工程师和承包人双方同意,共同签字,有争议时,协商解决,协商解决不了仍由监理工程师决定。

5. 计量规则和计量方法

计量规则和计量方法主要在技术规范的有关内容和工程量清单的前言中明确给予规定。在进行计量时必须遵守其要求,并且,在不同的合同中,这些计量规则和计量方法会有差别(即使对同一工程内容)。因此,计量时必须严格按本合同计量规则的规定进行计量,不能按习惯计量方法,也不能按别的计量规则。

例如,同是压实土方的工程,京津塘高速公路计量规则规定:填方料的体积是以测量的地面高程为标准的设计断面的净体积,而济青公路计量规则中规定其体积以测量的地面高程与标准设计断面加上监理工程师指定宽度的体积,在《公路工程国内招标文件范本》(2003 年版)(以下简称《范本》)的计量规则中规定,应以承包人施工测量并经监理工程师校核批准的横断面地面线为基础,按图纸中的由监理工程师审核批准的横断面施工图为依据进行计算。

由此可知,不同的合同均有各自的计量规定与要求,这些要求在技术规范每一节的计量与支付和工程量清单的前言中已经给出,计量时必须认真地遵照执行。

应该注意的是:监理工程师除了对工程量清单的各个细目进行计量外,还应对所有有关支付的其他事务进行计量。如计日工使用的具体数量,各种工程意外事件以及工程变更后的工程量等,均应加以计量,以便进行支付。这些内容主要采取记录计量方式。

• 第六节 公路工程计量方法 •

一、一般规定

以《范本》为主,结合国内几个大型公路工程的实际情况,对计量工作中的一般规定进行如下介绍。

1. 总则

(1)按照本合同应计量的所有工程项目,均以中国的法定计量单位计量。

(2)按合同提供的材料数量和完成的工程数量所采用的测量与计算方法,应符合本规范的规定。所有这些方法,应经监理工程师批准或认可。承包人应提供一切计量设备和条件,并保证其设备精度符合要求。

(3)除非监理工程师另有准许,一切计量工作都应在监理工程师在场的情况下,由承包人测量、记录。

(4)有承包人签名的计量记录原本,应提交给监理工程师并由监理工程师保留。

(5)工程量应由承包人计算,由监理工程师审核。工程量计算的副本应提交给监理工程师并由监理工程师保留。

(6)凡超过了图纸所示或监理工程师指示的任何长度、面积或体积,都不予计量或计算。

(7)全部必需的模板、脚手架、装备、机具、螺栓、垫圈和钢制件等其他材料,应包括在工程量清单中所列的有关支付项目中,均不单独计量。

(8)除监理工程师另有批准外,凡超过图纸所示的面积和体积,都不予计量与支付。

(9)如本规范规定的任何分项工程或其细目未在工程量清单中出现,则应被认为是其他相关工程的附属工作,不再另行计量。

2. 质量

(1)凡以质量计量或以质量作比例的材料,都应在经计量合格的磅秤上,由称职合格的人员在监理工程师指定或批准的地点进行称重。

(2)除非监理工程师另予批准,材料的质量在所有情况下都可以由计算(换算)确定。

(3)如果以称重直接计量的方式得到批准,则此处的计量只有在以下条件下才能予以接受:监理工程师在场,称重的记录相应地得到证明,载有包装材料、支撑装置、垫块、捆束物等的一切必要资料的说明书在称重同时提交给监理工程师作为证据。

(4)钢筋计量时,应按图纸或其他资料标示的直径和净长计算。搭接、接头套筒、焊接材料、下脚料和定位钢筋等，则不予计量。

(5)金属材料的质量不得包括施工需要加放或使用的灰浆、楔块、堵缝料、垫衬物、油料、接缝料、焊条、涂敷料等质量。

(6)承运按质量支付的材料的货车，应每天在监理工程师指定的时间称出空车质量，每辆货车还应带有清晰易辨的标记。

(7)对有规定标准的项目，例如钢筋、金属线、钢板、型钢、钢材等，均有规定的规格、质量、截面尺寸等指标，这类指标应视为规定的质量和尺寸。除非引用规范中的允许偏差值加以控制，否则可用制造人的允许偏差。

3. 面积

除非另有规定，计算面积时，应按图纸所示净尺寸线，或按监理工程师书面指示计量，对于面积在 $1m^2$ 以下的固定物(如检查井等)不予扣除。

4. 结构物

(1)结构物应按图纸所示净尺寸线，或根据现场实际按监理工程师指示修改的尺寸线计量。

(2)混凝土的计量应按监理工程师认可的并已完工工程的净尺寸计算，钢筋的体积不扣除，倒角不超过 $0.15m \times 0.15m$ 时不扣除，体积不超过 $0.03m^3$ 的开孔、开口及空穴不扣除，面积不超过 $0.15m \times 0.15m$ 的填角部分也不增加。

(3)所有以延米计量的结构物(如管涵等)，除非图纸另有标示，应按平行于该结构位置的基面或基础的方向计量。

5. 土方

(1)土方体积可采用平均断面积法计算，但与似棱体公式计算结果比较，如果误差超过 $\pm 5\%$ 时，监理工程师可指示采用似棱体公式。

(2)如果已按平均断面积法计算出土方量，而且在未经事先准许采用更精确的计算方法的情况下已将此土方量提交批准，则不允许对前已批准的土方量进行复查。

(3)各种不同类别的挖方与填方计量，应以图纸所示界线为限，而且应在批准的横断面图上表明。

(4)用于填方的土方量，底基层和基层的材料，应按要求的纵断面高程和路床面，以夯实后的土方量为准计量，承包人报价时，应考虑在挖方或运输过程中引起的体积差。

(5)对于并非下一步即用于填方、底基层和基层的挖方材料，其土方量应于挖方前就地测量。

(6)一切土方的费率，应考虑必要的支撑及其拆除的费用，还应考虑必要的费用。

(7)在现场钉桩后60d内，承包人应将原来的和最终的土方横断面图连同土方的面积与体积计算表，一并提交监理工程师批准。所有横断面图，都应留有图题框，其大小由监理工程师指定。一旦横断面图得到最后批准。承包人应交给监理工程师原版图及三份复制图。

(8)承包人可以呈请监理工程师使用电算方法作为土方计算的一种替代方法的提议。该提议中应包括有关计算机硬件详情、土方计算程序、输入、输出及拟使用方法步骤的详细摘要。承包人只有在监理工程师事先批准的情况下才可采用电算方法，这种批准是否延续，要看电算结果是否令人满意。如果电算结果并非如所提议的或认为是不能令人满意的，承包人应仍使用横断面方法重新进行土方量计算。

6. 运输车辆体积

(1)在运输车辆上用体积计量的材料,应以批准的车辆装运,并在运到地点进行计量。

(2)用于上述目的的车辆,可以是监理工程师接受的任何尺寸或类型,但车箱的形状应使其实际容量能够容易而准确地测定。

(3)所有车辆都应装载成水平容积高度,车辆到达送货点时,监理工程师可以要求将其装载物重新整平。

7. 质量与体积换算

(1)如承包人提出要求并得到监理工程师的书面批准,如规定要用 m^3 计量,则需要称重的材料,为支付目的可将此质量换算为 m^3。

(2)从质量计量换算为体积计量的换算系数可由监理工程师确定,并应在此种计量方法使用之前征得承包人的同意。

8. 沥青材料和水泥

(1)沥青材料和水泥应以 kg 计量。

(2)有证明的过磅净重应用作计量依据;但是,如沥青材料发生漏失、浪费或者并未用于本工程中,则要予以校正。

(3)如用卡车或其他运输工具装运沥青材料,可以按经过检定的质量或体积计算沥青材料的数量,但要对漏失或泡沫进行校正。

(4)水泥可以以袋作为计量单位,但一袋的标准应为50kg。

9. 成套的结构单元

如规定的计量单位是一成套的结构物或结构单元(实际上是按“总额”或称“按项支付”计的工程细目),该单元应看作为包括了所有必需的设备、配件和附属物。

10. 标准制品项目

(1)如规定采用标准制品(如护栏、钢丝、钢板、轧制型材、管子等),而这类项目是以标准规格(单位重、截面尺寸等)标识的,则这种标识可以作为计量的标准。

(2)除非采用标准制品的允许误差比规范的允许误差要求严格,否则生产厂的允许误差不予认可。

二、一般条目(100 章)的计量

100 章包括的主要工程内容有临时设施、承包人驻地建设以及为监理工程师提供的设施等项目。对于这些工程的具体工作内容已经在技术规范中作了详细规定和说明,在清单中按项报价,均属于包干支付项目。因此,在计量规则中很简单,计量方法都是现场检查和统计。

但是,具体工程中,对这种按自然单位计量的项目,一定要在现场进行认真地检查和核实,并注意按照技术规范规定的工作内容在现场逐项查实。尤其对于为监理工程师提供的设施,必须认真查对规范所规定的设施、仪器、设备等是否已经齐备。

三、路基土石方(200 章)的计量

200 章包括的工程内容主要有场地清理,挖方、填方,挖方和填方的超运以及土方压实与

路基整型等。在计量细则中规定:压实与路基整型的工作内容不单独计量,其费用包括在挖方与填方单价中。

1. 场地清理

《范本》对于场地清理的计量作了如下规定:

(1)场地清理、掘除及旧路面的拆除,分别按监理工程师书面指定的范围进行现场实际量测,以 m^2 为单位计量,借土场的清理与掘除费用包括在土方单价之内,不予单独计量与支付。

(2)拆除结构物,应分别按结构物的不同类型,按监理工程师现场指示的范围和量测方法计算,以 m^3 为单位计量。

(3)砍伐树木仅计胸径大于15cm的树木,砍伐应单独以棵计量,但砍伐后的截锯、清运、堆放等均不另行计量,其树根的掘除亦按棵计量。

(4)所有清理、掘除、拆除工作的一切挖方、回填、压实以及适用材料的移运堆放和废料的移运处理等作业,均不予单独计量。

(5)为保证施工而修筑的临时地面排水工程(永久工程除外),一律不予计量。

2. 挖方与填方

挖方与填方是土石方工程中的主要内容,应对其认真地计量。除挖、填以外还包括有关运量的计量。因此,在对其进行计量时,应特别注意如下几个问题:一是要做土方运距图,土方运距图的做法在合同文件的技术规范中有明确规定。二是要保证挖方与填方的平衡,即挖方=松方系数×填方。除运费外,对于挖方,特别是结构挖方要注意对水位的定期测量,因为有些合同中水上挖方与水下挖方单价相差极大;同时,对填料的沉降也要特别注意。

(1)挖方和填方的数量,应以承包人施工测量或补充测量并经监理工程师校核批准的横断面地面线为基础,按图纸中典型横断面所绘制的经监理工程师审核批准的横断面施工图为依据进行计算,按 m^3 计量。土石方运距在1km以内时为免费运距,不计运价;超过1km时,另计超运距运费,按 $m^3 \cdot km$ 计量。

(2)挖方除应将土、石分开,按 m^3 计量,并应分为免费运距和超运运距两部分,超运距的部分另计,超运距运费,按 $m^3 \cdot km$ 计量。

(3)填方除应将土、石分开,还应将从路基挖方中产生出来的利用土(石)填方与从借土场运来的借土填方分开,按 m^3 计量。

(4)利用土(石)填方只计摊平、压实、整型及超运费,其挖方费用已计入挖方项目。

(5)凡为获得充分压实而翻松并重新填土压实的部分应只计利用土填方或借土填方的数量,而不得再计翻松挖方的数量。

(6)台阶挖土、边坡修整、路基整型、临时排水以及超出施工图以外的超挖或超填,均不另行计量与支付。

公路合同中,免费运距一般取1km,而对于运费及运量的计算则还需进一步规定其具体做法。总之,土方工程的计量是工程计量中的关键和难点之一,其费用占合同工程费用的40%左右,而计量的影响因素众多且复杂。

四、路面工程(300章)的计量

本章有底基层及基层,沥青混凝土路面,透层和黏层,水泥混凝土路面四节。总的来说,路面工程的计量比较简单，但却是计量的主要内容。

1. 底基层及基层

各种形式的底基层及基层以图纸要求的不同厚度计算，按 m^2 为单位计量。

2. 沥青混凝土路面

(1)沥表路面的面层，按图纸所示界限的中线长度及宽度进行现场量测，分别按不同类型及厚度，以 m^2 为单位计量。

(2)硬路肩按图纸所示界限的长度及宽度进行现场量测，分别按不同类型，以 m^2 为单位计量。

(3)缘石、平缘石按图纸所示的长度进行现场量测，分别以 m 为单位计量。

(4)铺筑路面、硬路肩、立缘石、平缘石而进行的开挖与回填等，均不单独计量与支付。

3. 透层和黏层及其材料

沥青材料应按图纸所示的基层面积或监理工程师确认的工作面积，乘以单位洒布量，并换算到115℃时的质量，以 kg 为单位，对洒布的吸油材料不另行计量。

4. 水泥混凝土路面

水泥混凝土路面应以图纸所示界限中线长度及宽度进行现场测量进行计量，单位为 m^2；面板钢筋网应以图纸所示或监理工程师认可的实际安装量，按钢筋项目计量；硬路肩，立缘石、平缘石与沥青混凝土路面同。并注意，所有接缝的钢材及封缝料均不另行计量与支付。

五、桥梁工程(400章)的计量

本章有总则，模板、拱架和支架，钢筋，基础挖方，钻孔灌注桩，结构混凝土，预应力混凝土，钢构件，桥梁支座，桥梁伸缩缝，桥面铺装，石砌墩台及拱圈和照明等十三节。

其中不单独另行计量的有：模板、拱架和支架、钢构件及伸缩缝三节，总则中仅有荷载试验以一座桥梁做一次试验按座计量，其余不另计。支座按块计量，照明灯柱按个数计量。

1. 钢筋

(1)所有钢筋应以图纸中或监理工程师认可实际安装数，不分级别或规格，按质量以 t 为单位进行计量。

(2)除图纸明示或监理工程师有指示，所有钢筋接头均不予计量。

(3)钢筋骨架及工程中所用的钢板、夹具、垫块、铁丝和所有使用钢筋固定位置的材料，均不予计量。

(4)钢筋的调直、除锈、弯折、截断、焊接及绑扎成型等均不单独计量。

2. 基础挖方

(1)基础挖方应以限定面内的棱柱体体积，分别水上、水下及土、石，按 m^3 计量。其中挖方下限按图纸所示的基础(包括地基处理部分)的基底高程线计算，上限按批准的横断面上所标示的原地表线计算，竖限按上限至下限，以超出基底周边30cm 的垂直面为界。

(2)当承包人遇到特殊或非常规情况时，应通知监理工程师，由监理工程师定出特殊的基础挖方界线。凡未取得批准，承包人以特殊情况为由而完成的任何挖方费用由承包人负责。

(3)为完成基础挖方所做的地面排水及围堰、基坑支撑及抽水、基坑回填与压实、错台开挖及斜坡开挖等，均不单独计量。

3. 钻孔灌注桩

(1)钻孔桩应以图纸所示或监理工程师确定的实际桩身长度,区别不同桩径按 m 计量。

(2)监理工程师指示的正常取芯钻探试验,应以实际取回的岩芯,区别不同直径按 m 计量。

(3)对监理工程师认为混凝土施工中有不正常现象而指示的取芯钻探试样,如经检验混凝土质量合格,则予以计量;否则不予计量。

同时,必须根据打桩时的连续施工情况做适当计量记录。

(4)当桩基进行了无破损检测时,只有检测结果合格的桩才能计量。

4. 结构混凝土

(1)混凝土结构物应以图纸尺寸计算或监理工程师确定并实际完成的体积,分别以不同结构类型及混凝土强度等级按 m^3 计量。

(2)钢筋混凝土结构物中的钢筋按钢筋要求单独计量。防护工程按其规定计量。

(3)对全部模板工作、混凝土浇筑、修饰和养生、预制构件的起吊、安装和联接等均不另行计量与支付。

5. 预应力混凝土

(1)预应力混凝土结构物应按图纸尺寸计算或监理工程师确定并实际完成的体积,根据不同结构类型及混凝土强度等级,以 m^3 为单位计量。

(2)用于预应力混凝土中的钢丝、钢绞线,应按两个锚头间外侧一面的钢丝、钢绞线的理论长度计算(超过需要长度不计)质量,分别以 t 为单位计量。

(3)模板、张拉、压浆、导管、混凝土浇筑、修饰和养生以及预制构件的吊装和联接等,均不另行计量。

6. 桥面铺装

该项应以图纸所示的尺寸计算或监理工程师确定并实际完成的数量,按照不同类型及强度等级,水泥混凝土桥面按 m^3 计量,沥青混凝土桥面按 m^2 计量。泄水管、伸缩缝及固定接缝等工程内容不单独计量。

7. 石砌墩台及拱圈

(1)所有桥梁墩台、翼墙均应以图纸尺寸或监理工程师实际确定的尺寸计算,按不同石料(但不区分砂浆强度等级),以 m^3 为单位计量。

(2)拱圈、拱上侧墙应分别以图纸尺寸计算,以 m^3 为单位计量。

(3)桥梁墩台及翼墙的基础挖方,应按本章基础挖方的有关规定计量。

(4)护拱、拱上排水设施及拱上填土均不另行计量。

六、隧道工程(500 章)的计量

本章有材料、施工控制测量、洞口、洞身防水和排水共五节。其中材料及施工控制测量不单独计量。

1. 洞口

(1)隧道洞口各项工程均以图纸所示或监理工程师指示的尺寸为依据,按实际完成并经过验收的数量进行计量。

(2)隧道洞门的端墙、翼墙、挡墙、边坡铺砌以及其他砌体工程,以不同圬工类型按防护工程有关项目计量;截水沟按排水有关项目计量;其挖基回填、夯实、整平、隧道铭牌和洞门检查设备等均包括在相应砌体工程的支付单价中,不单独计量。

(3)遮光棚框架,遮光板,按不同混凝土强度等级以 m^3 为单位计量;其所含钢筋以及回填、夯实、整平、垫层及防腐等已包括在混凝土支付单价中,不单独计量。

2. 洞身

(1)隧道洞身各项工程均以图纸所示或监理工程师指示尺寸为依据,按实际完成并经过验收的数量计量。

(2)隧道的开挖按规定的开挖轮廓线计算工程数量,以 m^3 为单位计量。

(3)洞内衬砌的拱部、边墙、仰拱及底部填充、铺底,按不同的混凝土强度等级和不同圬工类型分别以 m^3 为单位计量。侧沟按地面排水有关项目计量。石质地段,按规范规定并得到批准的侵入衬砌厚度的岩石体积,计算衬砌数量时不予扣除;任何情况下衬砌厚度超出规定轮廓线的部分都不予计量;衬砌内各种洞室所占的体积应予扣除。

(4)喷射混凝土按不同强度等级以 m^3 为单位计量;被批准安装的锚杆以 m 为单位计量。锚头、垫板、螺母、锚杆钻孔、注浆以及抗拉试验等,均包括在锚杆支付单价中;各种洞室、射流风机、监控设备及照明灯具的预埋件,包括在各相应部位衬砌工程的单价中,均不单独计量。

(5)隧道内的路面,按路面有关项目计量。

(6)隧道工程所用钢筋网,以 t 为单位计量。

3. 防水和排水

洞身防水板以 m^2 为单位计量,止水带注浆钻孔以 m 为单位计量,压浆防水材料、水泥浆(按干拌料)以 t 为单位计量。

七、排水工程(600 章)的计量

本章需要计量的有盖板涵、拱涵、管涵、排水管道及地面排水沟五项。所有工程按照建成状况计量,并且涵洞及排水管道凡是在图纸中已标明的洞口建筑,包括端墙、八字墙、一字墙、锥坡、跌水井、铺砌以及基础挖方、地基处理、基坑回填等均不单独计量。所以涵洞及排水管道只计洞身和洞口建筑以外的沟渠铺砌以及急流槽等进出口附属物。

若所有排水构造物均按图纸施工并建成,其计量就比较简单,若遇变更,则需单独进行复杂计算。

1. 涵洞

盖板涵、拱涵、圆管涵或圆管倒虹吸以图纸规定的洞身长度或监理工程师同意的现场沿涵洞中心线量测的进出口之间的洞身长度,分别以明涵、暗涵并以不同的跨径及孔数按 m 计量;洞口建筑以外的沟渠铺砌及进出口附属物按地面排水沟有关项目计量。

2. 排水管道

(1)排水管道以图纸规定的长度或监理工程师同意的、现场沿管道中心线量测的检查井内侧墙面之间的长度,按不同孔径,以 m 为单位计量。

(2)检查井按个数计量。

(3)图纸中标明的进出口建筑,包括端墙、八字墙、一字墙、进水井、铺砌和基础挖方地基处基坑回填以及检查井中的铁蓖、标桩等均不单独计量。

(4)排水管道洞口建筑以外的沟渠铺砌加固等附属工程,按地面排水沟有关项目计量。

3. 地面排水沟

(1)边沟、截水沟、渗水沟以图纸或监理工程师同意并实际量测的轴线长度,按照不同的铺砌材料或无铺砌,以 m 为单位计量。

(2)急流槽应以图纸断面及实际量测的长度进行计算,并计入消力池、消力槛、抗滑平台等其他附属设施的数量,按 m^3 计量。

(3)浆砌片石或混凝土预制块(板)铺砌的边沟、截水沟、渗水池、急流槽的基槽开挖、回填与压实以及反滤层等,均不另行计量。

(4)无铺砌的土石方边沟,在路基挖方或填方中计量。

八、防护工程(700 章)的计量

这一章中需要计量的有挡土墙、附属工程砌体、多孔料渗滤层三项。

1. 挡土墙

(1)所有砌体均应以图纸尺寸或监理工程师同意的实际测量的尺寸计算,按照不同结构类型及不同石料(但不区分砂浆强度等级),以 m^3 为单位计量;混凝土及钢筋混凝土挡土墙应分别按 m^3 计量。

(2)钢筋混凝土挡土墙中的钢筋以 t 为单位计量。

(3)基础挖方按桥梁工程中基础挖方的规定计量。

2. 附属工程砌体

(1)锥坡、护坡、河床铺砌等砌体及石笼填体应分别按图纸尺寸或实际测量计算,按照不同类型,以 m^3 为单位计量。

(2)砌体及石笼的基础挖方应按桥梁基础挖方的规定进行计量。

(3)用于石笼中的钢筋、铁丝已包括在石笼之中,不再另行计量。

3. 多孔料渗滤层

多孔料的回填应以图纸或监理工程师所指示的断面计算,按 m^3 计量;而为了铺设多孔材料而移除的任何材料,不再另行计量。

九、道路设施(800 章)的计量

本章需要计量的有护栏及隔离栅、交通标志、道路标线、通信电线管道四节。

1. 护栏与隔离栅

护拦与隔离栅应分别以两端立柱间的中心距离计算,按 m 计量;而所有清理、开挖、回填基础及保护处理均不单独计量支付。

2. 交通标志

不分标志类型,均按单柱式及双柱式以现场个数计量;里程碑、百米桩、界碑和道路编号标志应以现场实际安装的个数计量,标志牌的底座、立柱、防锈处理等,均不另行计量。

3. 道路标线

路面标线应以图纸所示或监理工程师同意的现场量测的每条线的总长度,分别按实线与虚线和不同的宽度以 m 为单位计量；箭头指示线、斑马线等均不另行计量。另外，突起路标、路边线轮廓标、锥形交通路标，应以现场实际安置的个数计算。

4. 通信电线管道

按实际铺设长度以 m 计量，为管道铺设所做的检修井、拉线等附属工作，均不单独计量。

十、绿化(900 章)的计量

本章除包括植物的运输、种植外，还包括对植物的养护管理，其计量规则如下：

(1)种植乔木应分别按不同的树种以图纸所示或监理工程师认可的实际成活数，按株计量。

(2)种植的灌木、草坪及草皮以图纸所示或监理工程师认可的实际成活面积，按 m^2 计量。

(3)地表的准备，树坑的开挖、浇水、施肥、防治、剪修等均不另行计量。

十一、软基处理的计量

(1)砂砾垫层应按图纸规定或监理工程师的指示，依据垫层的长度、宽度及厚度，以 m^3 为单位计量。

(2)塑料排水板应按不同厚度以延米为单位计量。

(3)土工布及土工格栅应按实际覆盖并经监理工程师批准的表面面积以 m^2 计量，土工布及土工格栅折叠及重叠接缝部分不予计量。

(4)强夯处理以 m^2 计量。

(5)砂桩以长度和直径分列，以根为单位计量。

(6)砂井以长度和直径分列，以个为单位计量。

(7)粉喷桩按直径分列，以 m 为单位计量。

(8)超压土石方应按整修前在设计路基面以上的横断面计算的体积以 m^3 计量。超压土石方已包括卸载和弃置的有关费用。超压范围或厚度按图纸或监理工程师的指示确定。

(9)一般路堤应包括沉降引起的附加体积，在原地面高程以下的路堤沉降体积应根据沉降监测的实际沉降量来计算。

(10)稳定与沉降监测应包括所有的仪器、设备、劳力以及为实施并记录有关稳定与沉降监测所必需的杂费，按总额计量。

(11)达到路基填筑技术要求的超压土石方直接利用为路基填方时，按填方计量。在任何情况下，超压土石方和填筑路基土石方不能重复计算。

●第七节　支　　付●

一、支付种类

支付可以分为很多种，不同种类的支付有不同的规定和不同的程序及支付办法，作为监理工程师必须予以了解。

1. 按时间分类

按时间分类,支付可分为预先支付(即预付),中期支付和交工支付、最终支付四种。

(1)预付。FIDIC 条款规定的预付款有两种:动员预付款和材料预付款,是由业主提供给承包人的无息款项,按一定条件支付并扣回。

(2)中期支付。就是我们所熟悉的进度款,按月支付,即按本月完成的工程价值及其他有关款项进行综合支付,由监理工程师开出中期支付证书来实施。

(3)交工支付。即在项目完工或基本完工,监理工程师签发交工证书后办理的支付工作。

(4)最终支付。即在缺陷责任期结束后,监理工程师签发缺陷责任证书后,办理的最后一次支付工作。

2. 按支付的内容分类

按支付内容可分为工程量清单内的付款和工程量清单外的付款,即基本支付和附加支付。工程量清单内的支付就是按合同条件和技术规范,监理工程师通过计量,确认已完工程量,然后按已确认的工程数量与报价单中的单价,估算和支付工程量清单中各项工程费用,简称为清单支付。工程量清单之外的支付就是监理工程师按合同条件的规定,根据工程实际情况和现场证实资料,确认清单以外的各项工程费用,如索赔费用、工程变更费用、价格调整等,简称附加支付。

清单支付在支付款额中占比重最大,也是主要支付,并且合同中规定比较明确;而附加支付占的比重较小,但却是支付中最难办的事;因为合同中没法作出准确估计和详细规定,只是在合同条件中作了原则性规定,它们的发生要取决于各方面的情况,一方面是工程施工过程中本身遇到的客观意外和工程管理中遇到的问题,另一方面则涉及社会因素如法规变更、物价涨落和地方干扰等,因此,附加支付是否合理和准确,取决于监理工程师对合同条件的正确理解以及是否及时掌握了现场实际情况。

3. 按工程内容分类

按工程内容分有土方工程、路基工程、路面工程、桥涵工程等。

4. 按合同执行情况分类

根据合同执行是否顺利,监理工程师要进行正常支付和合同终止的支付两类。正常支付,就是业主与承包人双方共同遵守合同,使合同规定内容顺利完成。合同终止的支付是指合同无法继续执行,可能是承包人违约,受到业主驱逐,也可能是由于特殊风险使合同终止,这几种情况的合同终止均应由监理工程师进行支付计算。在 FIDIC 合同条件中的第 63 条、第 65 条和第 69 条中作出了明确规定。

二、支付的一般规定

1. 支付时间

按合同规定的时间支付,FIDIC 条件的通用条款第 60 条第 10 款规定,业主收到监理工程师的中期付款证书后 28d 内支付或收到最终支付证书后 56d 内支付。监理工程师则主要是开付款证书,付款证书也有时间要求。京津塘项目从承包人提出申请,到承包人获得付款大概为 49d,其中监理工程师审核承包人申请和编制付款证书为 14d,业主收到监理工程师付款证书后 35d 内要付款给承包人,否则要支付延期付款利息。京津塘项目北京段规定承包人每月 20

日申报。世行规定一般在业主收到监理工程师的中期付款证书后 30～60d 内应付款给承包人。

2. 支付的最低限额

公路招标项目在合同专用条件中规定每月支付的最低限额。一般规定每月支付金额不低于合同总价的2%。若没有达到,则暂缓支付,有利于监理工程师进行进度控制。

3. 支付范围

所有到期并符合合同要求的工作内容均应计量支付。

4. 支付方法

根据各种工程费用的特点和支付要求分项、分类计算,汇总后扣减承包人对业主的支付。

清单中的内容,应按各工程细目的支付项目分项计算;各类附加支付则应分类计算,汇总各分项和各类金额。承包人对业主的支付主要是三种:动员预付款、材料预付款、保留金。它们均应按规定比例扣减。

5. 支付货币

工程费用中人民币与外汇的比例应按补充资料表所定的百分比确定。需要说明,补充资料表对工程费用支付有较大的参考价值,它不仅规定了外汇需求量,而且还有支付计划表,价格调整指数表等,这些资料直接关系到费用支付。因此,监理工程师进行费用支付时,应参照补充资料表中的有关内容。

6. 支付依据

支付依据必须准确可靠,进行工程费用支付时,需要大量的凭证和依据,这些依据直接确定了支付费用的数额。监理工程师在支付时,必须取得和分析这些数据,并对其可靠性进行评价判断。所支付的工程费用必须能够被这些凭证确切地说明,这些依据或凭证一方面必须在数量上准确,另一方面必须在程序上完备。数量上准确是不言而喻的,计量证书中的工程量必须按计量的要求和程序确认,价格调整采用的价格指数必须准确等。程序上的完备包括监理工作的管理程序和财务制度及合同方面所规定的程序,即通过这些程序确保凭证的合法性。

三、清单中的支付项目

1. 开办项目的支付

开办项目的计量支付规定在技术规范中有明确说明,在办理支付时,应先落实开办项目的完成情况,然后按技术规范中的规定办理支付。

2. 合同永久工程的支付

其工程量应按技术规范中的计量方法进行计量,并有监理工程师签认的计量证书,其单价按工程量清单中的相应单价来确定支付金额。

四、动员预付款的支付

动员预付款是一项由业主提供给承包人用于开办费用的无息贷款。国际上一般规定范围是0～20%。提供这项资金的目的仍然是减轻承包人资金周转的压力。

1. 动员预付款的一般规定

承包人有权得到业主提供的一笔相当于合同价值 0～20% 的无息动员预付款项，用以支付施工初期的各项费用。这种款项应在合同实施中的规定期限内分批扣回。

监理工程师在确认承包人已经完成合同协议的签署，提供了履约担保，并已提供付款金额的担保或银行保函后，应向业主签发按合同规定金额的付款证明。业主应按监理工程师签发的付款证明向承包人付款，包括合同规定不同类别和比例的外币，付款的最迟期限应按专用条件规定。

2. 动员预付款的担保

承包人应向业主提交在中国银行或中国银行认可的、业主同意且外国银行不得撤销的无条件的银行保函，其担保金额应等于动员预付款的金额。该保函应在业主收回全部动员预付款之前一直有效。但上述银行担保的金额，应随动员预付款的逐次回收而减少。

五、材料预付款的支付

承包人根据《公路工程国内招标文件范本》(2003 年版)第 60.1 款规定，应从业主那里得到一笔无息的款项，用于支付购进工地的各种成为永久工程组成部分的材料或设施。付款金额及货币种类及比例应是合同专用条件规定的购货发票面值的某一百分比，一般按所购材料单据开列费用的 75%。这项付款应在材料或设施用于永久工程以后扣回。

1. 材料预付款的规定

材料预付款应限定在合同规定的材料、设施发票面值的某一百分比之内，付款必须在承包人将购进材料运抵工地且材料的质量及储存方法得到监理工程师批准之后。

监理工程师应按预付款货币的种类和比例，将上述确定的金额计入下一次的工程进度付款证书中去。

2. 材料预付款的扣回

当材料用于永久工程后，材料预付款应从中期支付证书中逐次扣回。已经支付过材料预付款的材料，其所有权应归业主。当工程竣工以后，所有剩余材料其所有权属承包人，应迅速撤离工地。

六、保留金的支付

保留金是业主为了使承包人履行合同而对承包人应得款项的一种扣留，直至完全履行合同后再发还给承包人。保留金的总额应以合同价值的 5% 为限；每次扣除额应是中期付款证书中已完工程价值的 10%。

如果承包人按期完成全部工程并通过验收，业主应分两次将保留金退还给承包人，一半在交接证书(竣工证书)签发后退还，另一半则须等签发了缺陷责任终止证书后退还。

七、其 他 支 付

1. 索赔费用

施工索赔的内容包括以下两个方面：一方面是对额外所消耗资源的赔偿，即费用索赔；另一方面是对时间索赔，体现为工程项目的竣工日期延后，即延期。

1)索赔费用包括的项目和内容

(1)人工费。由于增加了合同以外的工程内容,或因业主原因造成工程拖延,致使承包人多使用了人工或者延长了工作时间,则承包人有权向业主要求补偿人工费的损失。其计算方法如下:

人工费 = 工资单价(按合同规定或日工资,分别按合同工、普工、技术工计)×
人工数(分别按合同、普工、技术工计)×应赔偿(或延长)天数

(2)材料费。由于业主修改了工程内容,或重新施工制作,致使工程材料用量增加,则承包人有权向业主提出索赔。其计算方法如下:

材料费 =(实际使用的材料数量 - 原来材料数量)×所使用材料的单价

(3)机械费。机械费索赔主要是计算机械工作时间的增加量或停置的时间(台班);新增各种机械的数量和工作时间(台班);由于业主原因造成各种机械停置的数量和工作时间(台班)。将以上机械的各种工作时间的增加量(或停置时间)求出后,乘以合同规定的单价(或台班价),然后再按各类机械费用累计、汇总后,即为机械费用的索赔数额。

(4)管理费。承包人的管理费通常由现场管理费和上级部门(公司)的管理费组成。

最终的索赔数额则以上述四种费用为基础,按合同文件规定的原则和方法进行计算并汇总即可。

2)索赔费用金额的计算与确定

当索赔成立时,其关键的工作就是确定索赔费用的金额。虽然承包人在索赔报告中已有费用金额的计算,但监理工程师仍应对其严格审查,然后再确定索赔费用额。

(1)索赔细目与相应工程量的审定。首先应仔细阅读监理记录,如工地日记、监理工程师日记、计量与支付方面的记录及有关报表、停工导致索赔的有关记录;其次是仔细分析承包人的有关记录(每日的现场记录、索赔事件发生时的同期记录);再次是派人去现场查实重点内容;然后,根据上述监理工程师和承包人两方面的记录及现场查实情况,按合同文件的有关规定进行综合分析,确定出索赔的细目和其相应的工程量(工程量的计算应按技术规范和工程量清单前言的要求进行)。

此处应注意的是,监理工程师应对承包人所提项目中的各种细目逐个进行分析和审查,确认其中哪些与索赔有关,哪些无关。对有关的细目,则应进一步分析其内容和数量是否正确与准确。

(2)单价与费率分析。承包人提出索赔时,一般会附上工程项目方面的资料与工资和成本方面的资料。监理工程师应详细审查这些资料,从中找出与索赔有关的情况及依据。一般说来,大多数的索赔项目均不包括利润,有的甚至还不包括管理费,而承包人的报价单中,其价格已经包含了管理费和利润;另一方面,由于在施工过程中,合同中的一些基本条件可能已进行了重大修改,早已不同于报价时的情况。因此,索赔项目不能照搬报价单中的单价和费率来进行索赔金额的计算,而应从报价单的单价中将费率分解出来,重新加以确定,再进行索赔费用的计算。

(3)计算审查。监理工程师对承包人的索赔费用计算,应进行详细的审查。首先,应对承包人的计算原则,计算方法进行分析和审查,主要是看其是否符合合同的规定和要求;其次,是检查承包人的计算有无算术错误。在许多情况下,承包人的索赔费用计算往往存在算术错误,

监理工程师在审查时，对此要足够重视。当然，审查的重点应是看其计算的原则和方法是否符合合同的有关规定和要求。

3）索赔费用的支付

当索赔费用经计算确认后，就可作为承包人的应收款项，作为中期支付证书中（或最终支付证书中）的一个支付项目支付给承包人。如果一项索赔并没有全部结案，只要监理工程师已认可了其中的一部分，则该部分的款项亦应该以一项持续索赔的临时付款的方式支付给承包人。监理工程师应依据《索赔时间、金额审批表》，首先签发索赔支付证明，并按通用条件第60条规定，将其列入中期支付证书或最终支付证书内予以支付，且必须按合同有关规定及《索赔时间、金额审批表》的规定执行索赔金额的支付。

2. 计日工费用

1）计日工使用的规定

根据通用条款的规定：计日工是用于完成在招投标时不能预料的一些工作；在合同实施过程中增加的工程或工程项目，性质不明的工程或完成工程项目所必需的附属工程；以及监理工程师认为必要或可取的工程，可以指令按计日工完成的任何特殊的较小而需变更的工程，均可使用计日工。

计日工的使用必须得到监理工程师的批准。承包人用于计日工的劳力不允许增加；用于计日工的材料一般应由承包人提供，且未经监理工程师同意时不得任意改变；用于计日工的施工机械应由承包人提出，若因故障或闲置时，则不支付费用；除非监理工程师事先同意，承包人无权将计日工任意分包。

2）计日工的支付。

对所有按计日工方式施工的工程，在其持续进行的过程中，承包人应每天将从事该项工作的所有工人的姓名、工种及工时的清单一式两份，以及表明该项工程所用的材料和承包人装备（计日工明细表中已包括了以附加百分比表示的承包人的装备除外）的名称和数量的报表一式两份，经监理工程师审批后，其副本就应退还给承包人作为支付的依据。在每月结束时，承包人应向监理工程师送两份所有劳务、材料和承包人装备的附有价格的账单经审批后，亦作为支付的依据。

3. 变更工程费用

变更是相对承包人在投标时所依据的合同文件而言所作的变动，即工程在实施期间，监理工程师根据合同规定，对部分或全部工程的形式上、质量上、数量上所作的改变。

按通用条件所作的变更包括两个方面：工程变更和合同变更。一般情况下，任何工程上的变更（数量、质量、结构外形等）及合同变更，几乎都与费用有关，均将涉及业主和承包人的经济利益。除了由承包人的原因而自行造成的变更外，所有的变更都需业主为工程变更而给承包人支付费用。所以，对工程变更必须全面考虑，认真对待。

1）单价的确定

在工程变更的支付中，最困难和最关键的就是对变更单价的确定。变更单价的确定应根据通用条件第52条的规定进行：收集资料，查阅资料，协商，裁决和确定。凡涉及该变更的文件资料均在收集之列，然后根据变更项目的特点，查阅报价单，采用类似项目的单价和费率来确定单价；当原报价单没有相应单价或虽然有但却明显不合理时，应以国家有关权威部门公布的价格表为参考依据，提出一个单价；当国家有关部门的价格表中也没有相应单价或虽然有但却明显不合理时，则以发货票为依据提供单价；当采用发货票依然不合理时，监理工程师便可提出一个他认为合适的单价。

监理工程师可以上述四种单价，按顺序与业主和承包人充分协商，若协商不成功，则应按通用条件第52.2款确定出他认为合适的单价。

当监理工程师发布工程变更令后14d内，或变更工程开工之前，已经收到承包人要求额外支付或变更单价（或价格）的通知，或监理工程师已将自己拟采用的单价（或价格）的意图通知承包人，即单价（或价格）未取得一致意见前，为了中期进度付款的方便，监理工程师可暂定一个单价（或价格），以便使账目暂时能够列入根据通用条件第60条规定的支付证书。

当合同中任何一个支付项目（工程细目）涉及金额（含变更后的金额）未超过合同价格的2%，而且在该支付项上，实施的工程实际数量不超过或少于该工程量清单中所列数量的25%时，则该支付项的单价或总额价均不应考虑其变动。

2）核算工程数量

工程变更后，必然引起工程数量的变化，监理工程师应重新加以核算。如原清单中列有此项目，则可以变更前后的工程数量加以对比，并注明变更后使工程数量增加或是减少的数量；如原清单中未列此项目，则变更属于新项目，其准确的工程数量，可根据设计单位的图纸和文件、监理工程师的现场记录及承包人提供的工程数量等方面获取的资料进行比较分析后，再加以确定。

3）计算支付费用

对于大的变更项目，在其立项时，应用经济分析方法和可行性研究作全面分析评估，其关键是对所需费用进行全面分析，并在此基础上确定变更方案的可行性。而对一般的变更，则在确定了单价和核算了工程数量之后，对所需总费用作出估算。

4）支付

当工程发生变更时，必有其特殊的原因。因此，监理工程师在签发变更工程的支付证明时，必须以工程变更令及其修改的工程量清单为依据，并在收到《中间计量单》且审查无误后，按工程变更令所确定的支付原则，参加其修订的工程量清单，办理支付手续。

工程变更的费用支付可通过《中期支付证书》进行。对一些不可预见和意外的紧急事件，或变更范围不大且事先无法估价的较小变更项目，当监理工程师认为必要或可取时，根据通用条件的规定，可对该变更工程采用计日工的方法进行。而其付款方式亦与其他情况下采用计日工时的支付方法相同。

4. 价格调整费用

1）价格调整的必要性

在工程的施工过程中要消耗大量的资源，各种资源的价格又直接关系到工程费用的多少，因此，价格的变化必然对工程费用的增减产生直接的影响；倘若是国际工程，汇率的变化亦直接影响到工程的费用；立法的变化，也会引起工程费用的增减。

上述诸因素，工程参与各方虽只能被动地承认和接受，但在施工过程中，可采取调整价格的方法，即对原来的合同价予以增减，来减少它们对工程费用的影响。

2)价格调整的有关规定

根据通用条件第70.1款的规定,当工程变更费用价值超过合同总价的15%,单项工程超过合同价2%及实际变更量大于或等于工程量清单量的25%时,允许考虑价格调整。因此,在合同执行期间,由于劳务、材料或影响工程施工成本的任何其他事项的价格涨落而引起费用增减时,应根据本合同条件第II部分,即专用条件规定的价格调整公式给予调价,将其浮动的价格从合同价值中增加或减去。

5. 拖期违约损失赔偿金(违约罚金)

拖期违约损失赔偿金是因承包人原因,使得工程不能按期完工时,承包人应向业主支付的赔偿金,原则上其赔偿标准应与业主的损失相当。一般规定,每逾期一天,赔合同价的0.01%~0.05%,同时也规定,赔偿总额不超过合同价的10%。这些规定在投标书附件中都应明确。

这笔金额可以从承包人的履约保证金中或支付证书中扣除。公路项目一般采用从中期付款证书中扣除的办法。

根据通用条件第47条规定,承包人如果在规定竣工期限内未完成工程或按通用条件第44条规定在允许延期工期内仍未完成工程施工,则承包人应向业主支付合同规定的拖期违约损失赔偿金。该赔偿金应自规定竣工之日起至交接证书写明的实际竣工的日期,不足一日应按比例计。

如果工程项目的任一部分在该工程项目竣工前已签发了交工证书,则在部分签发交工证书以后的拖期违约损失赔偿金相应地按比例减少,但拖期违约损失赔偿金的限额保持不变。

6. 提前竣工奖金

提前竣工奖金是与工期延误赔偿金相对应的一个支付项目,如何奖,应在专用条款明确。如果承包人比通用条件第43条规定的本工程或某合同段工程提前完工,承包人可得到一笔合同规定的奖金,时间按通用条件第48条规定发出的交接证书中写明的本工程或某合同段实际竣工日期与通用条件第43条规定的竣工日期之间的天数计算。

7. 迟付款利息

迟付款利息是对业主的一种约束,业主有准时付款给承包人的责任和义务。业主必须在规定时间内支付承包人所完成工程的款额,否则应向承包人支付利息。世界银行推荐的日利率为0.033%~0.04%。京津塘项目采用的是0.022%,济青公路则为0.033%。并且,这两个项目的合同条件中都规定:业主在收到监理工程师的中期支付证书45d内,或收到最终支付证书56d内应将款项支付给承包人,否则将支付迟付款利息。计算公式如下:

$$\text{迟付款利息} = p[(1+r)^n - 1]$$

式中:p——迟付的人民币或外汇数额;

r——日利率;

n——迟付款天数。

八、费用支付项目及计算程序

费用支付项目及计算程序详见表5-1。

费用支付项目及计算程序表 表 5-1

序号	项 目	计 算 方 法
1	清单各章项目	截至本月完成累计金额
2	工程变更	算逐月累计额
3	计日工	算逐月累计额
4	工程索赔	算逐月累计额
5	截至本月已完成的工程总值	(1)+(2)+(3)+(4)
6	动员预付款	加已拨付款额
7	回收动员预付款	①已扣还数额 ②剩余数额
8	材料预付款	算逐月累计额
9	回收材料预付款	①已扣还数额 ②剩余数额
10	本期支付总额	(5)+(7②)+(9②)
11	减:保留金	(5)×10%
12	减:违约罚金	罚金数额 = % ×H×D
13	截至本月总支付	(10)-(11)-(12)
14	减:上期支付证书第13项	
15	本期净支付总额	(13)-(14)
	其中: %人民币, %外汇。汇率:按合同汇率	
16	加:迟付款利息	算本期发生额
17	加:本期价格调整	应分人民币和外汇部分
18	本期实际支付额	人民币: 外汇:

注:①H 为合同价,D 为逾期天数;

②“计算方法”一栏中的(1)、(2)等指相应于序号1、2等对应的项目。

九、支付证书

支付证书是业主向承包人付款的唯一凭据,支付证书分两种:一种是在工程实施过程中大量使用的中期支付证书,每月一次;一种则是只使用一次的最终支付证书。虽然动员预付款也需监理工程师开支付证书,但它很简单,按其支付条件开出即可。

1. 中期支付证书

按合同规定在本月应该支付给承包人的全部款项,应由监理工程师开具中期支付证书,承包人才会获得业主的进度付款。同时,中期支付证书是一种对规定时间内承包人对所完成工作价值的估算,如前一期支付证书中有错,下一期可对上一期的错误予以纠正。中期支付证书由支付月报和工程进度图表组成。

开具中期支付证书时,需要做大量的工作,要填报一系列的表格,并且有一定的时间限制,因此,监理工程师必须熟悉计量与支付业务,掌握前面所述的内容,按规定和要求对每一笔支付费用进行严格把关。中期支付证书的第一步是由承包人提交月结算账单(月报表),月结账单的格式由监理工程师设计或指定,以便于统一管理。其次是监理工程师结合自己掌握的情况,根据合同规定对承包人的月结账单进行全面审查,最后开出中期支付证书。

2. 最终支付证书

最终支付又叫最后支付，是业主与承包人之间的最后结算，也是监理工程师在执行和管理某一合同时所开的最后一份支付证书。

在缺陷责任证书颁发之后的56d内，承包人向监理工程师提交一份最后结账单，并附上向业主提交的清账书副本，在监理工程师对结账单审查和认可后，监理工程师就签发最终支付证书。

在开具最终支付证书时，监理工程师应认真审查和核算，将该合同的实际总金额核定准确，他还必须对以往各期的中期支付证书进行清查，对各类支付项目进行分类汇总，以确定业主与承包人双方之间的支付，即业主应付承包人多少款额，已经付了多少，承包人应付业主多少金额，已付了多少等，最终双方应找清款项。监理工程师应认真细致地审查承包人的最后结账单，并结合以往各期的支付进行分析，以消除计算与支付错误。应分别清算已完工程的总价款，预付款和保留金等各支付项目。

1)最后结账单的内容

在缺陷责任期终止以后的56d之内，承包人应向监理工程师提交一份批准格式的最后结账单草案及有关详细证明文件，它能说明：

(1)按合同规定所完成的全部工程(工作)的价值。

(2)按合同规定应进一步向承包人支付的款额。

如果监理工程师在审查最后结账单后表示不同意或对最后结账单草案中的任何部分提出质疑，承包人应进一步提供有关证明文件和资料并对草案进行修改以使双方达成一致。随后，承包人按协商意见和要求修改草案而形成正式的最后结账单，并交监理工程师签署。

2)清账书的内容和要求

承包人向监理工程师提交最后结账单的同时，应向监理工程师提交一份书面清账书。确认最后结账单开列的总金额，这相当于根据合同规定应付给承包人的全部款项的最后结算，但该清账书只有在最终支付证书中所列的金额已经支付，履约担保金已经退还给了承包人之后才能生效。

3)最终支付证书的内容和要求

监理工程师收到承包人的最后结账单和书面清账书之后的28d内，经审查无误后，应向业主签发一份证书。其内容如下：

(1)监理工程师认为根据合同规定最终应付的款额。

(2)确认以前的支付和各项款项后，双方应找清的金额。

业主收到最终支付证书之后的56d内必须向承包人支付，否则应付迟付款利息。

本章小结

在整个施工监理过程中，工程费用监理已成为对工程项目质量、进度、工期等目标实施全面监理的重要手段和措施。本章在分析了工程费用监理的特点、组成和主要影响因素的基础上，重点叙述了工程费用监理的计量、支付原则、程序和方法，明确了监理工程师在费用监理中的职责和权限。

复习思考题

1. 简述工程费用的组成、特点及费用的影响因素。
2. 工程费用监理的意义是什么？
3. 工程费用监理的内容有哪些？
4. 简述工程费用监理的原则与方法。
5. 解释计量、支付的概念。
6. 计量、支付的原则和作用是什么？
7. 工程费用监理的程序是什么？
8. 费用监理工程师在工程计量中的职责是什么？权限是什么？
9. 费用监理工程师在工程费用支付中的职责是什么？权限是什么？
10. 工程费用支付的种类有哪些？
11. 监理工程师在进行支付申请的审查时应审查哪些内容？

第六章 公路工程施工合同管理

教学要求

1. 明确工程合同的概念、合同的要求及特性，学习公路工程合同的基本知识；
2. 描述公路工程施工合同监理的主要内容、方法及程序；
3. 通过对 FIDIC 合同条件的组成和内容的描述，加强对《公路工程国内招标文件范本》（2003 年版）合同规定的理解；
4. 描述公路工程招投标的程序和工作内容；
5. 学习几个常见公路工程合同问题的处理方法。

第一节　经济合同的基本知识

一、合同的基本概念

合同是当事人双方或数方设立、变更和终止相互权利和义务关系的协议。订立合同是一种法律行为，依法成立的合同具有法律约束力，受法律保护。

经济合同是平等民事主体的法人，其他经济组织以及个体工商户，农村承包经营户相互之间，为实现一定经济目的，明确相互权利和义务关系而订立的协议。

工程合同属于经济合同的范畴，是指建设单位与施工单位或勘察设计、监理单位为完成工程建设项目，明确双方权利和义务关系的协议。建设单位也称为业主或发包方，勘察、设计、建筑、安装单位称为承包方或承包人。

合同的主体、客体和内容被认为是构成合同的三大要素。合同的主体是指签约的当事人，是合同的权利和义务的承担者。经济合同的当事人是法人以及具备生产经营资格的非法人经济组织、个体工商户和农村承包经营户。合同的客体，又称合同的标的，是签约人权利和义务所共指的对象，如货物供销、工程承包等；合同的内容是指签约人之间相互的权利和义务，如工程合同的质量、工期、价格等。

法人指具有民事权利能力和民事行为能力，依法成立的，有一定的组织机构、财产和场所，独立享有民事权利和承担民事义务的组织。

二、经济合同的订立、变更和解除

1. 经济合同的订立

1）订立经济合同的基本原则

订立经济合同是当事人双方为设立、变更、终止相互权利义务关系的法律行为，因此，对订立经济合同应遵循相应的原则，《中华人民共和国合同法》（以下简称《合同法》）作了明确的规定。其主要原则有：

（1）合法原则。首先，签订经济合同的当事人必须具有合法的资格；其次，订立的程序和合同的内容要合法。只有当事人遵守合法原则，所签订的经济合同才具有法律效力，并得到国家保护。否则，国家法律不仅不予保护，还要根据违法行为的结果，追究当事人的法律责任。

（2）平等互利、协商一致的原则。在签订合同时，双方之间的地位、意志和权利都是平等的，法人之间没有大小和高低之分，因此不能把一方的意志强加在另一方的身上，要贯彻自愿的原则。

（3）等价有偿的原则。合同是商品经济的产物，因此在签订合同时，要符合价值规律，按照等价交换的原则，公平合理地分配双方之间的利益，不能损害任何一方的正当利益，也不能损害社会公共利益和任何第三方利益。

2）订立合同的程序

订立经济合同的程序，是指当事人双方依法就经济合同的主要条款经过协商一致，并签署书面协议的过程。这一过程可分为要约和承诺两个阶段。

（1）订约提议（要约）。订约提议是指当事人一方（提议人）向他方提出订立经济合同的要求及含有主要条款的合同草案。提议的主要内容有标的的名称、数量、质量、价格和交付期限、约定对方答复提议的期限等。

（2）接受提议（承诺）。接受提议是指当事人另一方（接受人或承诺人）对提议人提出的订约提议作出完全同意的意见表示。订约提议一经接受人接受，并在约定的期限内使提议人收到接受提议的答复就是承诺，合同即告成立，接受人即负有履行合同的义务。

3）经济合同的有效条件

经济合同依法订立才具有法律效力。订立经济合同应具备以下条件：

（1）经济合同当事人要有合法的资格。经济合同当事人是经济合同法律关系的主体，其主体资格必须合法。机关、企事业单位和各社会组织作为经济合同的当事人必须具有法人资格。不具备法人资格的部门、单位订立的经济合同属无效合同。

法人通过法定代表人订立经济合同，如有必要，法定代表人可以授权委托有关业务人员或其他代理人订立经济合同。

（2）经济合同的内容要合法。经济合同当事人双方订立合同是一种法律行为，合法的法律行为受法律保护。因此，经济合同的标的、价款、履行方式以及违约责任等内容都不得违反国家法律和法规，否则属无效的经济合同。

（3）订立经济合同的程序和形式要合法。经济合同当事人必须依据法定程序，按照法定形式订立经济合同。法定程序包括订约提议和接受提议的规定：经济合同行政管理机关鉴证的程序，业务主管行政机关登记批准的程序。经济合同除即时清结者外，应当采取书面形式。

4）无效经济合同

无效经济合同是指虽经当事人双方协商订立的，但因不具备或违反法定条件，国家法律不承认其法律效力的合同。

《合同法》第五十二条规定,有下列情形之一的合同无效:一方以欺诈、胁迫的手段订立的合同;恶意串通,损害国家、集体或者第三方利益;以合法形式掩盖非法目的;损害社会公共利益;违反法律、行政法规的强制性规定。

根据《合同法》第五十八条规定:合同无效或者被撤销的,因该合同取得的财产应当予以返还;不能返还或者没有必要返还的,应当折价补偿。有过错的一方应当赔偿对方因此所受到的损失。双方都有过错的应当各自承担相应的责任。

2. 经济合同的变更和解除

随着人的主观愿望和客观情况的变化,合同的内容也应随之变化。所以,在一定的条件下,法律允许变更和解除合同。

所谓合同的变更,是指合同当事人在签订合同以后,在没有履行或未完全履行合同义务之前,经双方协商一致,对合同的主体、内容进行增减、修改或变更所达成的新的协议。

所谓合同的解除,是指当事人双方在法律规定的条件下,在未履行或未完全履行合同前,经双方协商一致所达成的提前终止合同的协议。

根据《合同法》第七十七条规定,当事人协商一致,可以变更合同。法律、行政法规规定变更合同应当办理批准登记等手续的依照其规定。《合同法》第九十四条规定,有下列情形之一的,当事人可以解除合同:因不可抗力致使不能实现合同目的;在履行期限届满之前,当事人一方明确表示或者以自己的行为表明不履行主要义务;当事人一方延迟履行主要义务,经催告后在合理期限内仍未履行;当事人一方延迟履行义务或者有其他违约行为致使不能实现合同目的;法律规定的其他情形。

变更和解除合同是一种法律行为,应遵守法定程序,变更和解除合同的程序与订立合同的程序类似。

三、经济合同纠纷的处理

合同纠纷是指在合同履行中双方当事人对经济权利和经济义务所发生的争执,或称争议。(合同法)第一百二十八条规定,当事人可以通过和解或者调解解决合同争议。当事人不愿和解、调解或和解、调解不成的,可以根据仲裁协议向仲裁机构申请仲裁,没有仲裁协议的可以向人民法院提起诉讼。根据以上规定,合同在履行过程中,合同纠纷的处理方式有协商、调解、仲裁、诉讼等四种。

1. 协商

所谓合同纠纷的协商,是指合同当事人在履行合同过程中对所产生的合同纠纷,互相主动接触,充分协商,取得一致意见,从而正确解决合同纠纷的一种方法。协商应遵守以下原则:

(1)维护国家利益、集体利益和当事人合法权益的原则。

(2)符合国家法律、政策规定和国家计划要求的原则。

2. 调解

所谓调解是指在第三者参加下,由第三者出面认真查明事实,分清责任,通过说服调解,从而促使双方互相谅解,在双方当事人同意的条件下,解决合同纠纷的一种方法。

调解合同纠纷主要有以下四种方法:

(1)当事人上级主管机关的调解。

(2)律师事务所调解。

(3)工商行政管理部门调解。

(4)人民法院调解。不论采用何种形式都应遵守双方当事人自愿、分清是非、明确责任和调解合法的原则。

3. 仲裁

合同的仲裁是指合同双方当事人之间因合同发生争议,经双方协商不成、调解又达不成协议时,当事人根据仲裁协议向合同仲裁机构申请,由合同仲裁机构作出的裁决。

我国经济合同仲裁机构是国家工商行政管理局和地方各级工商管理局设立的经济合同仲裁委员会。仲裁经济合同的程序如下:

1)申请与受理

合同当事人之间发生争议后,其中任何一方均可向有管辖权的仲裁机构申请仲裁,并提交仲裁申请书。仲裁机构收到申请书,经审查符合手续等要求后,应在7d内立案。被诉方在收到申请书副本后15d内提交答辩书和有关证据,否则被诉方等于放弃自己应有的答辩权利。

2)仲裁庭的组成

仲裁庭由3个及以上奇数人员组成,并设首席仲裁员1人。

3)调查取证

仲裁机关受理案件后,承办人员必须首先查明事实真相。主要方法有:审阅申诉书、答辩书;听取当事人双方陈述,收集证据等。为避免在合同纠纷处理期间造成更多的财产损失或防止另一方当事人转移、变卖财产,影响裁决的执行,仲裁机关可根据当事人的申请,采取中止合同履行、查封扣押货物、停止运输、变卖不易保存的货物并保存价款、冻结与案件有关的银行存款等保全措施。

4)调解

合同纠纷的仲裁实行先行调解的原则。仲裁机关应当在查明事实、分清责任的基础上进行调解,促使当事人互相谅解,达成协议,在双方自愿的基础上达成调解协议,调解未达成协议的,由仲裁庭仲裁。

5)仲裁

仲裁庭应认真听取当事人的陈述和辩论,出示有关证据,以少数服从多数的原则作出决议,并以仲裁书的形式通知双方当事人。仲裁裁决是终局的,如果一方不履行裁决,另一方可向人民法院申请执行。

4. 诉讼

《合同法》规定,当合同纠纷的当事人没有订立仲裁协议或者仲裁协议无效的,可以向人民法院起诉。

1)起诉与受理

原告向法院递交起诉书,即表明诉讼开始。人民法院在接到当事人的起诉状时,首先审查是否符合起诉条件及是否有管辖权。符合起诉条件的,应在接到起诉状之日起7d内立案。

2)受理

(1)调查和调解。审判人员要经过认真细致的调查、勘验和鉴定,明确纠纷发生的地点、时间、原因和双方争执的焦点以及证据来源,查清事实后,法庭对受理的案件应尽可能通过调解解决,促使双方当事人达成协议,解决彼此的纠纷。调解不成,由法庭判决。

(2)审理与判决。审判人员在当事人及其他诉讼参与人的参加下,经宣布开庭,法庭调查,法庭辩论,最后进行判决。当事人若不服一审法院判决,应在规定的时间内向二审法院上诉。二审法院对上诉案件经过审理可作如下处理:驳回上诉,改正判决;发回原法庭重新审理或自行判决。

我国实行二审制,二审为终审,当事人只能申诉不能再行上诉,必须无条件执行二审判决。

●第二节　公路工程合同基础知识●

一、公路工程合同的基本概念

1. 公路工程合同的概念

(1)公路工程合同,是指有关公路的勘察设计、施工、监理等方面的合同,它是工程合同的一种,具有工程合同的特性。从合同的性质上来分主要有建筑或安装承包合同和委托监督管理合同两大类,前者包括公路勘察、设计合同和施工承包合同,是本节叙述的主要内容,后者为监理咨询服务合同。

施工承包合同也称工程承包合同,是业主(发包方、建设单位)和承包人(承包方、施工单位)之间为完成商定的公路工程项目,明确相互权利和义务关系的具有法律效力的书面契约。

(2)公路工程施工合同的主要条款。主要条款是指每一份合同中都必须具备的基本条款,这些条款是工程合同中的主要内容和核心。根据《合同法》和《建筑安装工程承包合同条例》规定,公路工程施工合同应具备以下主要条款:

①标的,就是当事人权利和义务共同所指的对象,标的要明确。如工程名称和地点,工程范围和内容。

②工程数量和质量。包括路线长度,桥隧长度,土石方数量等,工程质量标准与验收方式等。

③合同履行的期限、地点和方式。包括开、竣工日期及中间交工日期。设计文件、图纸、资料的提供日期,材料、设备的供应和进厂期限。

④工程造价及支付货币的形式。包括工程价款的支付、结算及交工验收方法。

⑤违约责任。是保证合同得以顺利履行的主要条款,也是当事人双方的一种约束形式。

2. 公路工程承包合同的订立、变更与解除

(1)公路工程承包合同的订立与公证。公路工程承包合同属于经济合同,其订立一样包括要约和承诺两个阶段,其具体形式为招标与投标。招标可视为业主向承包人提出要约,业主为要约人,承包人为受约人。要约主要包括以下内容:

①签订合同的愿望与要求;

②合同的主要条款;

③要求对方作出答复的期限。

承包人接到业主的要约后(接到招标文件),应仔细研究文件中的内容,根据自己的条件决定是否同意对方的全部要求,若同意,便可作出承诺(投标)。若不完全同意对方的要求,可根据自己的要求向业主提出建议,这便不能视为承诺,而是承包人向业主提出的新要约,新要约提出后,原受约人变为新的要约人,原要约人变为新受约人。一份合同的订立往往要经过“要约—新要约—再要约—承诺”这样一个反复过程,直至双方就合同的所有条款达成一致意见后,方可签订正式合同。

在承包合同订立后,为了减少纠纷,保证合同的顺利执行,一般都要到公证机关将合同进行公证。

(2)公路工程合同的担保。为了促使经济合同的全面履行,保证权利人的权利得以实现,公路工程合同实行担保制度。所谓担保是指合同双方当事人为保证双方权利和义务得以实现而作出的具有法律约束力的经济保证措施。担保的形式有定金、银行保函、预付款和财物留置权四种。

①定金是指为了保证合同的顺利执行,在订立合同之前业主付给承包人一定数额的现金。工程合同履行后,定金应当收回,或抵作价款,业主不履行合同则无权请求返还定金;承包人不履行合同,应当双倍返还定金。

②预付款。在公路工程施工承包合同的履行中,实行预付款制度,即在合同签订后,或开工前,由业主向承包人支付一定数量的工程款,一般为合同价的5%～10%,而后在合同履行过程中由业主逐步扣回。预付款与定金的区别是,如承包人不能履行合同应如数退还预付款,不必双倍返还。

③银行保函又称保证,是银行与当事人一方达成的在被保证的当事人不履行合同时,由银行代为履行或承担连带责任的协议。公路工程承包合同中,一般由承包人开户银行出具履约保证书(银行保函)对承包人在合同中的义务作出保证,如果承包人违约给业主造成经济损失,由银行进行赔偿。

④财物留置权是指承包人在带着资产进入工地(施工机械设备,临时工程和材料)履行合同时违约,业主为保证合同的顺利执行而对承包人采取的一种保证措施。如合同可以规定所有承包人提供的施工机械设备、临时工程和材料,一经运至现场,就视为专门供本工程施工所用,没有监理工程师的同意,不准将上述物品或其任何部分运出现场。

(3)公路工程合同的履行。合同经订立之后,就具有法律效力,双方当事人应无条件地按照约定的内容和方式,全面完成各自所应承担的合同义务,享受各自应有的权利,这种法律关系实施的全过程称为合同的履行。在有些情况下,合同的某一方或双方不能履行合同,称之为合同的不履行。合同的不履行一般分为三种情况:全部不履行、部分不履行和到期不履行。无论哪一种不履行,都应当承担相应的法律责任,支付违约偿金。

(4)公路工程合同的变更和解除。公路工程合同的变更是指双方当事人在没有履行或全部不履行合同之前,经双方协议对合同的部分条款和内容作相应的修改、增减,达成新的协议。合同变更一经完成,原合同的相应条款就要解除,变更或解除必须采用书面形式。

变更或解除合同,会给一方当事人造成损失,除依法可免除责任者外,应由责任方负责赔偿损失。

3. 公路工程合同的纠纷处理

合同纠纷的概念及其处理方式已在前面表述。总之,公路工程施工承包合同纠纷的处理应按“协商为主，调解优先”的原则，当协商、调解无效时，才采用仲裁或诉讼方式。

二、公路工程合同的特性

1. 经济法律的多元性

工程合同是合同的双方或多方意向一致的表示，其法律行为的多元性主要体现在合同的签订和实施的过程中会涉及到业主、监理工程师、承包人、材料设备供应单位、银行、保险公司等有关单位，他们之间产生错综复杂的关系都要以合同关系予以缔结和约束。

2. 产品的固定性

工程合同所指的对象其形式和位置都是固定不变的，如道路、桥梁、隧道等。修建以后它们的形式和位置是不能移动、更换替代的。因此，工程合同中对这些构造物应有详细的设计文件和设计图纸。

3. 技术和组织的复杂性

工程项目在实施的全过程中，受到各方面诸多因素的影响和制约。因此，工程合同还有特殊条款，内容涉及到保险、银行、税收、文物、技术规范等方面。

4. 投资规模大、工期长、成本高

公路工程项目投资规模宏大，一条道路、一座大桥，建设资金少则几百万元，多则上千万元，甚至多达几亿、几十亿元。从可行性研究开始，经过勘察设计、招投标、施工，到竣工通车需要几年或十几年时间。这种特点决定了工程项目的重要性，在合同文件中应详尽阐明投资方式、投资比例、总投资的限额、施工期限等。

5. 平等性

工程合同的双方当事人在合同范围内处于平等地位，任何一方均不得对另一方加以其他限制和采取强迫命令。即使是上下级关系，在合同关系上也是完全平等的。

6. 风险性

由于工程合同的多元性、复杂性、规模大、成本高，加之自然条件和施工条件的多变，工程合同双方必然具有一定的风险性。因此，合同双方应慎重分析产生各种风险的因素，制订出平等而严格的风险条款，以期降低各种风险给工程项目造成的损失。

三、公路工程合同的类型

1. 总价合同

总价合同要求承包人在投标中根据招标文件中的要求对整个工程项目报一个总价，据之完成投标文件中所规定的所有项目。不管业主和承包人获得多少，均按合同规定的总价分期付款。

2. 单价合同

单价合同的主要特征是在合同履行过程中，执行同一单价，以单价乘以实际完成的工程量与业主结算工程价款。它是公路工程施工通常采用的合同形式之一，可以分为估计工程量单价合同和纯单价合同两种。

1）估计工程量单价合同

承包人以招标文件中工程量清单所列的工程量为基数，以投标文件中工程量表中填入的相应单价为依据来计算合同总价，作为投标报价。但在结账时，则以实际完成的工程量为准，按月支付以及最后以实际竣工图结算工程总价格。

2)纯单价合同

招标文件中只向投标者给出各分项工程内的工作项目一览表、工程范围以及必要的说明，而不提供工程量；承包人只给出项目的单价即可，而不必报总价，将来施工时按实际工程量计算。

3. 成本加酬金合同

根据实际成本再加上一笔付给承包人作为利润和酬金的附加费来确定出合同总价。这种合同主要适应于一些抢险和救急工程，在实际中并不常见，故不详细叙述。

四、公路工程合同管理的必要性和内容

1. 合同管理的必要性

改革开放以来，我国的公路建设事业取得了长足的发展，公路工程建设中采用了"工程招标投标制、项目法人制、合同管理制和施工监理制"，使公路工程项目在质量、工期和造价上取得了良好的效果。由于现在社会经济的高速发展，土木工程项目在建设规模上、施工设备和技术上提出了比以前更高的要求，传统的建设制度已适应不了高速度发展的需要。一个工程项目，从招投标、施工、监理，到竣工交付使用，建设单位单凭自己的力量是无法独立完成的。因此，必须委托设计单位、施工单位和监理单位进行公路的设计、施工和监理。这样一个工程项目就要涉及到业主单位、设计单位、材料设备供应单位、各专业施工单位、工程监理单位等。怎样建立起项目各方在建设过程中的有机联系，使一个复杂的、原先无联系的建设大系统运转得畅通无阻、相互协调、默契配合，共同实现工程项目的三大目标，一个重要的措施就是采用合同制，依靠经济和法律的手段，将工程项目涉及到的各单位在平等互利的原则上建立起多方的权利和义务关系。

(1)在土木工程项目实施中，采用承包合同制可以使合同双方有章可循，相互配合，紧张而有序地工作，其作用如下：

①可以有效地控制工期；

②可以保证工程质量；

③可以公正地维护合同双方的利益；

④可以提高工作效率。

(2)虽然承包合同制在公路工程中得到了全面推广，但是迄今为止仍有一些单位和个人，对合同法律地位认识不足，用行政干预来代替合同管理，对订立的合同和履行合同重视不足，缺乏合同意识，这些问题阻碍了工程建设的良好发展。因此，加强和完善合同管理有着非常重要的意义。

①加强合同管理是建设市场从人治走向法治的需要；

②加强合同管理是基本建设管理的需要；

③加强合同管理有利于引进外资，是对外开放的需要；

④加强合同管理有利于提高企业素质。

2. 合同管理的内容

土木工程合同中通常要涉及到政治、经济、法律、技术、社会环境、自然条件等诸多因素，订立合同条款时双方将花费大量的时间和精力。而采用标准的符合国际惯例的合同条件，为进

行工程项目合同管理的工程技术人员提供一个稳定的公认的依据,也可避免因彼此缺乏信任而引起的争端。

我国公路工程施工合同制度推行以来,国际惯例的 FIDIC 土木工程施工合同条件在西三公路、济青公路、京津塘高速公路等工程中的应用和推行,取得了较为成功的经验,其关键是熟悉合同、掌握合同、利用合同对工程施工过程的进度、质量、费用三大目标实施管理。合同管理的主要内容包括工程变更、工程分包、延期、索赔、保险、违约和争端的解决。理解和掌握这些内容对业主、承包人和监理工程师都十分重要。

•第三节　FIDIC《土木工程施工合同条件》简介•

一、FIDIC 合同条件

1. FIDIC 与 FIDIC 合同条件

“FIDIC”是国际咨询工程师联合会的法文首字母缩写,1913 年成立于英国,起初由四个欧洲国家的咨询工程师协会组成,属于民间组织,目前,已发展到七十多个会员国。FIDIC 代表了国际上大多数咨询工程师的水平,是世界上最具权威的咨询工程师组织。FIDIC 有地区性组织,还有专业委员会,现在其办公机构总部设在瑞士洛桑。

国际咨询工程师联合会编制的《土木工程施工合同条件》简称为“FIDIC 合同条件”,于 1957 年首次出版。由于当时以红色封面发行,故又称“红皮书”。适用于公路工程管理的是该合同条件中的第 I 部分,称为通用条件,而根据业主或工程具体情况对通用条件中的某些条款进行修正后单独成册的第 II 部分,则称为专用条件。随着多年来该合同条件的应用和国际承包工程中不断出现的新问题,条款亦不断地加以完善。1987 年 9 月 FIDIC 执行委员会在瑞士洛桑举行的 FIDIC 年会上, 通过并发行《土木工程施工合同条件》第四版,而后于 1988 年发行了第四版的订正版,1989 年又发行了订正版的应用指南。在第四版的修订过程中,由于欧美主要的承包商协会也参与了充分的讨论,因而比前几版显得客观、公正。FIDIC 合同条件集中了世界各国土木工程建设管理百余年的经验,科学地把土木工程技术、管理、经济、法律有机地结合在一起,并用合同形式固定下来,其中详细规定了承包人、业主、监理工程师的责任、义务和权利。现在,FIDIC 合同条件已被世界银行、亚洲开发银行等国际金融机构在工程建设贷款项目中广泛应用,已成为工程承包项目中的国际惯例。许多国家包括若干发展中国家,均在国内土木工程建设项目中积极地加以采用。

2. 采用 FIDIC 合同条件的优点

采用 FIDIC 合同条件作为工程实施的标准合同文本具有如下优点:

(1)该合同条件脉络清晰,逻辑性强,承包人、业主之间的风险分担公平合理。

(2)该合同条件对业主、承包人的义务权利和监理工程师的职责权限作了明确的规定,使合同双方的义务和权利界线分明,避免了合同执行中过多的纠纷和索赔事件的发生。

(3)该合同条件被大多数国家采用并被世界大多数承包人所熟悉,又受世界银行及其他国际金融机构推荐,有利于实行国际招标。

(4)该合同条件便于合同管理,对保证工程质量、合理地控制工期和投资将产生良好的效果。

3. FIDIC 合同文件的组成

当业主选择了合适的承包人发出中标通知书后,必须履行法律程序并制订合同文件。合同文件的组成及优先次序如下：

(1)合同协议书（含合同谈判中有关问题的澄清文件，如果有)。

(2)中标通知书。

(3)标前会议补充文件。

(4)投标书及其附件(含补遗书)。

(5)合同专用条件。

(6)合同通用条件。

(7)技术规范。

(8)图纸。

(9)标价的工程量清单。

4. FIDIC 合同条件的内容简介

FIDIC 合同条件包括第 I 部分和第 II 部分,第 I 部分称为通用条件,一般在国际土木工程招标文件中,将合同的通用条件直接放入招标文件中即可,而不必再重新去编写合同条件。通用条件共有 72 条 194 款,与第 II 部分配合使用。它包括了业主、监理工程师、承包人三者之间的权利和义务关系、准则和约定。它不需签字，也不用写工程名称,只要在合同文件的协议书中约定即可。

合同条件的第 II 部分称为专用条件,一般由工程项目的业主或招标单位根据具体工程项目的所在国或地区的情况,以及工程项目的特点,对照第 I 部分具体编写。如果通用条件中某些条款不适合具体工程的，可在专用条件指出并予以删除或修改,对某些不具体,不详细的条款可在专用条件的对应条款中加以补充和详细说明。专用条件中的所有条款要与通用条件中的相应条款一一对应,专用条件是通用条件的补充说明和限制,因此这里仅对通用条件的基本内容作一简述。

1)合同条件专用术语(略)

2)合同条件的条款分类

合同条件的通用条件从其属性与作用方面大致可分为五大类。

(1)工程师的职责与权限条款。工程师对整个工程项目负责,必须按照合同条款的规定公正地维护业主、承包人双方的利益,合同通用条件中有 48 条都涉及工程师的职责和权限。一般地讲,在业主授权范围内,工程师应保留行使以下一些权限和职责：

①由工程师审批承包人提交的工程进度计划和现金流量估算表等,并签发开工通知书；

②决定工程竣工时间的延长；

③工程师签发竣工验收交接证书；

④工程师签发变更令；

⑤工程师签发缺陷责任终止证书；

⑥判定并证实承包人是否违约,向业主建议处理办法；

⑦提出对特殊风险的处理意见；

⑧工程师作为调解人,裁定业主和承包人之间的争端;

⑨证实业主违约,并处理有关索赔费用及延期问题;

⑩签发月支付证书及最后支付证书。

(2)保障合同执行的法规条款。为使合同顺利履行,工程正常进展及尽可能减少一些不必要的争议,合同通用条件中列入了有关法规的条款共有 27 条。

(3)质量检验与检查条款。合同通用条件中有 22 条条款涉及到控制工程质量方面的问题,可归纳成以下四个方面:

①严格控制技术条件确保工程质量。合同中的标准和规范是控制工程质量的依据,合同条件中涉及到有关技术条件的条款有 8 条。

②材料、设备的检查与检验条款。在工程施工中,首先要把好材料、设备关。对进入工地以前和进入工地以后的材料、设备都要进行质量检验和验收,对不合格的材料和设备是不准进入施工现场的。涉及到这方面的条款有第 36 条、第 37 条、第 39 条等。

③施工质量检查与隐蔽工程部分的验收。为了保证工程质量,消除工程中存在的隐患,对工程质量,尤其是对隐蔽工程的质量检查必须要有一套严密的检查方法和质量保证措施。

④缺陷责任期的工程缺陷修复。承包人在工程竣工验收完毕后,还应继续履行缺陷责任期对工程缺陷的修复工作。合同条件中的第 49 条、第 50 条对此作了明确的规定。

(4)计量与支付的条款。

①工程计量虽然在业主招标时已提供了工程量清单,但只能视为估计工程量,它与实际工程量有一定的出入。为了控制投资,合同作了明确的规定。

②支付条款。承包人的付款和结算,关系到合同总价的控制,为此合同条件中的第 14 条、第 52 条、第 58 条、第 60 条对此作了一系列规定。

③索赔及处理条款。合同条件第 53 条具体规定了索赔程序和费用计算等问题。索赔问题涉及面较广,在合同条件中互相关联的还有第 6 条、第 12 条、第 17 条、第 30 条、第 36 条、第 38 条、第 47 条、第 63 条、第 69 条等条款。详细内容将在第四节中叙述。

(5)控制工程进度的条款。为了工程早日或如期完成,合同条件对工程进度作了如下规定:

①图纸和文件的提供方法;

②承包人在不可预见的恶劣天气或存在地下障碍的情况下申请工程延期;

③承包人应在规定的时间内提交工程施工进度计划;

④工程暂时停工;

⑤承包人的工程开工;

⑥工程竣工和工程交接证书;

⑦由于承包人的原因使工程延误,应采取措施加快施工进度,若不能按期竣工,则应向业主交付拖期违约偿金。

⑧缺陷责任期内承包人的责任。

从上述合同条款可看出,FIDIC 合同条件详细规定了业主、承包人、监理工程师的职责、权利和义务;阐明了三方之间的关系;并特别突出了监理工程师的地位和作用。从而使土木工程项目的承包和实施有了一套标准的合同文件。

二、中国的合同条件和合同范本

改革开放以后,大量世界银行、亚洲银行及其他外资贷款工程项目在我国修建,但国际上的合同文本不尽适用于中国国情。为了与国际惯例接轨,学习国外先进的科学和管理经验,通过十几年的探索,已总结出一套适合我国国情的合同条件。

1. 财政部合同条件版

从 1989 年开始,财政部和世界银行一起,在 FIDIC 合同条件第四版的基础上,修订编制出了《世界银行贷款项目采购招标文件范本》,分上、中、下三册,中英文并行。该范本 1990 年 4 月在美国华盛顿用英文编写, 同年 6 月完成第一稿,后经征求意见修订后,于 1990 年 10 月 8 日经 FIDIC 董事会批准,确认了中国财政部的合同版本。其中英文版,有通用条件 78 条,适用于实行国际公开竞争性招标及使用世行贷款修建的工程项目;中文版的通用条件有 44 条,适用于国内竞争性招标的工程项目。

2. 国家工商行政管理局和建设部的合同范本

1991 年 3 月,国家工商行政管理局和建设部联合颁发了《建设工程施工合同》(GF—91—0201), 作为国内建设工程施工合同范本使用,主要用于工业与民用建筑方面。

3. 原交通部的公路工程国际招标文件范本

《公路工程国际招标文件范本》,由原交通部工管司委托陕西省交通厅编写。该范本包括了 FIDIC 合同通用条件和结合我国国情的 79 条合同专用条件,可作为公路工程项目国际招标文件的参考文本使用。

4. 原交通部的公路工程国内招标文件范本

由原交通部工管司委托云南、四川两省交通厅编写,人民交通出版社出版的《公路工程国内招标文件范本》(2003 年版), 可作为公路工程项目国内招标文件的参考文本使用。其中的合同条件系根据我国现行法律、法规的有关规定, 参考国际咨询工程师联合会(FIDIC)土木工程施工合同条件(1987 年第 4 版),结合我国公路工程建设的具体情况而编写的。本书即采用该范本的合同条件,凡书中提到的合同通用条件,即该范本之合同通用条件。

●第四节　公路工程招标与投标●

一、招标投标的概念和意义

1. 招标投标的概念

公路工程招标是指工程建设单位就拟建公路工程的规模、等级、设计图纸、质量标准等提出招标条件,采用公开或非公开的方式,邀请投标人报出工程价格并在规定的时间开标,从中择优选定投标企业的委托方式。投标是指施工单位在同意建设单位的招标条件下,对招标项目进行报价,并在规定的期限内向招标单位递交投标资料,争取中标,这个过程称为投标。

2. 招标投标的意义

公路工程实行招标投标制度是改革的需要,其意义在于通过招标投标,引进了竞争机制,

体现了公平竞争原则,可以确保工程质量,缩短工期,降低工程造价,提高投资效益。实践证明,实行招标投标制度具有如下优点:

(1)促使建设单位按基本建设程序办事,认真做好项目的前期工作。

(2)可以缩短建设工期。招标文件中把建设工期以合同的形式固定下来,投标者之间的竞争也体现在工期的长短上,要在竞争中取胜,必须在管理上下功夫,以达到缩短工期的目的。有些承包合同中还规定了提前竣工的奖励和延误工期的赔偿金额,这样可以促使承包人按期完工或提前竣工。

(3)可以降低工程造价。招标过程中,投标人为了提高中标率,会全力挖掘潜力,降低报价,在同等的技术力量和财务状况下,报价较低者,中标的可能性较大。通过投标竞争,建设单位可以达到降低造价的目的。

(4)可以提高工程质量。招标承包的工程,由于实行了施工监理制度,严格执行工序检验,工程质量较以往完工后一次验收合格率不仅有明显的提高,而且发生质量事故时的责任也比较明确,从而减少了质量隐患。

二、公路工程招标的方式

根据《公路工程施工招标投标管理办法》的规定,其招标方式主要采用公开招标和邀请招标两种方式,有时也可选择其他招标方式。

1. 公开招标

公开招标又叫无限竞争性招标,其特点是投标单位的数量不受限制,凡通过资格预审的单位都可参加投标。招标单位通过报刊、广播、电视等新闻媒介公开发布招标广告,招请投标单位参加投标竞争。投标单位的报价在开标时公开宣布,并通过评标排定名次从中选择中标单位。其优点是使招标单位有较大的选择范围,可在众多的投标单位中选择报价合理、工期较短、信誉良好的承包人。其缺点是招标单位审查投标人的资格及其标书的工作量较大,需要的时间多,以致评标过程较长,招标费用的支出也较多。

2. 邀请招标

又叫有限竞争性招标,即由招标单位向经过预先选择的数量有限的(通常为3~5家)投标单位发出投标邀请,邀请他们参加某项工程的投标竞争。

邀请招标的优点是被邀请参加竞争的投标人人数有限,可以节省招标投标的费用和时间,提高投标单位的中标机率,对招标投标双方都有利。不过邀请招标也有其缺点,它限制了范围,把许多可能的竞争者排除在外,不利于公平竞争。国际上往往对邀请招标的适用条件作出指导性的规定,这些条件通常是:

(1)由于工程性质特殊,要求有专门经验的技术人员和熟练技工以及专用技术装备。

(2)公开招标使招标单位或投标单位支出的费用过多,与所能获得的收益或工程价值不成比例。

(3)公开招标的结果未能产生理想中的中标单位。

(4)由于工期紧迫或保密要求等其他原因,而不宜公开招标。

我国《公路工程施工招标投标管理办法》第二章第九条规定:邀请招标中应邀参加投标的单位不得少于三家。

3. 议标

是指不需通过公开招标或邀请招标，而由建设单位或其代理人直接邀请某一承包人进行协商，达成协议后将工程任务委托其完成的招标方式。如果第一家协商不成，可另外邀请一家，直到达成协议为止。这种方式只在工程性质特殊、内容复杂、工期紧、规模小的工程中采用，可以达到降低造价的目的。

三、公路工程施工招标

1. 施工招标应具备的条件

根据《公路工程施工招标投标管理办法》的规定，除个别不宜招标的项目外，所有列入国家和地方公路建设计划的公路基本建设工程项目，都要通过招标来选定施工单位。在进行施工招标前，应具备以下条件：

(1)初步设计和概算文件已经审批。

(2)工程项目已正式列入国家或地方公路建设计划，建设资金已经落实。

(3)征地拆迁工作已基本完成或落实，并能保证分年度连续施工。

(4)招标文件已编制完毕。

2. 施工招标的通用程序

其程度一般分为三个阶段：准备阶段(申请批准招标、准备招标文件、编制标底)；招标阶段(发布招标广告或邀请函，投标单位资格审查，发售招标文件，组织现场踏勘，工程交底并解答投标单位的疑问，接受投标单位递交的标书)；决标成交阶段(开标、评标、决标、签订合同)。

3. 招标工作的内容

1)准备招标文件

根据交通部制定的《公路工程国内招标文件范本》(2003 年版)要求，招标文件主要包括如下内容：投标邀请书；投标人须知；合同通用条件(第一部分)；合同专用条件(第二部分)；合同格式；技术规范；图纸；投标书格式及其附件；投标担保书格式；工程量清单；补充资料表；勘察参考资料等。

现将各组成部分简述如下：

(1)招标广告或邀请书。采用公开招标的主要内容有：招标单位和招标工程的名称、地点；招标工程概况；拟招标的工程范围；费用支付方式；招标文件发售时间及截止日期；有关招标事项的咨询单位。

采用邀请招标的主要内容有：上级批准拟建工程建设依据；招标的工程范围和主要工程内容；招标文件的售价、发售时间和地点，以及截止日期；其他注意事项。

(2)投标人须知。是指导投标人正确履行投标手续的文件，其基本内容有：总则(包括投标费用的规定，保证金数额，标书递交时间、方式等)；解释招标文件；现场考察和标前会议的时间、地点；投标报价的组成；投标书的要求及投标书的附件；开标方式、时间、地点；评标方法和原则；合同协议书和合同的签订。

(3)合同通用条件。

(4)合同专用条件。

(5)合同格式。规定了合同需用到的各种文件的格式，包括合同协议书、履约担保书、动员预付款保证书等。

(6)技术规范。它包括技术标准、施工规范的有关规定、工程质量检验评定标准、工程量计量方法、验收方法及要求。

(7)投标书及其附件。是招标单位替投标单位起草的一份空白文件,其目的是使投标单位递交的投标书格式一致,具备可比性,便于评审,同时也是投标单位对招标单位的一种保证。

(8)工程量清单。为投标单位提供统一的工程数量,便于有效而准确地编制标书。详细内容见第五章费用监理。

2)投标单位资格审查

资格审查的目的在于了解投标单位的技术、财力和管理水平,限制不符合条件的单位盲目投标。审查的内容有:投标者的营业执照;等级证书;主要施工经历;技术力量状况;施工机械设备;正在施工的承建项目;资金和财务状况等。

3)发送投标邀请书

投标单位在进行资格预审后,可对合格的投标单位发送投标邀请书。

4)发售招标文件

招标单位按照邀请投标通知和广告写明的日期和地点出售招标文件。投标单位收到招标文件,要以书面形式确认收到招标文件。

5)组织现场考察

招标单位应向参加考察的投标者介绍工程情况,使其能充分了解和利用现有资料。此外,招标单位还应统一组织一次现场考察。目的在于使投标单位进一步了解工程现场的情况,(如水、电、路、材料等)必要时还需采集样品。现场考察的时间、地点和缴纳的费用,一般在投标邀请函中应书写明确。

6)组织标前会议

标前会议的日期通常应列明在投标邀请书中,投标单位应在送交投标书截止时间 28d 以前以书面形式向招标单位提交需澄清和解答的问题。招标单位对投标单位提出的问题进行研究后,应在标前会议上予以口头解答,并在会议结束后,将其口头解答的内容,以书面文字形式正式通知各投标单位。这一通知亦将成为招标文件的一部分。

7)接受投标单位标书

投标单位编制完标书以后,应按规定的时间、地点、方式,把投标书递交给招标单位。而招标单位收到标书后,应检验密封,并签发收条。然后妥善加以保管。投标书发送后,在投标截止日期前,投标者若要对报价进行调整,应以正式文件的方式提出,并附以情况说明。投递标书的时间(从发售招标书到截止之日的时间长短)应视工程规模、技术复杂程度等情况而定。国内工程项目招标时,一般为 60d 左右,复杂的大型工程项目可适当延长。

8)开标

开标仪式由招标单位组织并主持,投标单位应派代表出席开标仪式,同时邀请上级主管部门以及监理工程师参加,当需进行公证时,应请公证处派员参加监督。

开标时,由招标单位及有关各方检查各份标书的完整性;招标单位宣布评、定标办法,并应当众拆开所有的标书,宣读标价,宣读后的标价,应填写在开标记录中,待审查无误后再存档。对于有附加条件的投标,应在开标记录的备注栏中加以说明。

对于不符合要求的标书,应视为废标而不予宣读。在开标过程中,还应检查投标单位提供的投标担保书,担保书通常为银行保函。

9)评标程序

(1)排除无效标书。根据《公路工程施工招标投标管理办法》的规定,凡属于下列情况之一者,应视为无效标书:

①标书未按规定密封或未密封;

②标书未加盖投标单位公章或未经投标单位法定代表人或授权的代理人签字;

③标书递交日期超过了规定的截止时间;

④标书未按规定的格式、内容和要求填写;

⑤未能按要求提供投标担保书;

⑥标书字迹潦草,模糊或无法辨认;

⑦一份标书中有两个或多个报价。

(2)原始报价复核。标书中有可能存在计算错误,因而在评标前应对报价进行复核。

(3)标书澄清。在评标过程中,评标委员会可分别要求投标人就标书中的有关问题提供补充说明和有关资料,而投标者则应作出书面答复。标书澄清的内容,还包括单价的分析资料等,但投标人不得借此机会,对原投标价的合同内容进行修改,而对评标中发现的算术差错,经核实后,可按投标须知的有关规定进行修正。

(4)对投标书的评价,先按报价总金额的大小,由低标到高标排队。对报价低于标底20% 的投标书,如无充分理由,一般在评标时不予考虑。其次对投标文件中的施工技术力量、施工方案、主要施工设备、工期、财务等情况分别列表分析。评标时应遵循如下原则:报价合理、施工方案可行、施工技术先进、能确保工期和质量。评标的方法有打分法和无记名投票法两种,现分述如下:

①打分法评标。采用这种方法之前应制订出评标的考虑因素、打分标准及计算方法。考虑因素包括投标报价、建设工期、企业信誉、施工经验、施工方案等。评标采用打分法时,可先计算综合评价指标,再用加权评分法和记分评选法进行评标。

②无记名投票法。当评标小组或评标委员会意见不统一,而且分歧较大时,可采用无记名投票的方式确定中标单位。

应强调的是:当采用打分法评标时,应选择总分最高的投标单位为推荐的中标单位;采用无记名投标法评分时,则应选择得票最多的单位为推荐的中标单位。

10)定标

招标单位在评标工作结束后,应将投标评比分析结果交给业主,由业主进行最后决策,决定中标单位。通常将这个过程称为定标。定标应遵循的原则是,接受合理的,且技术、工期和财务方面都较理想的投标单位为中标单位。

在确定了中标单位后 ,即可向中标单位颁发“中标通知书”。投标单位收到中标通知书后,应立即以书面告知招标单位。同时双方的合同法律关系即告确立,任何一方都要严格履行其应尽的义务。否则,将追究其违约责任。

11)签订合同

中标单位在收到中标通知书后 28d 内,应按中标通知书写明的时间、地点及要求与业主签订施工承包合同。签订合同时,中标单位应向招标单位送交由开户银行出具的履约保证金(简称保函)。保函金额为合同总价的10% 。

四、公路工程施工投标

1. 国内工程投标条件

《公路工程施工招标投标管理办法》中规定:"凡持有工商行政管理部门核发的营业执照,并具有与该公路工程规模相应等级资格证书的施工单位,均可参加投标"。

2. 投标程序

参加国内工程投标可按图6-1所示投标程序进行。

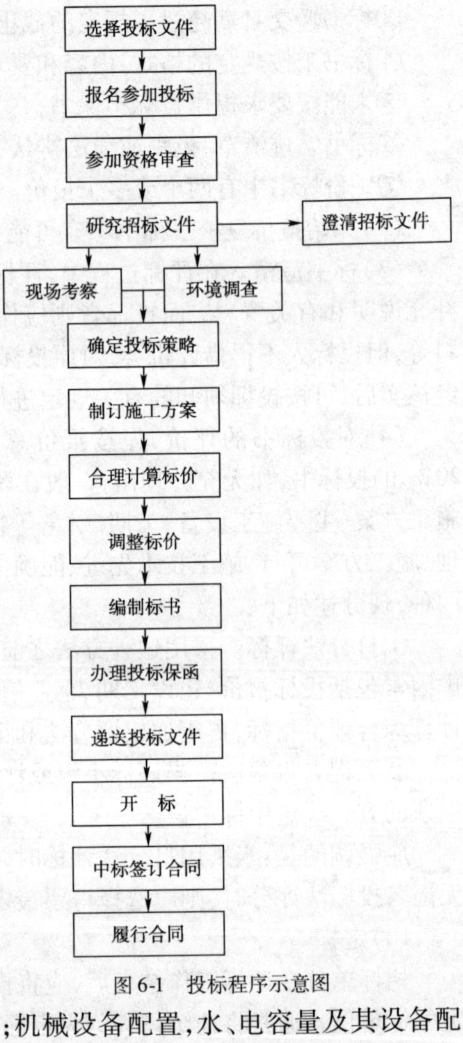

图6-1 投标程序示意图

3. 公路工程施工投标的工作内容

1)投标项目的调查和选择

施工单位为了选择适当的投标项目,应了解项目的名称,拟建地域、建设规模及要求包含的工程内容、资金来源、招标时间等。选择对自己有利的招标项目,有目的地做好投标的各项准备工作。

2)确定承包方式

确定所选项目是单独承包还是联合承包。

3)参加资格预审

4)研究招标文件

投标前重点研究投标人须知、特别条款、设计图纸、工程范围、工程量清单。

5)参加现场调查和标前会议

投标人投标前应着重对政治、工程施工条件、地理环境、法律、经济这五个方面进行系统的调查;积极参加标前会议,并在考察前向招标单位提出需澄清和解答的问题,而招标单位在会议结束后将口头解答,以"会议纪要"的书面形式通知各投标单位。

6)校核工程量、编制施工方案

(1)核对工程量,即检查有无漏项或重复;数量是否正确;施工方法是否符合要求、切实可行。

(2)编制施工方案,其内容包括:施工总体布置图;机械设备配置,水、电容量及其设备配置;主要施工项目的施工方法;工、料、机的来源及运输方式;驻地临时建筑;施工机械设备清单;项目负责人、主要技术人员名单及各主要工序劳动力配置等。

7)选择报价策略

当对某一具体工程作出投标的决策之后,为了争取中标,应有一个明确的报价策略来指导报价工作。投标人为了使自己的报价有竞争力,往往将自己的预算成本尽可能降低,但为了在合同实施过程中获得较大利益,又必须确定一个适当的利润率。这就需充分考虑风险,以便最后使报价合适。报价策略一般包括四个方面的内容,即降低预算成本的策略;确定利润率的策略;风险附加策略和报价平衡策略。

8)计算报价

工程标价计算的依据有:招标文件中提供的工程量清单;最新的公路工程概预算定额;先进合理的施工方案:工、料、机价格在工程建设期间的涨价因素。投标报价时,应按以上依据进行计算。其中的投标总标价为投标文件中各章总金额之和,而各章总金额则为工程量清单中所列项目的工程数量与投标人报的单价乘积的总和。

应注意报价项目的单价构成应包括现行公路工程概预算组成中的直接费、间接费、利润、税金及建设期间的物价上涨、工程保险费等。

9)标书的编制及递送

投标者在作出投标报价后,应马上按"投标人须知"的要求填写标书,并在规定日期内将投标书递交给招标单位。投标书及任何说明函件应经单位盖章及法人代表签字,正、副本应分别包装,并采用双层密封信封,内外层封套上要加贴密封条,并有"正本"、"副本"标记,密封后投送或递交招标单位。应注意,未密封的投标书不予签收。

10)合同的签订

投标单位中标后,应按招标文件要求,在指定时间和地点与业主签订合同。

•第五节 几个主要的合同问题•

一、工程分包

依照合同条件,承包人可以将所承担工程的一部分分包给分包人承担;业主也可以把一些专业性较强的工程或单项工程直接授予指定的分包人去实施完成。下面将工程分包的种类、性质以及监理工程师对分包的审批管理的基础知识加以简介。

1. 工程分包的种类和内容

实际工程中有一般分包和指定分包两种形式,而以一般分包较为普遍。

1)一般分包和一般分包人

一般分包是指在合同履行中,承包人出于某种原因,将其所承担工程的某些特定部分,经监理工程师同意后,转包给另外的承包人施工。

若承包人未经业主批准而自行将某一单项工程分包出去,则分包商所做的工程一律不予计量。承包人事先未报经监理工程师审查并取得业主批准,也不得将合同的任何部分分包出去,即使取得了上述批准,也不应解除合同规定的承包人应承担的任何责任或义务,并应对分包人及其职工的行为、违约和疏忽负完全责任。另外,虽然承包人可以将所承担的部分工程分包给具有相应资质条件的分包单位,但施工总承包人所承包的建筑工程的主体结构的施工,必须由总承包人自行完成。

通常将从承包人那里分包一部分工程,并与承包人签订工程分包合同的人或实体,称为一般分包人。一般分包具有如下特点:

(1)分包合同是由承包人制订的,承包人有权选择分包人,分包合同须由承包人与分句人签订。

(2)分包合同必须事先征得监理工程师和业主的同意和书面批准。

(3)承包人不能将全部工程或主体工程分包出去。

(4)承包人对分包出去的那部分工程仍然负有完全责任。

(5)分包工程价款由承包人与分包人估算。

2)指定分包合同与指定分包人

指定分包合同是指业主或监理工程师指定、选定或批准的分包工程、供货、供料、供工程设备或劳务人员,并经承包人同意后,与承包人签订的分包合同。

指定分包人则是指已经或将由业主或工程师指定、选定或批准的进行与合同中所列暂定金额有关的任何工程的施工或任何货物,材料、工程设备或提供服务的所有专业人员、商人、零售商及其他人员,以及根据合同规定,要求承包人进行分包的一切有关人员,在从事这些工作的实施或货物、材料、工程设备或提供服务的过程中,均应视为承包人雇佣的分包人,上述分包人在此合同中则称为"指定的分包人"。

指定分包合同具有如下特点:

(1)如果指定的分包人未能履行职责,不但会给承包人,而且也会给业主带来严重后果。所以,在分包工程招标之前,受到邀请的诸投标人应得到业主和承包人的共同批准。

(2)由于指定分包合同最终要成为分包合同的一部分,所以在颁发指定分包招标文件之前,应充分征求承包人的意见,并向所有投标者提供指定分包合同的全部详情。

(3)指定分包合同所用的暂定金额应包括在总包合同的工程量清单内。

(4)指定的分包人应向承包人承担如承包人向业主承担的义务和责任,以及由此引起的或是与此相关联的一切索赔、诉讼、损害赔偿费、诉讼费、指挥费等。指定的分包人还应保护并保障承包人免于承担由分包人任何疏忽造成的损失。

3)签订分包合同的主要内容

工程分包合同应包括下列主要内容:

(1)工程范围和内容。分包合同要十分明确地划分出工程地点、名称、起止桩号、工作的详细内容、工程量清单。

(2)工程变更。在工程变更方面有以下两点与分包人有关:

①由业主或监理工程师提出的变更。承包人可以将工程变更指令转达给分包人,这样,分包人可以根据合同条款得到相应的变更工程款。

②由承包人提出的工程变更经监理工程师批准后下达的工程变更指令,这种情况一般对承包人是有利的,由此变更引起的额外费用应由承包人(或分包人)来承担。

(3)支付条件。分包合同的支付条件应与总包合同基本一致。

(4)保留金和缺陷责任期。按合同的比例每月扣除分包人已完工程部分的保留金,在其退还时因在缺陷责任期的起止日期上承包人与分包人之间容易引起争议,应要求承包人按不同的分包情况区别对待,协商解决此问题。

(5)拖期违约损失偿金。有些大型施工项目中合同期包含几个分包工程,各分包工程的进展又相互制约,这就要求总承包人要全面、精心组织管理和合理协调各种矛盾,及时调整各工程进度,保证按计划在合同工期内完成全部工程。如若拖期,则应向业主支付合同规定的拖期违约损失偿金。另一方面,由于承包人为维护自身利益和对分包工程进度的控制,在分包合同中亦规定分包的拖期违约损失偿金的支付方法。

(6)双方的责任、权利和义务。承包人与分包人应该是利益共享,风险同当。因此,在分包合同中承包人应将总包合同中相应的权利和义务一起转给分包人。但要注意的是,承包人并不因此而减少他在总包合同中的任何责任和义务。

(7)其他方面。分包合同中的其他问题,诸如合同变更、终止、解除、仲裁等问题的条款,亦可以参照总包合同订立。

2. 转让与分包的区别

转让与分包是不同的两个概念,合同转让虽然强调无业主同意,承包人不得将合同及其利益随意转让给他人,但又考虑到承包人在资金和保险方面的合理要求,对转让作了例外的规定。此处应强调的是,合同一经转让,承包人则与该合同无直接关系,自然也无需承担合同中规定的责任和义务,此点是与分包合同有本质区别的。

3. 对工程分包的审批和管理

从监理工程师的角度来看,审批分包人是实施工程分包前必不可少的关键环节。承包人有权选择分包人,但应慎重考虑,并应主动向监理工程师申报。且必须在工程开工之前选择好分包人,切忌“中途换马”。在工程进展过程中亦要加强对分包人的协调、监督和管理。

1)监理工程师对分包人的资格审批程序

(1)一般工程分包合同的审批。监理工程师审查分包人资格前,承包人应把有关分包工程及分包人的情况按下列程序申报给监理工程师审批:

①首先由承包人选择分包人,制订工程分包合同文件并报监理工程师及业主审批。

②承包人将选定的分包人的机械设备、技术力量、财务状况以及以往的工程业绩等资料提供给监理工程师。

③监理工程师对分包人的上述情况应进行仔细审查,如有必要还应到分包人的其他建设工地进行现场考察,然后给承包人以明确的书面答复。

④经批准后,承包人可与分包人正式签订工程分包合同,并将分包合同的副本送监理工程师一份备案,分包人方可进入工地施工。

一般工程分包申请程序如图 6-2。

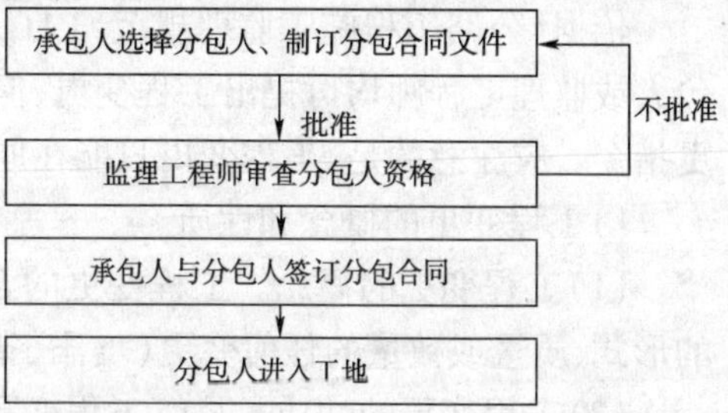

图 6-2 一般工程分包申报程序框图

(2)指定分包合同的审批。由于指定分包是由业主或监理工程师指定的,所以指定分包合同文本亦由业主或监理工程师加以拟订,并负责指定分包工程的招投标事宜。在业主同承包人签订承包合同后,指定分包人亦可与承包人签订分包合同。

指定分包合同的审批程序图如图 6-3 所示。

2)加强对工程分包的管理

在分包工程实施中,必须加强对工程分包的管理,以下几点是尤其应该注意的:

(1)严格履行开工申请手续,分包工程的开工,必须有监理工程师的书面批准。

(2)监理工程师应通过《中期支付证书》,由承包人对分包工程进行支付。

(3)核实分包人的人员、机具、设备等是否与申报情况相符,其技术力量、工程质量能否达到合同规定的要求，施工技术方案是否合理。

鉴于我国目前工程招投标机制尚不完善,工程建设市场的管理秩序还欠规范,对工程分包管理的认识也还不够,因此有些地方的建筑工程项目出现层层分包,或只分包收取管理费而不加强管理的混乱现象,从而造成工程质量低劣,使业主乃至国家遭受巨大的损失。所以,加强对分包工程的审批、监督与管理是保证实现三大目标的一个重要环节。

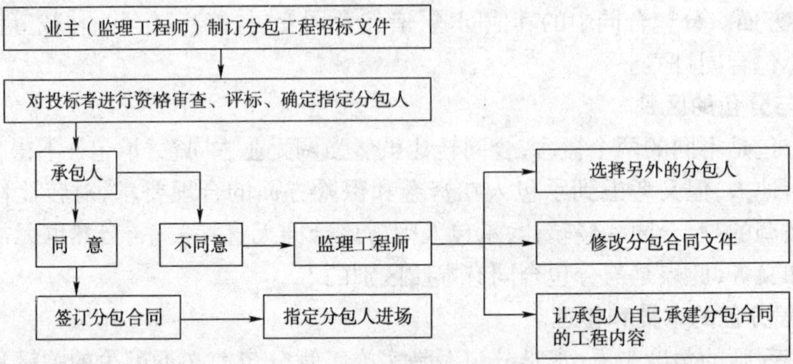

图 6-3　指定分包合同的审批程序图

二、工 程 变 更

工程项目由于设计深度不够,或不可预见的自然因素与环境情况变化等,都会引起对工程变更的要求, 如何处理工程变更问题是合同管理中一个很重要的方面。下面就有关工程变更的范畴与规定,工程变更的估价和工程变更的审批程序等作一概略的叙述。

1. 工程变更的范畴和规定

依据《公路工程施工监理规范》(JTG G10—2006)(以下简称《监理规范》)规定,业主、承包人或监理工程师均可提出工程变更,但只有监理工程师才有权指示工程变更,并发布工程变更指令。应注意的是,工程变更只能在原合同规定的范围内进行。

1)工程变更的概念和性质。

(1)工程变更的概念。工程变更的含义是广泛的,它包括整个工程项目或其中任何部分的形式、质量或数量的任何变更(增添、省略、改变等)。

(2)工程变更的性质。尽管工程变更通常是不可预见的,但以下几方面在合同中应予以明确。

①不可预见的自然因素和环境因素引起的工程变更。如地质条件与原钻孔位置有很大出入,持力层周围出现溶洞、裂隙、特大山洪暴发、地震、其他政治的社会的特殊风险等。

②工程外部环境的变化。如水、电供应,能源、材料短缺等。

③由业主或其他第三方提出的工程变更。

④由承包人提出的设计、施工工艺、方法的变更。

⑤监理工程师为了有利于工程进展而提出的工程变更。

⑥由于承包人违约造成工程缺陷后,监理工程师不得不发出的指令性工程变更等。

《监理规范》第 7 条强调,任何工程的形式、质量、数量和内容上的变动,必须由监理工程师签发工程变更令。当承包人请求变更时,监理工程师必须进行审查,必要时还应报业主同意后，方可签发工程变更指令。此外，监理工程师认为有必要变更工程时，也应经业主同意。业主需要变更工程项目，也必须向监理工程师提出，由监理工程师签发工程变更令。

鉴于工程变更通常是不可预见的，因而事前无法约定，需要监理工程师现场酌定；另一方面，根据通用条件第52条，由于工程变更的费用要由监理工程师确定，致使矛盾集中突出；某些变更，如较大或复杂的设计变更，需事先改变合同中工程方面以及更改作为投标基础的其他文件，才能决定更改设计图纸。因此，工程变更若处理不当，即使是正当合理的变更，也会阻碍工程进度；倘若出现大的偏差，还将造成资金浪费，埋下索赔隐患，甚至使业主对其工程投资失去控制。所以，对于工程变更，监理工程师一定要充分发挥自己的技术水平和业务能力，慎重而仔细地对待之。

2）工程变更的范畴和规定

在工程实施过程中，如果监理工程师认为有必要对工程或其中任何部分的形式、质量和数量作出任何变更，他有权指示承包人进行，而承包人也应进行下述任何工作：

（1）增加或减少合同中所包括的任何工作的数量。

（2）取消合同中任何工作细目，若被取消的工作是由业主或其他承包人实施者除外。

（3）改变合同中任何工作的性质、质量及种类。

（4）改变工程任何部分的高程、基线、位置和尺寸。

（5）实施工程竣工所必需的任何种类的附加工作。

（6）改变工程任何部分的施工顺序或时间安排，这里强调的是施工顺序或时间安排一定要在合同里有所规定。

2. 工程变更后价格问题的处理

《监理规范》中规定监理工程师签发工程变更令后引起的费用增减，应与业主和承包人进行协商后，再确定变更费用。但如果是由于承包人的违约使监理工程师有必要发出变更指令，则由此造成的附加费用应由承包人承担。

1）工程变更后的估价

参照合同通用件第52条规定，监理工程师宜按下列顺序选择确定变更工程单价的方法。

（1）变更项目属于原工程量清单中所列的项目，按工程量清单中的单价或价格而定。

（2）如果合同中未包括适用该变更工作的单价或价格时，则应在合理的范围内使用合同中的单价和价格作为估价的基础。若做不到这一点，在监理工程师、业主和承包人协商下可确定一个较为合适的单价和价格。

（3）若协商达不成协议，监理工程师应确定他认为合适的单价或价格，并相应通知承包人，同时将一副本呈交给业主。

（4）如果这样做让业主和承包人仍不能接受，监理工程师可再进一步确定单价和价格，直到达成一致协议为止。

2）变更后合理价格的确定

合理价格是指符合实际情况，且又为承包人和业主所能接受的价格，确定的方法如下：

（1）按合同规定的单价计算方法计算。

（2）按国家、部省（市）级机构颁布的概预算定额及参考书计算。

（3）参考承包人预算及实际支出证明协商单价。

(4)有时存在某种特殊情况,如原来工程量清单中的某项单价明显偏高或偏低,此时,就需要监理工程师与业主和承包人协商出一个较为合理的价格,或由监理工程师制订一个合理的价格。

当工程变更费用超过或低于"有效合同价"的15%时,对合同价格应予以调整,详细内容请参阅第五章。

3. 工程变更的提出和审批程序

1)提出工程变更的当事人

(1)承包人提出工程变更。当工程变更是承包人提出时,应交由监理工程师审批,审查其理由是否充分,对工程是否有利,通常遇到的情况有两种,一种是不可预见的地质条件及其他环境因素所引起的工程变更,另一种是承包人为了节约工程成本或加快施工进度而提出变更。

(2)工程相邻地段的第三方提出变更。当工程变更是由工程以外相邻的第三方提出时,监理工程师应先报业主,由业主出面和第三方协调。如果业主事先已授权给监理工程师处理此类事件,则监理工程师可直接与第三方进行协调。

(3)业主提出变更。当工程变更是由业主提出时,监理工程师应与承包人协商,工程变更是否合理可行,变更内容是否超出合同规定的范围。对此类变更,没有充足的理由时承包人是不能拒绝的。若属于新增加工程,除非承包人同意作为工程变更外,则不应算作工程变更,而只能另签合同。

(4)监理工程师提出工程变更。监理工程师为了整个工程的协调统一,根据工程进展的具体情况,认为有必要时,也可提出工程变更。

2)工程变更的受理程序

当某一方提出工程变更时,监理工程师可按如下程序处理:

(1)意向通知。监理工程师根据合同规定对工程进行变更时,首先应向承包人发出变更意向通知。其主要内容包括:

①变更工程的工程部位、项目或合同文件的某些内容。

②变更的原因、依据及有关文件、图纸资料等。

③要求承包人根据此变更安排组织施工等方面的建议。

④要求承包人提交此项变更的费用估价报告。

(2)收集资料。在变更意向通知书发出的同时,监理工程师应指定专人,一般为该工程项目的驻地监理工程师受理变更,并收集有关资料:如变更前后的图纸、技术变更洽谈记录、技术研究会议记录;来自业主,承包人,监理工程师方面的文件与会议记录;行业部门涉及该变更方面的规定与文件;上级主管部门的指令性文件等。

(3)费用评估。费用评估可按合同中规定的方法和掌握的第一手资料,考虑业主和承包人双方的利益后对变更费用作出评估。

(4)协商价格。监理工程师应与承包人和业主就其对工程变更费用评估的结果进行磋商,在意见难以统一时,监理工程师应确定最终的价格。

(5)签发《工程变更令》。当变更资料齐全,变更费用确定以后,监理工程师应根据合同规定,签发《工程变更令》。

变更令包括以下文件:

①封面。

②文件目录。

③工程变更说明。

④工程变更令。

⑤工程变更申报表。

⑥工程变更费用估算表。

⑦工程变更数量计算书。

⑧附件。附件包括变更前后的图纸;业主、承包人、监理工程师三方面的会议、会谈记录;有关设计部门对变更的意见;有关行业部门、上级主管部门的文件;承包人的预算报告;确定工程数量及单价的证明资料等。

三、工程延期

在工程建设项目中,由于影响施工进度某些方面的因素的变化,可能会使承包人在规定的合同期限内无法按要求完成工程项目,而使施工期限延长。由于工程延期要涉及到开工、竣工、停工、工期等方面的问题,有时还会引起费用索赔。监理工程师应对其足够重视,调整调度好工程进度,尽量避免发生工程延期。

1. 工程延期的概念

在订立合同时,围绕工期问题应写明以下有关条款:总工期的规定;开工和竣工的条件;未能按时开工的违约处理;延长工期的条件和处理;拖延工期的责任和处理;暂时停工的责任和处理;竣工条件及验收程序等。

工期的基本概念如下:

(1)总工期。合同中规定从开工之日起到完工之日止所需的日历天数就是总工期。总工期一般是由业主在招标文件中提出的,一般情况下,投标者都会接受这个要求。同时合同规定不能如期完成的违约处理措施。

(2)开工日期。承包人在接到监理工程师签发的开工令后,应在合理及可能的情况下尽快开工。监理工程师发出的开工通知应送到承包人的主要驻地并由承包人签收回执。承包人接到此开工通知书的日期即为开工日期。

(3)工程进度计划表。承包人在中标函签发之后,应在合同专用条件规定的时间内,以监理工程师规定的格式和详细程度,向监理工程师递交一份工程进度计划,以便取得监理工程师的同意,使监理工程师按照进度计划来控制工程进度。

(4)竣工时间。因竣工时间会涉及到违约损失偿金和提前竣工奖励,也是承包人和业主之间最容易引起争议的问题之一。因此,竣工时间要与工程移交一并考虑。当工程完工之后,应由承包人提出竣工报告,然后由业主组织验收。并以监理工程师签发工程交接证书之日为竣工日期。

承包人通常主动要求颁发整个工程的交接证书,如果永久工程的任何部分已基本竣工,并圆满地通过了合同规定的任何竣工验收,那么在全部工程竣工之前,监理工程师也可就该永久工程的一部分颁发移交证书。

(5)工程延期的概念。所谓工期是指原合同所规定的竣工期加上监理工程师批准的工程延期。当延期是因非承包人的责任,使工程不能按原定工期完成时,承包人应在规定的期限内向监理工程师提出延期申请报告，再经监理工程师审查，书面批准后合同竣工期限即可延长。应说明的是，工程延期不包括由于承包人自身原因造成的工期延误。拖延工期则是指由于承包人自身协调、管理、技术上的偏差，使工程进展缓慢，延误了合同规定的工期。为此，承包人应向业主交纳拖期违约损失偿金。

2. 工程延期的内容

如上所述，工程延期对业主和承包人都是至关重要的。当承包人获得了工程延期，就可以减少或消除由于工期拖后向业主支付拖期违约偿金的风险，甚至根据合同文件的有关规定还可以向业主要求索赔；而对业主来说，延期不仅推迟了使用期，还可能由此要承受一部分经济损失；监理工程师在处理工程延期时，则应根据合同条件的有关规定，公正地履行其职责。

合同通用条件中第 44 条，对工程延期作了明确的规定，如果由于：额外或附加工作的数量或性质改变，本合同条件中提到的任何误期原因，异常恶劣的气候条件，由业主造成的任何延误、干扰，除去承包人不履行合同或违约或由他负责的以外，其他可能发生的特殊情况，使承包人有理由延期完工，则监理工程师应与业主和承包人协商之后，决定竣工期合理延长的时间。

3. 工程延期的处理

1）延期决定

当工程延误是由于业主的原因或人力不可抗拒的外在因素致成时，承包人应在工程延期的原因发生后的 21d 内，以书面形式通知监理工程师，并将一复印件抄送业主。在这种通知发出后的 21d 内，或者是监理工程师同意的其他合理时间内，承包人应向监理工程师提出他认为应给予延期的具体细节，以便监理工程师能及时对提交的资料进行调查。

如果承包人在规定的时间内（延误事件发生后的 21d 内）未履行上述程序，则监理工程师可以拒绝承包人的申请，不作出任何延期的决定。但是，如果承包人的延期要求是合理的，仅由于监理工程师未能在合理的时间内作出工程延期的决定，致使承包人的工程进度受到进一步延误，那么，则可能导致更多的索赔。

倘若工程延期是由于业主的原因引起的，即使承包人未提出延期要求，监理工程师也应本着实事求是的原则加以处理，且有权给予延期。

因此，处理由于业主原因或人力不可抗拒的外在因素给施工进度计划的实施造成影响这一类问题时，监理工程师一定要深入现场调查研究，仔细地综合分析，找出问题的症结所在。同时还应注意以下两点：

（1）上述任何原因引起的工期延误，是否会推迟总工期，如果仅是局部的工程受到影响则可采取其他措施予以解决，即不批准承包人的工程延期申请。

（2）承包人申请需要延期的工程项目是否发生在整个项目进度计划的关键线路上，如属于次要线路则应看延误的时间是否超过被延误工作的时差而定。

2）延期申报程序

延期申报请程序如图 6-4 所示。

3）延期审批程序

对工程延期进行审批前，监理工程师应首先确认发生延期的事件，其事实是否成立，是否符合合同规定，且是否发生在关键线路上，并应在收到承包人要求延期的通知和提交详细资料后的 56d 之内，按图 6-5 所示的程序进行审批，并报业主，然后将最后结果书面通知承包人。若监理工程师在 56d 内不予答复，则应视为承包人要求的延期申请已获业主批准。

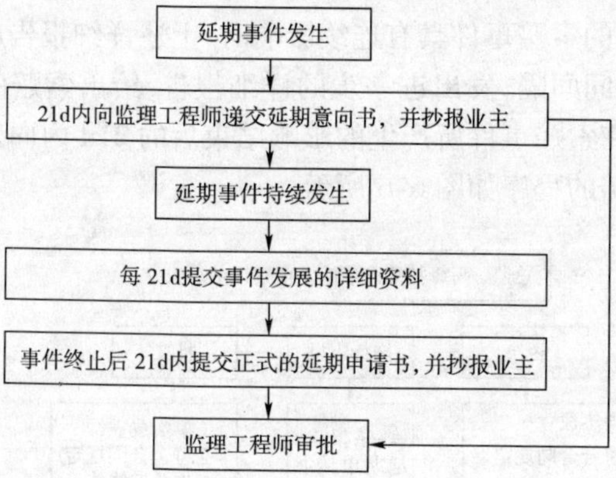

图 6-4 延期申请程序图

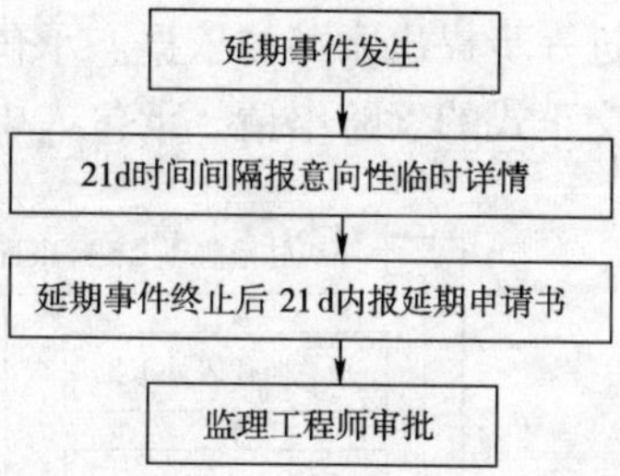

图 6-5 延期审批程序图

四、索 赔

在土木工程实施过程中，不可避免地要出现工程变更、延期、纠纷等问题，这些问题将会引起工程造价的增减。国际惯例中，将承包人或业主提出正当索赔或支付的要求叫索赔。

1. 索赔的概念

所谓索赔是指由于非承包人自身的原因，导致承包人遭受额外的时间损失或费用增加，承包人依据合同的有关规定而向业主申请他认为应该得到的一种权利或额外付款。

严格地讲，索赔不管是业主还是承包人均可提出。但业主对承包人的索赔在合同通用条件中都规定得比较具体，因此，较容易处理。如承包人违约拖期，工程量减少等，业主可直接从支付给承包人的工程款中扣回。所以，通常讲的索赔，主要是指承包人向业主提出的索赔。

2. 索赔的分类

索赔事件发生的范围相当广泛，常见的发生在合同之内的索赔事件大致可分为以下四大类：

(1) 因意外风险和不可预见的原因引起的索赔，如业主的风险，特殊风险，不利的外界障碍或条件，施工中遇到地下构造物或文物。

(2) 由业主延误引起的索赔，如工程暂停，占有现场及出入通道，未按时向承包人付款等情况。

(3) 合同文件引起的索赔，如合同文件修改引起的索赔，合同文件内容规定有矛盾、缺陷或遗漏引起的索赔。

(4) 工程变更、延误造成的索赔，如图纸、指令等的延误，由于工程变更、放样资料不准确、额外试验与检测引起的索赔，额外的剥露和开孔引起的索赔。

3. 索赔的申请与审批

(1) 承包人提出索赔的申请及程序。承包人在第一次索赔事件发生后的 21d 之内应向监理工程师提交索赔意向书，并同时抄报业主。意向书内容可不必详细，只要写明原因及依据合同条件哪一条即可。随后,承包人应在意向书发出后的21d内,或在监理工程师可能同意的其他合理的时间内,向监理工程师提交说明索赔数额和索赔依据等的详细材料,并根据工程师需要,再随时提供有关证明。当承包人提出的索赔事件具有连续影响时,上述详细报告应被认为是临时的详细报告,承包人应按合理的时间间隔,发出进一步的详细报告,给出索赔的累计总额及进一步提出索赔的依据。承包人应在索赔事件所产生的影响结束后的21d内向监理工程师提交正式的索赔申请。承包人申请索赔的程序如图6-6所示。

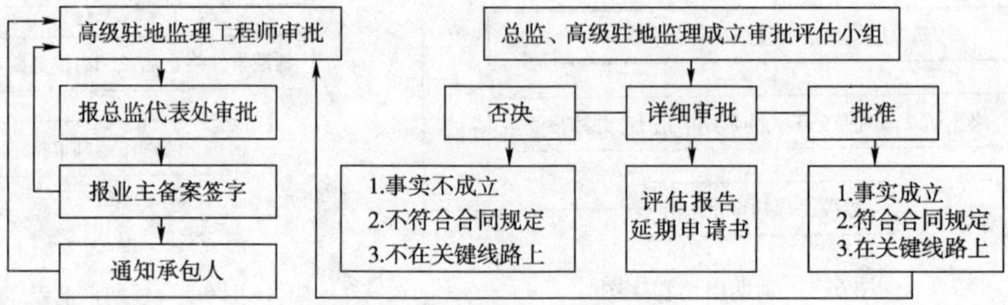

图6-6　工程索赔申报程序图

承包人提出索赔申请的主要依据有以下几个方面:

①合同文件;

②同期施工记录;

③财务核算资料。

其中同期施工记录具体包括:

a. 业主、监理工程师与承包人的谈话记录;

b. 有关的来往信函、电报、电传等;

c. 工地工人、材料、机械统计表;

d. 施工备忘录、监理记录和驻地监理工程师填写的各种报表;

e. 工地会议记录;

f. 工程进展记录图表及照片;

g. 工程竣工验收与交接证书;

h. 工程计量与支付证书;

i. 工程图纸及工程变更令、延期指令等。

(2)监理工程师审批索赔的程序。

①收集资料、做好记录。监理工程师在收到承包人的索赔意向书后,应立即通知有关的监理人员,对工地的实际情况进行详细调查,收集与索赔有关的现场资料和信息,并做好各种记录,掌握第一手材料。

②审查承包人的索赔申请及索赔评估。监理工程师在收到承包人的索赔详细资料及正式索赔申请后,应从以下几方面进行审查:

a. 调查索赔发生的原因和事实根据,核对承包人的同期记录;

b. 索赔申请的格式是否满足监理工程师的要求;

c. 承包人引用的合同条款和依据是否准确;

d. 分析和查对索赔数额的计算方法是否恰当,价格和数量的计算是否准确无误;

e. 申请索赔的资料、证明、文件、图纸是否真实、齐全。

③编写审批报告。监理工程师通过收集资料对承包人提出的索赔申请进行审核、评估等工作后，应将审批结果以书面形式通知承包人，并呈交业主，审批报告由以下文件组成：

a. 正文。受理承包人索赔申请的工作日期；工作简况；确认的索赔理由及合同依据；经过调查、讨论、协商，确定测算方法及由此确定索赔金额及结论等。

b. 附件。包括监理人员对索赔的评语和承包人的申请，所涉及的文件、资料、证明等。

④确定索赔。监理工程师应在其确认的结论之后，签发《索赔时间 / 金额审批表》，并通过中期支付证书予以支付。

监理工程师在审批承包人提出的索赔时应注意：索赔费用只能是承包人实际发生的费用，而且必须符合工程项目所在国或所在地区的有关法律的规定。另外，绝大部分的费用索赔是不包括利润的，它只有直接费和管理费。有些索赔只给工期索赔，而不给费用索赔。一般只有在工程变更时，才可以索赔到相应利润。

五、违约与争端的处理

在土木工程项目建设过程中，承包人与业主之间经常会发生一些违约与争端事件，这些事件涉及面较广，影响也较大。因此，业主、承包人和监理工程师都希望尽量减少争端。当出现违约与争端事件时，总希望得到及时妥善的处理，而处理结果又尽量使合同双方都能接受，达到减少受损程度的目的。以下主要阐述在合同履行过程中，违约与争端的内容及处理措施：

1. 承包人的违约及处理

从违约的程度来分，承包人的违约可分为一般违约和严重违约两种。

1）一般违约与处理

（1）当承包人有下列事实之一，监理工程师可确认承包人为一般违约。

①给公共利益带来伤害、妨碍和不良影响；

②未严格遵守和执行国家及有关部门的政策与法规；

③未严格执行监理工程师的指示；

④未按合同规定照管好工程。

（2）处理方法。对于承包人的一般违约，因其影响较小，损失较轻，故其处理方法也较简单。常采用如下方法：

①书面通知承包人尽快对已造成的损失及影响予以弥补和纠正；

②提醒承包人，若一般违约不予重视可能会导致严重违约；

③当采取上述措施无效时，应书面通知业主；

④确定因承包人违约对业主造成的费用影响，办理扣除相应费用的证明。

2）严重违约与处理

（1）当承包人有下列违约事实时，监理工程师可确认其为严重违约：

①无力偿还债务或陷入破产；或因承包人违反了合同中有关合同转让的约定而使主要部分被接管；或使承包人资产的重要部分被强制抵押；或承包人的物资被扣押。

②已放弃合同。

③无正当理由不开工或拖延工期。

④无视监理工程师的书面警告,一贯公然忽视履行合同所规定的义务。

⑤未经监理工程师许可,随意分包工程,或将整个工程分包出去。

(2)当监理工程师确认承包人严重违约,且业主已部分或全部终止合同后,应向承包人发出通知,业主在接到通知14d后,即可进驻施工现场,并终止对承包人的雇佣。但是这种终止雇佣并不解除合同所规定的承包人应履行的任何义务和责任,也不影响合同授予业主和监理工程师的各种权利和权限。另外,业主在进驻施工现场后,可以自行完成该工程项目或雇佣其他承包人完成该工程,当业主自行或雇佣其他承包人完成该工程时,可以使用数量合适的承包人的装备、材料或临时工程,但这种使用应根据有关规定予以计费。

①合同终止时的估价。在业主进驻现场和终止合同后,监理工程师应尽快单方面或与各方协商后,实施调查或查询来确定、决定并证明:在合同终止之时,承包人按合同规定已完成的工程应收入的款项(如果有),以及未曾使用或部分使用了的材料;承包人的设备以及临时工程的价值。

②合同终止后的付款。如果业主终止对承包人的雇佣,则在承包人所建工程的缺陷责任期满之前或之后,在监理工程师对施工、竣工及修补任何缺陷的费用,竣工拖延的损害赔偿费用(如果有)以及由于承包人违约而使业主支付的其他费用开具证明之前,业主没有义务向承包人再支付任何款项。

此后,承包人仅有权得到由监理工程师证明的承包人所建工程合格且完工时,原应支付给他的那部分款项,但应扣除上述违约款的款额。如果承包人因违约而给业主造成损失的款额已超过承包人所建工程合格完工时原应支付给他的款额,则根据合同条件规定,承包人应将此超出部分的款额,支付给业主。

③合同提前终止时的协议利益的转让。在业主提前终止与承包人的合同并进驻工程现场14d后,如果监理工程师发出指示,承包人应将其为该合同签订的有关货物和材料供应、服务及有关实施工程的协议的权益转让给业主。

2. 业主的违约及处理

在土木工程承包合同的实施过程中,当因业主违约而使工程进度迟缓或停顿,使承包人蒙受损失时,为了保障承包人的合法权益,合同条件中对业主的违约也作了明确的处理规定。

1)业主的违约

如果业主有下列违约事实之一,承包人有权根据合同条款规定终止合同并向业主和监理工程师发出终止合同的通知。

(1)业主未能按合同规定的支付期到期后的28d内,向承包人支付按监理工程师签发的任何一种支付证书应支付的款额。

(2)干扰、阻挠或拒绝监理工程师签发任何支付证书。

(3)业主宣告破产,或作为一个公司宣告停业整顿。

(4)业主通知承包人,由于不可预见的原因,无法继续履行合同的义务。

2)业主违约后承包人的补救措施

(1)承包人终止合同(如前所述)。

(2)承包人装备的撤离。由于业主违约致使承包人单方终止合同后,承包人应向业主和监理工程师发出通知。在发出通知 14d 后,承包人可按合同的规定采用各种运输手段将承包人的一切施工装备和材料撤离现场。

(3)承包人有权暂停工程。如果业主未能按规定的支付期到期后 28d 之内向承包人支付经监理工程师签发的支付证书相应的款额,则承包人有权暂停工程或放慢工程进度,而由此发生的工程延误及有关费用,经监理工程师在与承包人和业主协商后应确定,给予延长工期以及补偿有关费用。

3. 争端的处理

土木工程承包合同实施过程中,由于其技术经济的复杂性,实施过程较长,所涉及的面又很广,承包人与业主之间或其他方面发生争端是在所难免的。发生争端会影响工程的正常进展,如不及时处理和消解,很可能给工程造成严重的不良后果。因此,监理工程师应正确解决好已出现的争端,积极消除导致争端的隐患。下面具体阐述争端的内容和争端的处理方法。

1)常见争端的内容

大多数的争端都发生在业主和承包人之间的经济利益方面,一般常见的争端如下:

(1)业主对承包人在施工质量方面出现施工缺陷的争端;因提供的材料或设备性能不合格而要求赔偿、更换,但承包人对此持有异议,认为缺陷业已改正,不属于承包人的责任等,以致不能达成一致意见而产生争端。

(2)业主与承包人在工期方面因承包人拖延而引起的争端。

(3)承包人与业主因索赔理由、金额等方面的不同意见而引起的争端。

(4)关于工程变更、分包、合同转让方面的意见差异而引起的争端。

(5)当出现特殊风险和不可抗力后,对善后处理的方法、措施不同所发生的争端。

2)争端的处理

按合同通用条件第 67 条,对于工程承包合同履行中产生的争端的处理方法,可采取两个步骤:第一,把争端提交给监理工程师裁定;第二,如果监理工程师的裁定不能被双方或一方所接受,则双方还是应尽量自行友好解决。但是,无论是否进行过友好解决,均可以将争端直接提交仲裁机构进行仲裁或向人民法院提起诉讼。

本章小结

合同管理是指监理工程师代表业主对业主与施工单位所签施工合同的执行过程中出现的问题进行动态管理和处理,涉及到处理工程变更、工程延期、费用索赔、审批分包等诸多方面。合同管理是监理工作的重点和难点,监理工程师必须在全面熟悉和理解合同文件的基础上,根据合同规定制订详细的规章制度和管理程序,努力规范监理工作,从而保证合同的正常执行,维护合同双方的合法权益。

本章从合同概念入手,重点阐述:经济合同的订立、变更以及纠纷处理;公路工程合同的概念、内容、特性、订立程序和常见的担保形式;FIDIC 合同文件的组成和 FIDIC 合同条件的内容;公路工程招、投标的概念和基本程序及各阶段的工作内容;工程分包、变更、延期、索赔的基本概念和申报审批程序;常见工程保险的种类以及违约与争端的处理。

公路工程合同管理的主要内容是工程分包、变更、延期、索赔、保险和违约与争端的处理,所涉及知识面较广。为便于学习,本章增加了经济合同的基本知识、FIDIC 及 FIDIC 合同条件以及工程招投标的一些基本知识。

复习思考题

1. 解释合同的概念及合同的三要素。
2. 公路工程合同的特性有哪些?
3. 单价合同的主要特征是什么?
4. 为什么要加强合同管理?
5. 公路工程合同的主要条款有哪些?
6. 担保的形式有哪几种?
7. FIDIC 合同文件包括哪些内容?
8. 采用标准的合同条件有何优点?
9. 什么叫"合同价格"、"开工日期"、"竣工日期"?
10. 公路工程建设项目推行招标投标制有何优点?
11. 招标工作的具体内容包括哪些?
12. 招标方式有哪几种? 各有何优缺点?
13. 简述评标的程序。
14. 试用框图表示一般分包申报程序。
15. 一般分包有何特点?
16. 什么叫指定分包? 试用框图表示指定分包的审批程序。
17. 工程变更的范畴是怎样规定的?
18. 工程变更的合理价格如何确定?
19. 简述工程变更的受理程序。
20. 工程延期和工程拖期有何区别?
21. 哪些情况可视为工程延期?
22. 什么叫索赔? 索赔的类型有哪些?
23. 简述索赔的申报和审批程序。
24. 哪些情况属于承包人严重违约? 应如何处理?
25. 哪些属于业主违约? 承包人应采取什么措施?
26. 当出现争端事件后,监理工程师应如何处理?

第七章

信息管理

教学要求

1. 描述信息和信息监理的概念、信息监理的任务；
2. 识别信息系统及其分类；
3. 明确监理信息网络系统的构建方法，能够配合监理工程师做好信息监理工作；
4. 进行监理文档的收集、整理、归档等管理工作。

●第一节　概　　述●

随着我国工程建设管理体制改革的深化，工程管理已从过去的行政管理过渡到合同管理，实行项目法人责任制、工程招投标制、工程监理制和合同管理制已成为工程项目管理的重要措施。信息管理作为工程建设监理中三监控（质量、进度、费用），两管理（合同、信息），一协调（组 织）的组成部分，受到越来越多的重视。

所谓信息，是指可以用语言、文字、数据、图表、音像或其他可以让使用者识别的信号来表示的，并可以进行传递、处理与应用的能帮助人们做出正确决策的知识。一般情况下，收集到的资料、数据等通过某种加工处理并赋予一定意义后，均可变为信息。信息既是监理控制、管理、协调的依据，又是监理工作的结果。

一、信息管理的概念与基本环节

信息管理是对信息进行收集整理、分析、处理、储存、检索、传递与应用等一系列工作的总称，是业主、承包人和监理工程师在工程实施日常管理工作中的一个重要组成部分，具有全方位、全过程的特征。信息管理应达到的目的是通过有组织的信息流通，使决策者能及时、准确地获得相应的信息，从而正确决策以避免失误。为达到信息管理的目的，工作在第一线的管理人员有必要了解并把握信息管理的各个环节。这些环节包括：

（1）了解和掌握信息的来源，并对信息进行分类。

（2）掌握和正确应用信息管理的各种手段。

（3）掌握信息流中的各个环节，如信息的收集、分析、处理、储存、检索、传递和应用等，并建立相应的信息管理系统。

二、信息管理对监理工作的重要性和必要性

1. 公路建设的基本要求

公路工程尤其是高速公路建设来自多方面的大量数据、指令需进行收集、传递、处理、存储,并需及时、准确、有效地处理，这些信息对公路建设的管理效能有着重要的影响。

2. 监理工作的基本要求

施工过程控制的复杂性、准确性和高效性要求监理工程师必须依据信息作出正确的判断和决策,使工程质量、进度、费用控制在合理的区间内,产品达到规范的要求和合同目标。

监理工程师掌握信息管理知识,在工作实践中运用信息管理的方法可以更好地实现公路施工监理工作的三大目标。

三、工程信息管理的基本任务

1. 提供决策

工程项目的控制管理是一个信息处理过程。监理工程师通过对信息的收集、整理、分析,充分了解、掌握和控制施工过程,即收集初始信息,依据合同、规范,以科学方法对实际（初始信息）与目标的差距进行分析,最后提出决策性信息指导施工。如实际工程进度与目标计划严重偏离,监理工程师应及时收集工期、剩余工作量和承包人施工能力等有关信息,分析完成计划的可能性以及纠正偏离应采取的措施,必要时为业主提供指定分包的具体方案。

2. 实施最优控制

项目控制是监理工程师实施监理的手段,按照对信息的利用方式不同,可分为前馈控制和后馈控制。两种控制形式的主要区别在于有无信息反馈。控制器指工程项目的管理者。前馈控制要求管理者必须具有开发意识,反馈控制可以利用信息流的闭合,调整控制强度。从工程项目的一次性特征考虑,在项目控制中应采用前馈控制形式,但由于项目自身复杂性和人们预测能力的局限性等因素的影响,监理工程师的控制活动中反馈控制形式也同样重要和可行。监理工程师应能根据工程进展的实际情况,及时灵活地掌握、使用信息,使工程项目得到最优控制。

3. 组织协调

工程项目建设不仅涉及施工合同双方和监理工程师,与项目建设有关的政府部门、外围环境设计部门,材料、设备供应商等多家单位对工程实施都有不同程度的影响。通过信息管理,加强有关单位间的信息传递,及时收集、处理各方信息,对出现的问题及时沟通、交流与协商,找出最佳解决方案,创造相互协作、密切配合的施工环境,以有利于工程按照既定的目标顺利开展。

4. 向业主和总监提供信息

根据监理工作进展,监理工程师应及时向业主及总监提供有参考价值的信息,以便业主和总监综合考虑,进行正确决策。此项任务也是监理工程师(高级驻地监理工程师)在监理工作中应重视并应努力完成的任务。

·第二节 信息管理的准备工作·

一、人员配备和设备准备

无论采取何种模式的监理组织机构,人员的配备都应考虑信息管理工作的需要。一般在每一级监理机构中,应设一至两名信息管理人员。信息管理人员应掌握信息管理的知识和工作方法,熟悉本工程合同条款中关于信息管理的要求,具备一定的文秘水平和计算机应用能力。

根据工程规模、工期和预计信息量,应为信息管理工作配备适量的车辆、电话、传真机、微型计算机、打印机、复印机等设备。

二、掌握合同条款中信息管理的要求

监理工程师在信息管理中应注意合同条件中的如下要求:

1. 真实性

真实性是信息的最基本要求。以真实反映客观现实并且有价值的信息为依据才可能正确认识事物,作出切合实际、有利于工程建设的决策,否则会导致错误判断。监理工程师在收集、整理、处理信息中应十分重视信息的真实性。

2. 时限性

合同条款规定业主、承包人和监理工程师必须按照合同规定时限行使职权、履行义务,开展工作。各方务必严格遵守信息的时限要求。如工程索赔、延期、合同终止、费用和法规的变更等条款都对信息的时限性作出明确规定,忽视信息时限可能导致工程质量事故和风险的发生。

3. 系统性和可扩充性

随时间、环境的变化,信息应得到更新和扩充,并形成一个完整的系统。监理工程师在管理工作中应将信息进行适当分类,建立有机联系,使信息成为系统,并做好不断扩充的准备。如对于持续发生的工程索赔事件,索赔信息必须随事件的进展不断扩充,最后形成这一索赔事件的全部信息记录。监理工程师如果忽视信息的可扩充性,可能因资料不完整,导致索赔处理困难。

三、掌握工程信息分类

工程信息贯穿于工程项目管理的每一个环节,信息量很大,且不同的监理范畴需要不同的信息。将信息按照一定标准进行分类有助于根据监理工作的不同要求,提供适当的信息。监理信息的分类有多种。

1. 按监理目标分类

分为投资控制、质量控制、进度控制、合同管理信息,这种分类方法有利于监理机构内部管理的职责分工和日常资料整理归档。

1)投资控制信息

指反映工程投资管理控制的信息,包括现行工程预算定额、原材料价格、物价指数、新开征税费、工程量清单、合同规定的工程计量方法、施工过程中的变更费用、索赔费用和竣工决算等。

2)质量控制信息

指反映质量状况和服务于质量控制的信息。包括技术规范、施工图纸、质量控制程序、施工过程中的检查、检验、试验记录、事故处理报告、质量评定、鉴定成果等。质量数据是质量信息的重要组成部分,在施工过程的信息总量中占有非常重要的地位。

3)进度控制信息

指反映工程进度控制的信息。包括招标文件中的工程分阶段控制目标,监理工程师审核的总体进度计划,年、季、月进度计划,关键线路网络控制,工程量和工作量完成月、季、年统计,进度计划跟踪分析报告,工程开、竣工报告,与计划适应的人、机、料投入情况等。

4)合同管理信息

合同管理信息包含的范围很广。广义上,投资、质量、进度信息都有不同程度涉及到合同管理信息。如因工程进度过慢而采取的赶工措施,包含进度控制、质量控制和合同管理等多方面的信息。狭义上,合同管理信息包括招标文件、合同条件(含投标书附件数据表)、工程分包、风险管理、违约责任、索赔、延期等贯穿于工程项目管理中的信息资料。

2. 按稳定性分类

1)静态信息

指在工程整个建设过程中或某一时段内相对稳定不变的信息。如工程进度目标或分阶段控制目标,各种定额和标准,工作制度和程序。

2)动态信息

指在不断变化着的信息,如项目实施过程中的质量、进度、投资的统计数据,直接反映某一阶段的实际进展和计划完成情况,引起延期、索赔、违约责任等合同事务的发生、发展等。

对于静态信息,监理人员应熟记于心;对于动态信息应时刻注意其变化,经常性地与静态信息所确定的目标和标准比较,控制动态信息变化的幅度。

3. 按照工程监理信息的来源划分

1)项目内部信息

项目内部信息来自工程建设项目本身,如工程概况、设计文件、合同、合同管理制度、会议制度、监理机构及监理人员的构成、项目的投资控制目标、项目的质量目标、项目的进度目标等。

2)项目外部信息

从项目外部环境中所获取的信息称为外部信息。如国家、部、省(市)有关的政策及法规、国内及国外市场上原材料及机构设备的价格、外汇汇率、物价指数、类似工程造价、类似工程进度、投标单位的实力、投标单位的信誉、工程沿线各单位情况、工程沿线的民风民俗等。

另外,按信息的层次,工程监理信息可划分为战略性信息、决策性信息、业务性信息;按信息的性质,工程监理信息可划分为生产信息、技术信息、经济信息、资源信息。

综上所述,我们不难看出,不同的监理范畴需要不同的监理信息。按照一定的标准将工程监理信息予以分类,并根据监理工作的不同要求,提供合适的信息,对完成工程监理信息管理的基本任务具有举足轻重的作用。

四、建立顺畅的监理信息流程

工程管理信息在上下级、监理组织内部与外部环境之间流动,是参与工程建设的各部门、各单位之间关系的反映。通畅的信息流程能良好地发挥信息的作用。

1. 监理工程师是监理信息流的中心

合同条款和监理服务协议明确赋予监理工程师直接监督、管理工程实施的职责,施工过程中有关质量、进度、费用等信息需通过监理贯通,监理工程师即处于监理信息流的中心。

2. 信息流的畅通保障

保证信息畅通是信息管理所必需的,工作实践中应注意:

1)理顺信息流动的渠道

监理机构上下级之间形成垂直信息流,机构内部分工之间形成横向信息流。在一般情况下,建立健全监理组织机构和监理工作制度并认真执行,比较容易使信息流渠道畅通。

实际工作中,应注意根据工程实际需要,不断完善监理工作制度,明确监理岗位职责,有章必循,加强监理内部工作配合,及时沟通信息,避免垂直信息流的越级流动。

2)确保物质技术条件

信息流的顺利贯通依赖一定的物质技术条件,应注意技术设备的实用性。随着办公条件的现代化和计算机的普及,计算机网络信息系统逐步应用于工程项目的管理中,在有条件的情况下,计算机网络设备也成为信息流需要的物质技术条件。

五、健全信息管理基本制度

信息管理制度是信息管理的基础之一,在工程准备阶段,管理工程师应结合工程特点和监理控制的重点,制订信息管理制度,并在施工期内检查执行情况,收集反馈意见,适时修订和完善。信息管理的基本制度应有:

1. 信息管理的岗位职责

(1)协助监理工程师制订信息管理的有关规章制度。

(2)收集、整理、分析、处理信息,提供决策。

(3)维护信息系统,保证信息的安全、准确、保密。

(4)协调信息管理,确保需要的信息及时、准确。督促监理人员在规定的时间内,以规定的形式向信息管理系统提供标准化信息。

2. 资料档案管理制度

资料档案是监理工程师执行施工合同,有效控制工程质量、进度、费用,正确评价工程,处理合同纠纷和索赔的依据,也是工程竣工后道路养护工作重要的数据资料。监理工程师应按制度规范资料档案管理,要符合以下基本要求:

(1)资料所反映的工程项目情况和有关合同内容必须真实、准确、完整,签章有效、齐全。

(2)资料的制作有利于长期保存,表面整洁,字迹清晰,无随意涂改。若有涂改,涂改处应有签章。

(3)资料必须以规定表格或监理工程师认可的形式填写,纸张大小一致。

(4)资料的签发手续符合合同规定,不得无理拖延或扣压。

(5)各类资料的归档按时间、编号或项目等顺序依次存放,便于查询。

(6)借阅规定明确,手续完善,符合保密规定。

3. 收发文制度

收发文件必须符合国家有关公文处理的一般规定。

4. 监理月报制度

详见《公路工程施工监理规范》(JTG G10—2006)。

5. 工地会议制度

详见《公路工程施工监理规范》(JTG G10—2006)。

6. 监理日志制度

详见《公路工程施工监理规范》(JTG G10—2006)。

●第三节 监理信息处理●

信息从收集、加工整理、存储到成果发布、检索、传递、使用即信息的处理过程,应达到准确、完整、及时的基本要求。

一、信息的收集

明确采集渠道,及时收集数据资料是信息管理的第一步。收集工作的质量直接影响信息管理的质量。在不同施工阶段,信息收集的内容和侧重点不同。

1. 施工准备期

施工准备期监理工程师的主要工作任务有:熟悉合同文件、进行现场复审、查看施工环境、制订监理图表、审批施工总体计划等。信息主要来源于合同文件、投标书、地质勘测资料、复测记录、临时和永久占地计划协议书、施工单位提交的进度计划等。

2. 施工期

施工期监理工程师应围绕工程质量、进度、费用三大控制目标的实现采集信息。这一阶段,伴随工程进展的信息量加大,来源复杂,监理工程师应以各种检查、检测记录、监理日志、工地会议纪要、往来文件和施工、技术报表等为信息的主要来源,将各方面信息综合分析,去伪存真,利用有效信息。

3. 工程缺陷责任期

监理工程师在缺陷责任期内监督承包人履行缺陷责任期的合同义务,尽快完成交工验收时未完工程和遗留工程缺陷,定期检查工程完成情况,记录监理日志等资料,是这一时期主要的信息资料。

二、加工整理

收集到的信息需经过过滤、排序、计算、比较、选择等步骤加工整理成有实际效力的信息。信息加工整理方法在质量管理中有排列图法、直方图法、相关图法、控制图法等质量数据的分析方法;费用和进度管理中有S曲线法、香蕉图法、横道图法、网络技术等分析方法;合同管理中有数据对比等一些抽象的信息分析方法。

三、存储

信息的存储是按不同的方式将信息归档保存在不同部门的过程。监理工作要求将大部分信息存储在文件或表格中,或以计算机存储器存放工程质量检测、试验数据并建立质量数据库。一部分信息可用挂图、图片等形式存储。信息管理部门应存储有关工程监控管理的全部信息,其他职能部门应根据需要存储业务范围内的必要信息。

四、传 递

信息借助一定的载体传递到特定的部门中,形成信息流。信息管理部门是信息传递的必经部门,由其将信息用各种适用的方式,如书面报表、文件、电报、传真或电子邮件等传递给监理工程师或需要信息的部门, 成为监理工作的依据。

五、检 索

当前有用的信息将被立即用于指导施工,暂时不用的信息存储后,在使用时,通过信息检索而被调用。对信息进行编码或分类,可大大节约存储空间和检索时间。

六、使 用

信息使用时应注意保护和保密。尤其是将文件形式的信息借阅给相关的部门,应记录信息的去向和复制的份数,防止信息丢失或遗漏。有一些特殊的信息仅在监理部门内部使用,具有一定的保密性,使用时应严格控制信息传递范围,防止泄密。

七、信息流的工作程序实例

某高速公路工程结合工程特点制订监理月报制度,其流程框图如图 7-1。

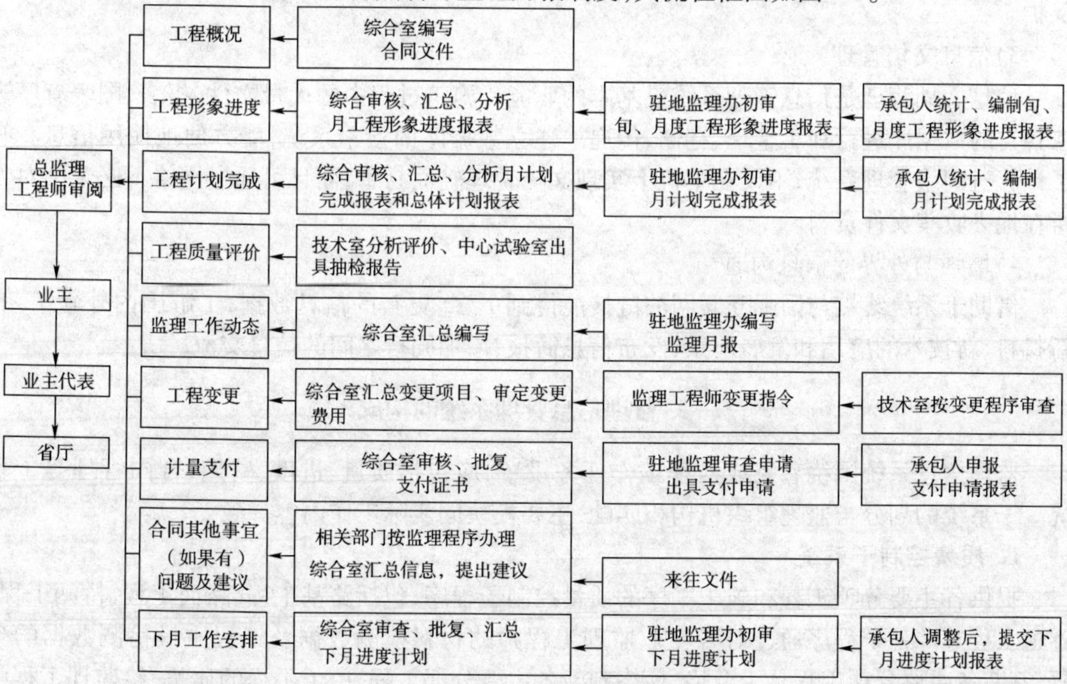

图 7-1 信息流的工作程序图

●第四节 监理信息管理系统●

一、监理信息管理系统和网络系统的概念和作用

1. 监理信息管理系统的概念

监理信息管理系统是以电子计算机为工具,运用系统科学的技术手段,对监理工作中的信息进行管理的计算机辅助系统。它由质量、进度、投资等多个管理模块组成,协助完成全面的监理工作。

2. 监理信息管理系统和网络系统的作用

1)跟踪工程进展,服务于动态监控

工程项目实施的全过程监控是动态控制。动态控制分为三个基本步骤:确定目标、检查成效、纠正偏差,如此不断循环。其中目标是长久或短期的静态信息;偏差是动、静态信息之差;过程是信息流动。信息管理涉及工程的整个进行过程,为工程决策服务;信息管理系统的运转与动态控制同步,跟踪工程进展,为动态控制服务。如果事前能分析出动、静态信息之间偏差的可能性,采取预防措施,就可实现主动控制。

2)资源共享、数据保护

信息管理系统的数据库是由多个部门共同协作建立,是工作的依据和成果。一个完善的信息管理系统可实现各方共有信息的资源共享,避免重复劳动,加快信息流的进程。信息系统内的用户权限受到特定的限制,保障信息不受非相关人员的访问和干扰,可使数据库得到有效保护。

3)信息文档管理

信息文档管理是信息管理系统最基本的职能。施工过程中的大量文件、报表、图表有序进入各自的数据库进行加工整理、存储、传递。建立数据库的检索系统,能方便地使用信息。有了计算机网络管理系统,不仅在单机上实现文档管理轻而易举,而且可通过网络不必亲临对方所在地去收集文件资料。

4)增强与外界的信息沟通

借助于系统终端与国际互联网的链接能得到更多、更新的信息数据,了解国内外新工艺、新材料、新技术的应用和发展前景,发布信息简报,增加同行之间的信息交流。

二、监理信息管理系统的构成

监理信息系统围绕着完成监理工作任务设置,应包括质量、进度、费用、合同管理等子系统。子系统的划分与监理组织机构相匹配,主要模块同实际工作内容一致。

1. 质量控制子系统

提供各主要分项工程和施工工序的质量控制子程序,包括路基工程、路面工程、桥涵工程、隧道工程等。各子程序通过对各专业监理工程师的材料检测数据及工程质量检测数据的分析,判断各主要分项工程是否合格,最终判断各主要分部工程、单位工程的质量,给监理工程师提供准确的判断依据。

2. 进度控制子系统

提供工程进度计划网络图的绘制系统，包括对时间参数的计算、进度计划的调整、进度计划变化趋势的预测分析等，供监理工程师决策。

3. 费用控制子系统

可按工程合同段或分项工程两种情况进行分块，以实现工程计量支付的计算机管理。程序包括价格的调整、费用索赔和工程最终结算等子程序，可对人工、材料价格调整进行计算，变更设计及额外工程对合同价格调整的计算，并打印相应的结论表格。

三、监理信息网络管理系统的实现

1. 建立监理信息网络管理系统的原则

信息网络管理系统投资较大，在建网时一定要根据实际情况，在满足标准化、实用化、可扩展性、可管理性等条件下进行合理规划。

1)标准化

在一个复杂的大型网络系统里，涉及多个厂商的硬件及软件，为了保证软硬件的协调工作，应建立一个开放式的、遵循国际工业标准的网络系统。

2)实用性

建立网络应充分考虑工程的特点和实际需求，甚至包括工地的地理位置等细节问题，注重实际可用性。操作系统应力求成熟稳定，安全可靠，易于安装、规划、管理和使用，通信功能强大，甚至能提供最全面的 Internet 支持。

3)可扩展性

信息网络设计必须为今后的扩充留有余地，选择结构化、可扩充、可替换的多用途网络产品，适应升级与扩充。要使网络能向更新一代的技术平稳过渡，以便分期实施，边建设、边投资、边出效益。

4)可管理性

网络管理是整个网络的一个最重要的组成部分，它应包括配置管理、出错管理、安全管理、性能管理、软件管理等功能。网络建设的实际成本，包括购买网络产品的费用、升级费用、管理费用及维护费用。要注意选择那些高可靠性、高质量及便于维护和管理的网络设备。

2. 信息管理系统软件

筹建信息管理系统时，在选择性能价格比最好的操作系统软件的同时，要注意应用软件的开发和选择。与软件开发商联合开发和购买商品化的软件再结合工程实际进行二次开发，为大多数监理信息管理系统所首选。软件必须具备实用性、稳定性、便于掌握等要求。

目前，许多国内外以合同管理、项目进度控制、质量控制等为主要目标的商品化软件已经逐步发展完善起来。

较著名的项目进度软件有美国 Primavera 公司的 P3（ Primavera Project Planner）和 Expedition 系列、微软公司的 Project 和 Schedule 和国内同济大学的建设监理软件包 PMIS 、同望科技 Wcost 系统以及其他公司研制开发的相关软件。

四、信息系统应用的注意事项

1. 配备信息系统维护工程师

由于信息管理系统的使用者多为工程技术人员，计算机应用水平和网络知识参差不齐，有必要在系统中配备一名计算机维护工程师，提供技术服务，及时解决出现的问题。具备专业技能和计算机高级应用水平的复合型专家是信息管理部门的最佳人选。

2. 数据备份和病毒防护

计算机病毒往往会对系统带来灾难性的破坏使数据丢失、系统瘫痪。建网时必须考虑数据的保护（如采取配备查毒、杀毒的软件和硬盘备份等）措施。应用人员应具备一定的病毒防护知识，杜绝一切可能带来病毒隐患的不正当操作。在日常工作中应注意数据及时备份，避免损坏和丢失，以及系统破坏等突发事件对工作的不利影响。

3. 人工与计算机分析相结合

以计算机硬件设备、操作系统软件和应用软件为构架的信息管理系统是辅助系统，不能完全替代人脑的分析和判断，尤其在应用软件开发尚不完善或工作人员未能熟练掌握应用软件的情况下，更需要依靠人工分析和计算机分析相结合的方式处理信息数据。计算机信息处理的结果输出后，有必要对重要数据进行人工分析和出错审核，如有重大疑问，还需考虑信息本身的准确性，剔除不正确的和干扰信息，或到工地现场调查取得符合实际状况的信息重新处理。

4. 信息系统的完善

信息管理系统建立后经过一段时间的运行，有可能出现不尽如人意的缺陷，应及时完善修整。即使为本工程开发设计的软件系统，在运用中也必须经过一个磨合改进的过程。信息管理人员与开发者共同研究缺陷和不足，适时进行改进，务必使软件系统满足工程实际需要。

5. 监理系统与业主、承包人信息系统的配合

更大效能地发挥监理信息管理系统的作用，除完善本系统的设置和应用外，还应当与业主和承包人的信息系统形成有机的联系。统一子系统结构、统一操作系统、统一应用软件便于系统识别和接受信息以及资源的共享。三方信息系统的整合宜在系统建立之初规划，经调试成功后运行。目前国内的大型工程项目中，一般都在合同文本中明确要求监理工程师和承包人建立与业主一致的信息管理系统，以满足合同各方信息顺利沟通的需要。

●第五节　监理文档管理●

一、监理档案管理

1. 监理档案构成

1）合同文件档案

（1）施工监理服务协议书。

（2）施工合同协议书（含问题澄清）、投标书、招标文件（含补遗书等）以及施工招标、施工合同等有关资料。

2)日常资料分类

按工程监理控制目标,监理资料可分为以下五类:

(1)质量控制资料——检验、试验以及有关质量的监理指令。

(2)进度控制资料——总体进度计划,旬、月度计划及其完成情况,进度计划调整资料以及有关计划的监理指令。

(3)费用控制资料——工程量统计、计量与支付、工程费用变更资料以及有关费用控制的监理指令。

(4)合同管理资料——有关工程分包、变更、索赔、延期的来往文件、监理月报和相关监理指令。

(5)监理内部管理资料——规章制度、监理费用、工作考核、奖惩等。

3)竣工文件(见本节第三条)

2. 监理档案管理的注意事项

1)明确职责,协调配合

监理组织机构应建立资料、文件管理制度,明确档案管理要求,设资料、文件管理岗位,配备专职或兼职人员,承担全工程监理资料档案管理工作,定期督促检查承包人的内业管理,完善监理机构内部文件资料的管理,组织审查承包人提交的竣工文件。各级监理人员应管理职责范围内的资料,独立存档。部门之间建立资料借阅记录台账。

2)加强督促检查,规范档案管理

通过检查、考核、交流等办法,加强监理内业管理和监督。定期按照监理资料、文件管理的统一要求,对文件资料的内容、准确性、及时性和外观质量等方面检查评价,发现问题及时提示和整改,不断规范管理。

3)学习业务,提高管理水平

监理档案管理是一门专业技术。要组织人员学习档案管理知识,特别应向档案管理部门学习或咨询,改进管理,提高理论水平。

二、监理表式管理

监理表式是监理档案的组成部分,它的规范化、标准化是监理工作有秩序进行的基础,是监理信息科学化管理的一项重要内容 。

1. 监理表式构成

监理表式分为五大部分:监表、支表、检表、试表和评表。

1)监表

监表是监理工程师在履行监理职责进行工程监控时使用的表格 。

2)支表

支表是进行工程计量和支付申请和审批的用表。

3)检表和试表

检表和试表主要是承包单位自检使用的表格,监理工程师也可以此做旁站监理记录和抽查检验使用。

4)评表

评表是工程项目中间或全部交工后,将检表和试表的结果汇总,按照《公路工程质量检验评定标准》(土建工程)(JTG F80/1—2004)规定对分项、分部、单位工程和整个工程质量进行评定的用表。

2. 监理表式的制订和修订程序

(1)在工程准备阶段,监理机构应依据《公路工程监理规范》(JTG G10—2006)组织编制监理表式。表式应规范、标准、齐全、适用,以信息管理部门为主,其他技术、试验部门协助共同编制,最迟于工程开工前完成。

(2)在第一次工地会议上监理工程师应向承包人印发监理表式,说明编制要求、提交程序、份数、范围、时限等。

(3)施工过程中,监理工程师应针对使用监理表式不符合规定的情况向监理人员或承包人做进一步的解释,并听取对表式的反馈意见,适时对监理表式进行修订或补充。

(4)对于因情况变化已不适用于实际的表式,应及时修订和补充,进一步完善表式系统。

三、竣工文件

竣工文件全面反映工程建设过程中的质量、进度、投资状况,记载合同履约的执行情况,为工程竣工后的管养运营提供备查信息。按照施工合同条款和原交通部《公路工程竣(交)工验收办法》(交公路发[2004]446号)的规定,竣工文件的编制应由业主组织,业主、监理工程师、承包人根据编制要求和内容分别承担,共同完成。

1. 竣工文件构成体系和编制责任

竣工文件由七部分组成,各部分内容和编制责任如图7-2所示。

2. 竣工文件编制程序

1)前期准备工作

(1)工程准备期,制订监理表式并及时下发。

(2)明确单位、分部、分项工程的划分。

单位、分部、分项工程的划分以部颁《公路工程质量检验评定标准》(土建工程)(JTG F80/1—2004)为依据。对于特大桥等工程,亦可根据具体情况另行划分。在工程开工之前,监理工程师应督促承包人按合同规定并结合工程特点进行分项、分部、单位工程的划分。监理工程师审核同意分部、单位工程的划分后,报业主批准。当工程规模较大,承包人较多,为便于统一划分口径,应由监理工程师提出划分方案和建议,征求承包人意见后决定。施工期间的文件、报表按此归档。

(3)下发《竣工文件编制方法》

《竣工文件编制方法》内容应包括竣工文件构成体系和编制责任、各卷组成和使用的表格或图表、归卷要求和份数等。《竣工文件编制办法》应由业主或业主委托监理单位编制,编写完成后,应征求业主和档案管理部门的意见,最终定稿,并尽快印发给各监理机构和承包人。以2年工期为例,宜在开工后的半年内编写完成。

- I. 综合文件
  - 1. 竣工验收文件
    - (1)竣工验收鉴定书 —— 验收小组
    - (2)交工验收报告 —— 业主
    - (3)竣工验收申请 —— 业主
  - 2. 工程总结
    - (1)施工总结 —— 承包人
    - (2)监理总结 —— 监理单位
    - (3)设计总结 —— 设计单位
    - (4)建设单位总结 —— 业主
    - (5)质量监理总结 —— 质量监督部门
  - 3. 征地拆迁资料 —— 业主
    - (1)征地拆迁资料
    - (2)征地批文
    - (3)征用土地数量
    - (4)占地图及土地证
  - 4. 上级批准文件和有关指标
  - 5. 项目承发包合同、协议文件
  - 6. 工程交接表 —— 承包人编制，监理审核
    - (1)综合指标数据表
    - (2)路基工程交接表
    - (3)路面工程交接表
    - (4)桥梁、交叉工程交接表
    - (5)工程质量评定成果表
- II. 竣工决算 —— 承包人编制，监理审查，业主汇总
  - 1. 编制说明
  - 2. 单位工程决算表
  - 3. 劳力、主要材料实际消耗一览表
  - 4. 机械台班消耗一览表
  - 5. 最终支付证书
  - 6. 工程变更及费用增加一览表
  - 7. 工程索赔一览表
- III. 竣工图表 —— 承包人编制，监理审查
  - 1. 竣工总说明
  - 2. 竣工图纸
- IV. 设计施工文件
  - 1. 技术、设计文件
    - (1)审批的设计及有关文件 —— 业主和监理工程师以审批权限而定
    - (2)审批的设计变更及有关文件 —— 承包人
    - (3)设计、施工中重大技术问题的往来文件、会议纪要等 —— 承包人
  - 2. 施工文件 —— 承包人编制，监理审查
    - (1)工程质量文件
    - (2)试验、检测报告
    - (3)隐蔽工程检查记录
    - (4)成品、半成品检查记录
- V. 投资控制文件 —— 承包人编制，监理审查
- VI. 进度控制文件 —— 承包人编制，监理审查
  - 1. 总进度图(表)
  - 2. 计划、批准文件
  - 3. 分期进度图(表)、(月、季、半年、年)计划、批准文件
  - 4. 开工报告和批复文件
  - 5. 有关进度的往来文件
- VII. 施工原始记录 —— 承包人编制，监理审查
  - 1. 施工日志、监理日志
  - 2. 开、完工记录
  - 3. 天气、温度及自然灾害记录
  - 4. 各工序施工原始记录
  - 5. 各工点、各工序测量原始记录
  - 6. 施工照片集
  - 7. 其他各种原始记录(含音像资料)

图 7-2 竣工文件组成体系图

2）施工期的竣工资料

监理单位和承包人的竣工文件应按《竣工文件编制办法》（以下简称《编制办法》）的要求，在施工过程中逐步形成。监理工程师应在施工过程中对资料整理、档案管理定期检查督促。在编制办法印发后，应和承包人就《编制办法》的规定统一认识，明确要求，必要时应制订补充规定或组织研讨。在路基、小桥涵基本完成和路面工程完工时，应组织全面检查，审查资料的完整性、准确性以及与编制办法要求的符合性，督促监理机构和承包人对存在的问题及早整改。

3）交工资料

工程交工资料是交工验收的必备资料，是竣工文件的基础部分。在工程交工验收之前，按照交工条件的要求；承包人和监理机构除应完成项目实施过程中的检测、试验和合同、支付等资料的汇编外，还应按编制责任完成工程项目的质量评定和各类汇总报表（如质量评定成果、工程交接表和工程总结等；编制竣工图表；完成竣工决算的基础资料；收集施工过程中的原始记录；完成各种文件的整理分类等）。

4）竣工文件

竣工文件应在交工资料的基础上，补充缺陷责任期中完成的项目资料，必要时修订交工资料中的某些数据报表，以使资料与实际情况相符，并按照竣工文件的编制体系，将各自承担的部分进一步完善，承包人和监理应于竣工验收之前 2～3 个月内将竣工文件提交给业主，由业主按照案卷归档的要求将全部资料统一装订组卷，编排档号和总目录。

3. 竣工文件编制注意事项

1）分包工程的竣工文件编制

因指定分包而出现施工交叉时，由分包人完成的工程资料应由分包人整理，质量评定应依据单位、分部、分项工程的划分确定是由承包人或分包人进行。竣工决算、竣工图表宜由双方共同完成。

2）编制人员的管理

竣工文件编制人员应定人、定岗、定责，避免因中途更换人员而造成编制工作脱节，一般由负责日常管理文档的人员主持竣工文件的编制工作。

3）分阶段实施，集中整理

在施工过程中，承包人的现场质量检查、质量验收资料必须按划分的分项、分部和单位工程收集归档。每完成一分项工程，应及时评定工程质量，并将该工程的资料（包括原始记录）按竣工文件的编制要求进行初步整理，逐步完善每一单位工程乃至全线的基础资料。施工结束时，填报编制综合类文件，再集中整理，以完全符合编制要求。

4. 监理工程师在竣工文件编制中的工作

1）审查承包人的工程决算表

竣工决算是竣工文件的重要组成部分，包括工程决算和财务决算。监理工程师的主要职责是审查承包人的工程决算，工程决算内容如前表所示。监理工程师审查的重点应放在最终支付证书、工程变更及费用增加一览表和工程索赔一览表上。最终支付证书是由总监理工程师签发并经业主批准的最后支付证书，应与工程竣工结算单和清账书中所列的工程款一致。工程变更和索赔一览表中的项目应有相应的批准文件，数量和款额计算正确，附有关依据或证明,无漏项和重复列支,并有确认再无任何追加项目的说明。

2)审查承包人的竣工图表

监理工程师审查竣工图表应掌握以下几个要点:

(1)竣工图、表应完整、准确,全面反映工程竣工的实际情况。各项数据如长度、宽度、厚度、高程、坡度、角度、地质情况等要与竣工部位的实际完成一致。

(2)凡竣工项目均必须有竣工图。竣工图要求图面清晰,线条、字迹、图表等工整、清楚、干净。竣工图应逐张加盖竣工图章。

(3)依据竣工数据绘制竣工图,应遵循以下原则,并重点审查变更工程项目的图表。

①如果某项工程完全按照原设计图纸施工没有变化时,可利用原设计图纸,加盖竣工图章;

②在施工中如设计图无变更,仅有工程数量的变化,则仅制作竣工工程数量表装入竣工图内;

③若实际工程与原设计图不符发生工程变更,则必须重新绘制竣工图。

3)监理工作报告

监理工作报告是本工程施工监理工作的全面总结,说明监理工程师对监理合同的履行情况,实施监控的措施和达到的效果,以及对工程运营和养护提出建议,内容包括:

(1)工程基本概况。

(2)监理组织机构及工作起、止时间。

(3)关于工程质量、进度、费用监理和合同管理的执行情况。

(4)分项、分部、单位工程质量评估(包括缺陷责任期中发现的质量及处理措施)。

(5)工程费用分析。

(6)对工程建设中存在的问题的处理意见和建议。

(7)照片或录像。

本章小结

公路工程施工监理的工作内容可以概括为:"三控、两管、一协调",信息管理工作涉及到监理工作的方方面面。信息管理是对信息进行收集整理、分析、处理、储存、检索、传递与应用等一系列工作的总称。建立一个科学、先进、流畅、规范的信息管理系统对提高监理工作的质量和效率具有重要作用。本章结合工程实际主要阐述:工程信息管理的基本任务;工程信息的分类、处理;监理信息管理系统和网络系统的构成和实现;监理文档的管理。

复习思考题

1. 什么是信息?什么是信息管理?

2. 工程信息管理的基本任务是什么?

3. 按监理目标划分,工程信息可以分为哪几类?

4. 监理信息处理包括哪些过程?

5. 建立监理信息网络管理系统的原则是什么?

6. 监理表式由哪几部分构成?

7. 工程竣工文件由哪几部分构成?

8. 监理工程师在竣工文件编制中的工作内容有哪些?

参考文献

[1]中华人民共和国行业标准 JTG G10—2006 公路工程施工监理规范[S].北京:人民交通出版社,2006.

[2]刘建新.监理概论[M].北京:人民交通出版社,1999.

[3]李宇峙.工程质量监理[M].北京:人民交通出版社,1999.

[4]邬晓光.工程进度监理[M].北京:人民交通出版社,1999.

[5]张建仁.工程费用监理[M].北京:人民交通出版社,1999.

[6]雷俊卿.合同管理[M].北京:人民交通出版社,1999.

[7]交通部公路司,等.公路工程施工监理手册[M].北京:人民交通出版社,1999.

[8]祁宁春,等.工程建设监理概论[M].北京:水利电力出版社,1999.

[9]鲍香台.公路工程施工监理[M].北京:中国科学技术出版社,2000.

[10]中华人民共和国行业标准 JTG F80/1—2004 公路工程质量检验评定标准[S].北京:人民交通出版社,2004.

[11]中华人民共和国行业标准 JTJ 034—2000 公路路面基层施工技术规范[S].北京:人民交通出版社,2000.

[12]中华人民共和国行业标准 JTG F10—2006 公路路基施工技术规范[S].北京:人民交通出版社,2004.

[13]中华人民共和国行业标准 JTJ 041—2000 桥涵施工技术规范[S].北京:人民交通出版社,2000.

[14]中华人民共和国行业标准 JTG F30—2003 公路水泥混凝土路面施工技术规范[S].北京:人民交通出版社,2006.

[15]中华人民共和国行业标准 JTG F40—2004 公路沥青路面施工技术规范[S].北京:人民交通出版社,2004.

[16]中华人民共和国行业标准 JTG D60—2004 公路桥涵设计通用规范[S].北京:人民交通出版社,2004.

[17]中华人民共和国行业标准 JTG D62—2004 公路钢筋混凝土及预应力混凝土桥涵设计规范[S].北京:人民交通出版社,2004.